밤은 부드러워, 마셔

어나더 리훈드

밤은 부드러워, 마셔 어나더 라운드

한은형 에세이

밤은 부드러워, 마셔
어나더 라운드

발행일
2025년 11월 15일 초판 1쇄

지은이 | 한은형
펴낸이 | 정상준
펴낸곳 | (주)을유문화사

창립일 | 1945년 12월 1일
주소 | 서울시 마포구 서교동 469-48
전화 | 02-733-8153
팩스 | 02-732-9154
홈페이지 | www.eulyoo.co.kr

ISBN 978-89-324-7585-1 03810

차례

차서일치

찌르르한 감격을 마시다 _9
책 무덤으로부터 시작된 이야기 _17
절대 고독보다 절대 맥주 _24
볼로냐 로소와 페로니 _31
볼로네세 스타일 술집 _37
세이 쇼나곤과 과하주 _44
셰익스피어를 위한 월동 준비 _49
'삼국지 그녀'와 세키토바를 _57
폭풍과 언덕을 가시다 _63
백마를 타고 달리는 기분에 대하여 _71
두 해에 걸친 앵두주 _78
베이징의 미풍약속 _85

주유별장

기벽으로서의 블러디 메리 _95
사월의 물 _103
마시는 밥을 좋아합니다 _110
오뎅 해프닝 데이 _117
막걸리 칵테일을 커버하다 _123
우아한 스탠딩 바라는 역설 _128
요가와 술 _136
놀라 블러디 메리 _142
애피타이저로서의 등산 _149
수정방 위스키 봉봉 _157
화요 토닉 이야기 _163
카레와 와인 _169

주룡시호

호텔방의 코폴라 _179

방사능 레모네이드 _187

륄슈와 슈탕에 _194

스몰 토킹 유니버스 _200

피노 푸들의 진심 _206

유머이거나 기믹이거나 _213

지공다스 속에 살고 있는 남자 _221

구름의 왕자가 되어 _229

초현실주의자의 술 _236

민트 줄렙의 톤앤매너 _243

어른의 웃음을 닮은 술 _249

고요한 애정과 낙관으로 _255

취생몽사

적나라한 꽃 냄새가 나는 고독 _265

아름답고 명랑한 뮈스카 _272

화산을 마시기 _281

귀하게 썩을지어다 _287

생빈을 아십니까? _294

선데이 브레드 클럽 _301

더없이 격렬한 앤절스 셰어 _309

베토벤 현악 4중주와 프루스트 _315

한겨울에 굴 먹는 방법은 _323

마데이라 비행 _329

어른을 위한 민트 셰이크 _335

'글이 된 술'을 함께 마셔 준 당신에게 _341

차서일치

책을 빌리면 술 한병

찌르르한 감격을 마시다

　책을 읽다가 가장 감격스러운 순간은 책 속의 풍경과 책 밖의 풍경이 겹쳐질 때다. 이를테면 '눈 내리는 날'이란 글을 읽다가 창밖을 보니 눈이 내리고 있다든가. 오늘이 그랬다. 나에게는 이런 일이 흔한데 일종의 확증 편향이라고 생각하고 있다. 어쨌거나. 그럴 때면 이 세계가 지금 이 순간 나를 위해 이 모든 걸 준비해 준 건가 싶은 아찔함과 어리둥절함이 교차하며… 책 속의 풍경이 나를 감싸안는데, 이런 순간의 행복감은 이루 말할 수가 없다. 내가 쌓아 온 세계가 나를 폭 안아 주는 느낌이라고 해야 할까. 명주로 만든 솜이 불을 덮는 것 같은 기분이라고 하면 이해가 되실지. 목화솜

이불보다는 덜 답답하고 얄따란 이불보다는 확실히 감기는 맛이 있는 그 기분.

눈 오는 날이면 지금은 잊힌 옛날 노래를 작은 소리로 읊조리고 싶다는 문장에서 멈췄다. 눈 오는 날 옛 노래를 읊조렸던 누군가가 떠올랐기에. 아마도 술을 마시고 있었거나, 술을 마시다가 나와 2차를 가는 좁은 골목길이었을 것이다. 길이 좁아서 나란히 걸을 수 없는 골목에서, 뒤에 걷던 그가 낮은 목소리로 노래를 불렀다. 노래 제목도, 가사 한 소절도 기억나지 않지만 저 문장을 읽으니 내 피부에 새겨진 공감각적 기억이 떠올랐다. 눈, 노래, 입김, 비좁았던 골목, 뽀드득뽀드득 눈 밟는 소리 모두.

단숨에 나를 과거로 이동시킨 것은, 눈이 오면 전차도 자동차도 없던 메이지 시대(1868~1912)의 거리를 떠올린다는 나가이 가후의 글이었다. 그는 1879년에 태어났고, 그 글은 1946년 무렵에 쓰였다. 눈 오는 날 죽마고우와 함께 그 토토이교를 건너 적막한 스미다강 근처 술집에 가는 내용이다. 나도 얼마 전에 스미다강 근처의 술집에 갔다가 다리를 건넌 적이 있다. '혹시 그 다리가 그 다리인가?' 하며 구글맵을 찾아보았더니 내가 건넌 다리는 아즈마교로, 고토토이교 바로 옆에 있는 다리였다. 이걸 인지했더라면 고토토이교로도 건너 봤겠지만 아즈마교를 기억한 게 어딘가 싶기도. 아즈마교를 건너며 고토토이교를 봤을 테니 말이다.

　지난달의 나는 낮술도 아니고 오전 술을 하고서 그래도 여기까지 왔으면 스미다강을 건너야지라며 잠시 다리를 건너 아사히 본사 쪽으로 걸어갔다가 황급히 되돌아와 아사쿠사역으로 갔다. 오전 술을 하지 않았더라면 도무지 일정이 나오지 않았던 날의 일이다. 10분간의 도강渡江이었다. '여기까지 왔으면 그래도 스미다강을…'이라고 생각했던 것은 「스미다강」이라는 소설을 읽었기 때문인데 그걸 쓴 사람이 바로 나가이 가후다. 이러니 제가 좀 찌르르하지 않았겠습니까? 10분이었지만 시타마치의 정서를 흠뻑 느꼈다.

　시타마치下町란 '낮은 지역'이라는 뜻이다. 에도 시대부터 황거를 중심으로 한 막부의 본거지를 야마노테山の手, 신분이 낮은 서민들이 거주했던 주변부를 시타마치라고 불렀다. 뜻을 풀자면 야마노테는 높은 동네, 시타마치는 낮은 동네인 것이다. 도쿄 주변을 감싸고 있는 지하철 노선의 이름도 '야마노테선'으로, 나는 야마노테선을 이루고 있는 동네와 역 이름들에 관심이 많다. 오래된 동네의 이름은 곧 동네의 역사이기도 한지라 이름만 봐도 즉각 알 수 있는 것들이 있다. 일본은 한국과 여러모로 다른 나라지만 한자 문화권이란 유대는 참으로 기묘하다. 전국시대가 끝나고 일자리를 잃은 사무라이들을 동원해 벌인 간척 사업의 결과가 시타마

치라는 이야기를 나는 좋아한다. 서울에서는 건축업자가 한 강 주변을 개발했다면 도쿄에서는 실직한 사무라이의 열패감과 근력으로 스미다강 주변을 개발했던 것이다.

도쿄에 가면 나는 주로 긴자에 묵기에 야마노테 지역 위주로 돌아다니게 되는데 이렇게 우에노라든가 아사쿠사 같은 시타마치에 오면 야마노테와 시타마치의 다름이 확연히 느껴진다. 20세기 초반이 전성기였던 야마노테는 도쿄의 부촌인 미나토구나 시부야구에 비해 고색창연한 느낌이 있지만, 야마노테를 걷다가 시타마치를 걸으면 더 과거로 이동하는 기분이 든다. 서울로 치자면 을지로와 서촌, 충무로가 섞여 있는 동네를 걷는 느낌이랄지. 야마노테는 북촌(오버투어리즘의 성지가 되기 이전의)과 정동, 소공동과 광화문이 섞인 느낌이고.

다시 스미다강가로 와서. 일본 영화에 곧잘 등장하는, 기이한 형태의 황금빛 조형물이 꼭대기에 얹힌 건물이 바로 아사히 본사다. 황금빛 조형물은 울퉁불퉁한 금색이라 무엇인지 알기 어려운데 아사히에 따르면 황금 불꽃이라고 한다. 이 건물 옆에 있는 높은 금색 건물이 사실상 아사히 본사고, 황금 불꽃이 있는 건물은 부속 건물인 듯한데 한 번도 들어가 볼 생각은 하지 못했다. 어쨌거나 아사히의 불꽃을 보면서 강을 건넜다. 강을 건너면서 보니 유람선, 크루즈, 보트,

바지선, 또 이름을 잘 모르겠는 다양한 형태의 배들이 보였다. 베네치아에서 탔던 수상 택시와 파리에서 탔던 바토무슈를 떠올리며 배를 타고 스미다강을 거슬러 숙소인 긴자로 돌아가고 싶었으나 나에게는 여유가 없었고… 아련한 눈빛으로 스미다강을 보며 아사쿠사역으로 리턴했던 것이다.

이제 오전 술을 마신 곳으로 갈 시간. 오전 술을 마신 곳은 메이지 시대에 생긴 일본 최초의 바였다. 'since 1880'이라며 창업 연도를 간판 아래 상당히 멋들어진 이탤릭체로 써놓고는 1880년의 분위기를 팔고 있는 바. 메이지 시대의 바가 있다며, 도쿄에 가면 들러 보라고 언젠가 H가 이야기한 게 생각나 갈 수 있었다. 그 바의 이름은 '가미야'다. 아사쿠사역에 내려서 사람들이 걷는 방향 쪽으로 조금만 걷다 보면 인력거꾼들이 모여 있는 곳이 나오는데 바로 그 앞이다. 아무리 길치라도 도저히 못 찾을 수가 없다. 사람들에게 떠밀리다시피 해서 걷다 보면 거의 '두둥' 하는 느낌으로 나타나기 때문이다.

10시 50분, 오픈 10분 전에 술집 앞에 도착했다. 인력거꾼이 인력거를 타지 않겠느냐는 눈빛을 보냈으나 거절하고 가미야 앞에 섰다. 쇼윈도를 보고 또 보았다. 잠시 그러고 있으니 알 수 있었다. 바에서 파는 음식과 술 일체를 정교한 모형으로 만들어 두었는데 이것은 주인공을 돋보이게 하는 조역에 불과하다는 것을. 그렇다면 주인공은 무엇인가? 바로 전기였다. 깜빡거리는 전기가 쇼윈도를 타고 찌르르하게 계속 흘렀다. 전기가 신문물 중에서도 최첨단이었던 그 시절의 감격을 형상화한 절묘한 연출에 나는 눈을 뗄 수가 없었다.

10시 55분, 종업원이 나오더니 인사를 하고 셔터를 쥐구멍 정도만큼만 올렸다. 2분 후 종업원이 다시 나오더니 셔터를 무릎 높이 정도로 올려 오픈이 임박했음을 알렸다. 사람의 손으로 만들어 낸 별거 아닌 이 한 뼘의 귀여움에 나는 속으로 웃었다. 나 말고 기다리는 사람이 두 명 더 있었는데, 둘 다 노년의 남자로 문고판을 읽으며 기다리는 한 사람이 인상적이었다. 드디어 입장.

나는 1층에 앉았다가 2층으로 올라갔다가 다시 1층으로 내려왔다. 오늘의 메뉴를 시켰더니 그건 2층에서만 먹을 수 있다고 해서 2층으로 올라갈 수밖에 없었다. '좀 귀찮네' 라고 생각하며 올라갔지만 2층의 조명과 인테리어는 1층보다 더 메이지풍에 가까웠고, 무엇보다 손님들이 이색적이었다. 기모노를 입은 사람들로 채워지기 시작하는데 무슨 일이 있어서 차려입은 게 아니라 일상복이 기모노인 것처럼 매우 자연스러워 보였다. 70~80년 전으로 시간 여행을 하고 있는 느낌이었다. 시타마치 중의 시타마치랄까.

다시 1층으로 내려온 내가 앉은 자리는 8인석쯤 되는

공용 테이블로, 테이블 위에 투명한 칸막이를 해서 실제로는 두 좌석에 혼자 앉은 느낌이 드는 독립적이면서 개방감이 드는 쾌적한 자리였다. 같이 있되 혼자 있는 듯한 느낌이 드는 기묘한 자리. 그리고 나의 대각선 자리에 미스터 문고판이 계셨다.

내 앞에는 따스한 호박색 술 두 잔이 놓였다. 올드 덴키브란(40도)과 뉴 덴키브란(30도). 덴키브란이란 '전기'와 '브랜디'의 일본어인 '덴키電気'와 '브란ブラン'을 결합해 만든 가미야의 특제 칵테일이다. '첨단 오브 첨단'이라는 뜻의 접두사로, 또 도수가 높은 술이 주는 찌르르함을 상징하는 비유로 전기를 붙여 오늘에 이르렀다고. 역시나 가미야의 상징이자 정수는 전기 그 자체였다. 미스터 문고판은 문고판을 읽으며 나처럼 올드와 뉴 덴키브란을 번갈아 마시고 있었고, 나는 참으로 온화한 광경이라고 생각했다. 나 역시 '올드'와 '뉴' 사이를 오가며 구세계와 신세계를 왕복하는 기쁨을 누렸다. 책에 삶을 녹이기, 혹은 삶에 술을 녹이기, 어느 게 용매이고 어느 게 용질인지는 모르겠지만 이것들은 참으로 부드러웠다.

하지만 '덴키'가 흐르는 입속은 찌르르했고, 나는 찌르르함과 부드러움을 오가며 그 오전을 보냈다.

책 무덤으로부터 시작된 이야기

미술을 좋아하는 사람들은 압생트에 미치고, 문학을 좋아하는 사람들은 칼바도스에 미친다는 소리를 듣고 '훗' 하고 웃었다. 문학을 한다고 할 수 있는 나는 칼바도스에 미치진 않았어도 그 말이 무슨 뜻인지는 알기 때문이다. 레마르크의 소설 『개선문』에 칼바도스가 나오는데, 술이 나오는 무수한 소설 중에 가장 유명한 것이 『개선문』 아닐까 싶다.

'칼바도스 하면 『개선문』, 『개선문』 하면 칼바도스'라는 식으로 말하는 사람을 많이도 보아 왔다. 『개선문』은 읽지 않았어도 "『개선문』 하면 칼바도스 아닌가요?"라고 묻는 사람도 꽤나 봤고. 얼마 전 읽은 산문집에도 그런 말이 나왔다. 『개선문』의 주인공이 의사라는 것은 기억나는데, 이름도 기억나지 않는다고. 하지만 칼바도스만은 기억난다고. 나는 이 부분을 읽다가 또 웃었다. 나 역시 그랬기 때문에.

　중학생 때의 일이다. 어느 날인가 집에 있던 세계문학 전집 중 한 권을 읽기 시작했는데, 그게 『개선문』이었다. 당시 집에는 양장으로 된 100권 정도 되는 세계문학 전집이 있었는데, 거의 사람의 손길이 닿은 적이 없는 물건이었다. 100권은 아닐 수도 있다. '상당히, 지겹게 많다'라는 나의 느낌을 100이라는 숫자로 표현했을 뿐. 어떻게 있게 된 건지도 알 수 없었다. 더 놀라운 것은 세로쓰기로 되어 있다는 점이었다. 세로쓰기라니… 대체 어느 시대의 물건인가?

　그 '지겨운 책더미'가 있는 공간에 대해 묘사하고 싶다. 그 책더미는 내가 아주 어린 시절부터 창고에 처박혀 있었는데 말이 창고지 사실 책 무덤이었다. 아무도 창고의 문을 여닫지 않는다는 의미에서. 그 무덤을 유일하게 출입하는 사람이 있었으니 그게 나였다. 무덤답게 창고에는 문이 없었고, 거대한 창문이 나 있었다. 그러니 무덤으로 가려면 폴짝하고 점프해 창문을 뛰어넘는 과정이 수반되어야 했다. 이렇게 쓰고 보니 무슨 이상한 나라의 앨리스가 모험과 환상의 나라로 건너가는 일처럼 보이기도 하는데, 창문을 뛰어넘는 건 내게 고행이었다. '아, 또 넘어야 하나', 이런 생각을 하며 점프를 했다.

책 무덤에는 버려진 매트리스가 있었기에 나는 거기에 누워 책을 한 권씩 빼서 구경하곤 했다. 세로쓰기로 된 책들은 지금과는 인쇄 방식이 달라서 손가락 끝에 요철이 느껴졌기에 책의 글자들을 문지르며 책을 읽었다. 볕이 깊숙하게 들어오는 대청마루에 배를 깔고 엎드려 책을 읽는 것도, 다락에서 손전등을 켜고 르네 클레망의 〈금지된 장난〉의 어린이들을 흉내 내며 책을 읽는 것도 좋아했지만 책 무덤에서의 시간도 꽤 좋아했다. 책 무덤 안의 매트리스는 나의 관棺이었다. 나는 관에 누워 책을 읽던 아이였다.

『개선문』도 이렇게 읽게 된 책이다. 어느 날 관에 누워 책을 한 권 폈는데 멈출 수 없었다. 그래서 무덤에서 나올 수 없었다. 그렇게 올롤복록한 글자로 된 그 소설을 읽고 나서 10년이 더 지나 파리에서 칼바도스를 마셨다. 메뉴판에 있어서 시켰는데, 다 마시지 못했다. 일단 코를 찌르는 그 냄새가 이 술이 맛있지 않을 수도 있다며 경고한다고 느꼈는데, 한입 마셔 보니 나의 직감이 맞았다. 내가 먹어 본 술 중에 손가락에 꼽을 정도로 맛이 없었다. 사과로 만든 술이 어쩜 이렇게 쓰기만 하고 향기는 없고 알코올 냄새만 가득한지….

칼바도스를 잊고 살다가 몇 년 전 샤를 드골 공항에서 환승할 때 한 병을 샀다. 내가 파리에서 마셨던 칼바도스가 그렇게나 고약했던 것은 너무 싼 걸 마셔서 그런 게 아닐까 싶었고, XO 등급 이상의 좋은 걸 마시면 다를 수도 있을 것 같았다. 자기가 먹어 본 술 중에 가장 맛있는 게 칼바도스였다는 누군가의 말을 들었기 때문이다. 꽤나 희귀하고 비싼 물건으로 보였다는 말과 함께.

　문제가 있었으니, 샤를 드골 공항의 주류 코너에는 별 게 없었다. 술 자체가 많지 않았고, 칼바도스도 종류가 별로 없었다. 노르망디 지역 특산품이라니 노르망디에 가야 하나 싶을 정도로. 별수 없이 가장 비싼 XO 등급 한 병을 샀는데, 그래 봤자 60유로도 안 되었던 기억이 난다. XO 등급이라지만 10만 원도 안 되는 증류주가 그다지 맛있을 것 같지는 않아서 조용히 절망했었다. 칼바도스의 등급 체계는 코냑과 비슷해서 가장 낮은 등급인 VS부터 VSOP, XO, 오다주_{hors d'âge}까지 있는데 나는 오다주 급을 원했다.

　며칠 전, 갑자기 궁금해졌다. 왜 그렇게나 칼바도스라는 단어가 『개선문』 하면 떠오르게 된 건지. 추워지니 칼바도스 생각이 났고, 으스스한 파리가 배경인 『개선문』까지 생각이 났다. 희미한 기억을 떠올려 보면 주인공 라비크는 외과의사로, 고된 수술을 하고 와서 칼바도스를 마셨다. 책에 그런 묘사가 있는지 모르겠으나 이제 와서 생각해 보면 거의 소독용 알코올로 식도를 소독한 게 아닐까 싶다. 공업용 알코올과 소독용 알코올의 경계치에 있는 게 아니면 소독이 안 된다고 생각했을지도. 한때 알고 지내던 외과의사가 긴 수술을 하고 나서 폭음하는 것이야말로 자신의 유일한 도락이라는 식으로 말한 게 각인되어서 이렇게 속단하는지도 모르겠지만.

라비크와 칼바도스의 관계가 궁금해져 다시 책을 꺼냈다. 세로쓰기가 아닌 가로쓰기로 된 평범한(?)『개선문』을 몇 장 읽지도 않았는데 알았다. 라비크와 칼바도스는 거의 무덤과 관 같은, 그러니까 둘 중에 하나 없이는 존재하기 어려운 한 쌍이라는 걸. 라비크가 처음으로 마시는 술이 칼바도스고, 한 잔 마시는 게 아니라 거의 들이붓다시피 마신다. 시늉만 하듯 마시는 게 아니라 거의 칼바도스에 몸을 '절인다.'

그렇다. 그건 마신다고 할 수 없다. 그렇게 마시는 것은 절이는 것이다. 설탕에 절이면 당장糖藏, 소금에 절이면 염장鹽藏이라고 하듯이 저런 건 주장酒藏이라고 할 수밖에 없다. 남자는 사랑하게 되지만 당장은 무시하고 있는 여자와 그 술을 마시는데, 이런 식이다. 일단 한 잔씩 원샷, 그다음 칼바도스 더블을 또 한 잔씩. 이걸로 끝이 아니고 또 더블을 한 잔씩 한다. 한 사람이 다섯 잔의 칼바도스를 마신 것이다. 코를 찌르는 듯 향기로운 사과주를. 남녀는 열 페이지가 진행되기도 전에 이렇게 마셔 대고 있다. 그러고 나서도 남자는,

또 남녀는 칼바도스로 계속 절인다.

내 말을 번복해야겠다. 이 정도면 소독도 아니요, 절이는 것도 아니요, 수혈이라고 할 수 있다. 알코올을 들이부어야 피가 생성되기라도 하듯이 마시므로 그렇게 말할 수밖에. 혈중 알코올 함량이 극치에 이르러야 간신히 존재할 수 있는 사람이 라비크인 것이다.

이 책에 칼바도스만 나오는 건 아니다. 와인과 샴페인, 코냑과 아르마냑, 보드카, 크렘 드 망트crème de menthe, 페르네, 뒤보네, 키르쉬 등등이 나오는데 모두 칼바도스에 밀린다. 라비크가 거의 칼바도스를 마시기 때문에. 그런 그가 칼바도스를 거절할 때가 있었으니, 여자와 헤어지고 나서다. 라비크는 말한다. 칼바도스는 곤란하다고. 라비크의 마음은 말하고 있는 것이다. 칼바도스는 그녀와 그, 둘의 술이라고. 그녀가 없을 때는 칼바도스를 마시지 않는다고. 아, 귀여운 사람.

이게 끝이 아니다. 재회한 남녀는 술을 마시고, 여자는 한 잔 더 달라고 한다. 칼바도스 한 잔 더 주겠다는 남자에게 여자는 이렇게 말한다. "그게 칼바도스였어요?" 여자는 그 술이 칼바도스인 줄 몰랐다. 남자만 칼바도스에 의미를 부여하고 있었던 것이다. 이런 바보 같은 남자들은 왜 이렇게 사랑스러운 걸까.

그들이 다시 만나 남녀 사이가 된 것도 칼바도스 때문이었다. 보드카를 마시다가 여자가 말한다. 처음 만난 날 내게 준 술이 뭐냐고. 라비크가 코냑 아니었던가 하자 여자는 다른 거라고, 그 술을 찾아보려고 했지만 못 찾았다고 말한다. 그러고는 이렇게 말한다. "지금까지 마신 것 중 최고로 따스했어요." 여자가 그걸 마셨던 술집 이야기를 하자 그제야 남자는 말한다. 칼바도스였을 거라고. 노르망디산 사과로 만든 화주였다고.

　　화주, 화주火酒라니. 마치 이 단어를 처음 들은 것처럼 화주라는 단어가 마음을 뜨겁게 했다. 불타오르는 술이라니. 그래서 불타오르게 하는 술이라니. 날씨가 추워서 화주를 마셨겠지만, 여자가 저 말을 한 순간 칼바도스는, 그 화주는 남자의 마음까지 불타오르게 했던 것이다. 지금까지 마신 술 중 최고로 따뜻했다는 그 말은 정말이지.

절대 고독보다 절대 맥주

　왕가위 감독의 영화 〈중경삼림〉을 모티프로 한 식당에 간 적이 있다. 이 영화를 특별히 좋아해서는 아니다. 어떤 면이 그렇게 좋다는 건지 이해하고 싶어서 여러 번 보긴 했으나 여전히 찾지 못했다. 절대 고독을 토로하며 유통 기한이 임박한 파인애플 통조림을 꾸역꾸역 먹는 금성무나 좋아하는 남자의 집에 무단으로 침입해 마음대로 청소를 하는 왕비 같은 인물에는 그때나 지금이나 젖어 들지 못하겠다. 너무 만화적이라고 해야 할지. 이 영화를 좋아한다는 사람들은 모두 저런 인물에 공감하는 건지 예전부터 궁금했다.

　군이 이 영화의 매력을 꼽자면 인물이나 이야기보다 영

화의 배경으로 등장하는 홍콩의 밤과 낮? 경찰로 나오는 양조위가 야식을 먹던 간이식당의 풍경? 어디까지 이어질지 알 수 없는 미드레벨 에스컬레이터? 이런 분위기 같은데⋯. 내가 쓴 걸 다시 읽어 보니 꽤나 매력적으로 느껴져 당황스럽다. 분위기가 있는 영화는 분위기 있는 사람만큼이나 흔치 않으니까.

분위기 하면 이 영화다. 그래서 이 영화는 맥주를 부른다. 이상한 일이다. 맥주를 그리 좋아하지 않지만 맥주를 대체할 수 없는 순간이라는 게 있다. '절더 고독'에 버금가는 '절대 맥주'의 순간이랄지. 그 순간에 대해 이 영화는 분명히 알고 있다. 그렇다. 〈중경삼림〉은 맥주가 마시고 싶어지는 영화다. 레몬을 뿌린 한치 튀김이나 냉두부 같은 화사한 안주가 아닌 감자튀김 같은 길거리 안주에 케첩을 듬뿍 찍어 맥주를 먹고 싶어진다. 스테이크와 함께 먹는 얄따란 프랑스식 감자튀김 말고 어느 정도 기름을 머금은 감자튀김을 말이다. 그래서 '중경삼림 식당'으로 가면서 필히 맥주를 마셔야겠다고 생각했다.

이 영화의 영문 제목은 'Chungking Express'다. '오리엔트 특급도 아니고⋯ 청킹 특급이 뭐지?'라며 의아해한 적이 있었는데 이제는 의미를 안다. 〈중경삼림〉의 무대가 되는 곳인 '청킹맨션'과 '미드나이트 익스프레스Midnight Express'

를 조합해 '청킹 익스프레스'가 되었다는 것을. 양조위가 야식을 먹는 간이식당 이름이 미드나이트 익스프레스다. 그리고 청킹이란 무엇인가? 청킹은 충칭, 중경이라고도 하는 쓰촨 옆의 도시다. 충칭이 산속에 형성된 도시라는 이야기를 듣고 '삼림'도 저절로 이해되었다. 흔히 훠궈의 본고장이라고 알려진 곳이 그곳이다. 나는 여기에 더해 한때 충칭 당서기로 유명했던 보시라이도 기억하고 있다. 공산당 전통 아래 있어서인지 어딘지 검소한 느낌을 지향하는 중국 정치인들과 달리 꽤나 화려한 외형의 분이었어서 그렇다. 보시라이의 실각에는 음모론적인 이야기들이 뒤덮여 있어 펄프 픽션적인 데가 있다. 하여튼 스타성이 있는 분이었다. 스타성이 있다고 해서 최종 권력자가 되는 것은 또 아니라는 것을 보여 주신 분이기도.

식당은 내가 잘 가지 않는 동네의 공동화된 도심에 있었다. 그러니까 홍콩이 아니라 한국이었다. 개봉한 지 30년이 다 된 영화가 타국에서 이토록이나 현재성을 지니고 있다니 참으로 신기한 일이라 생각하며 식당으로 걸어갔다. 영화에 나오는 간이식당이나 청킹맨션 같은 혼잡한 분위기를 내기 위한 위치 선정인 걸까도 싶었다. 식당 출입구에는 한자와 영어만 적혀 있었고, 계단을 올라갔더니 '飯店(반점)'과 '營業中(영업중)'이라는 글자가 나왔다. 홍콩풍이었다. 홍콩에도 중국에도 가 본 적은 없지만 무슨 이유에선지 식당을 장식한 폰트와 현란한 네온의 색깔을 보면서 홍콩풍이라고 생각했다.

어릴 때 '청요릿집'이라는 말을 들으면 어른의 세계를 엿보는 듯한 느낌이 들었다. 중국집, 중식당, 중국 식당이라고 차이를 두어 부르는 것도 재밌고, 광둥식, 쓰촨식, 상해식, 북경식으로, 또 대만식 중식, 싱가포르식 중식, 일본식 중식으로 나뉘는 것도 흥미로웠다. 가장 궁금한 중식은 예전부터 예향으로 이름 높은 항주와 소주의 음식인데, '상유천당 하유소항上有天堂 下有蘇杭'이란 말 때문일 것이다. 하늘에 천당이 있다면 땅에는 소주蘇州와 항주杭州가 있다는 이런 말은 잊히지 않는다.

지금 와서 생각해 보니 그 식당에 간 것은 중식을 좋아하기 때문인 것 같다. 어디까지 연결될지 모르는 미드레벨 에스컬레이터처럼 어디까지 포괄하는지 알 수 없는 게 중식의 매력이기에. 마작 패로 된 탁자에 앉아 같이 간 사람에게 〈중경삼림〉을 언제 누구와 봤는지 기억하느냐고 물었다. 나는 누구와 어디서 영화를 봤는지 기억하지 못하는 편이지만 사람들은 이런 걸 잘 기억하고, 기억하면 이야기하고 싶어 한다는 걸 알기에. 그도 나와 같은 유형의 사람인지 극장에서 보긴 했지만 자세한 건 기억나지 않는다고 했다. 나처럼 이 영화에 별다른 감흥이 없어서일지도.

식당은 영화를 참조해 한 층은 '홍콩의 낮', 다른 층은 '홍콩의 밤'을 테마로 꾸몄다고 했다. 마작 패가 창턱에도 놓여 있었는데 마작에 대해 전혀 알지 못해 특정한 의미를 가지는지 아니면 별다른 의미 없이 놓아둔 건지 알 수 없었다. 내가 알아차릴 수 있는 건 메뉴판 정도였다. '청킹'과 '침사추이'와 '미드레벨 에스컬레이터'를 딴 메뉴도 있었고, 극 중 경찰로 나오는 양조위의 번호인 '663'과 금성무의 번호인 '223'이 들어가는 음식도 있었다. 하지만 뭔가가 없었다. 뭐지? 대체 그게 뭔지 메뉴판을 한참 보다가 생각이 났다.

솔 맥주. 'Sol'이라고 쓴다. 해가 그려져 있는 이 멕시코 맥주를 〈중경삼림〉에서 처음으로 보았다. 스티커를 붙인 듯한 팝아트스러운 디자인의 맥주병을 보면서 어디선가 팔면 마셔야지라고 생각했었는데 아직이다. 영화가 나온 게 1995년이라 맥주 회사가 없어져도 이상하지 않은데 아직 맥주는 생산되고 있는 것 같다. 영화의 감성을 재현하기 위해 카세트 플레이어와 파인애플 통조림을 인테리어 소품으로 배치한 정성처럼 솔 맥주도 있었다면 좋았겠다 싶었다. 솔 맥주가 아니라면 양조위 집에 있던 하이네켄이나 네온사인으로 등장하는 산미구엘이라도.

요즘 신경 쓴 식당에 가면 그 집 이름을 붙인 맥주가 있는 경우가 있다. 삼원가든에는 삼원 맥주, 홈보이 서울에는 홈보이 라거가 있는 식이다. 이런 주문자 생산 방식의 OEM 맥주를 부르는 다른 말이 있는지 모르겠는데 편의상 여기서 나는 시그니처 맥주라고 부르겠다. 내가 마셔 본 시그니처 중에 인상적인 것은 두 가지 정도다. 미국식 중식당인 홈보이 서울에서 파는 후추 맥주와 대구에 갔다가 신세계 백화점 호우섬에서 급히 마신 홍차 맥주. 그곳의 음식과 면기에 그 맥주가 딱이어서 그랬다. 아니, 맥주가 그 식당으로 이끌었다. 시그니처의 역할을 제대로 하고 있는 것이다. 대개는 그저 그랬다. 이름만 다르지 뭐가 다른지 모르겠는 경우가 많다.

중경삼림풍 식당에는 몇 가지 중국 맥주와 그 집의 이름을 활용한 맥주가 있었다. 우리는 머뭇거리다 아무것도 마시지 않기로 했다. 계통이 잡히지 않았기 때문이다. 그 맥주를 마셔야 할 필연성이 없었달까. 무언가의 시그니처가 된다는 것은 참으로 난감하고 난해한 일이라는 생각이 들었다. 밀란 쿤데라의 『참을 수 없는 존재의 가벼움』에서 사비나의 시그니처가 된 검정 모자의 경지까지는 바라지 않더라도.

볼로냐 로소와 페로니

　귀가 얇은 편은 아닌데 글에는 현혹되는 편이다. 좋은 문장에는 당연히 그렇고, 남들이 보면 별것도 아닐 지극히 개인적인 이유로 꽂히기도 한다. 최근에는 얼마 전에 나온 '카렐 차페크의 무시무시하게 멋진 스페인 여행기'라는 부제가 붙은 『조금 미친 사람들』(이리나 옮김, 휴머니스트, 2024)을 읽다가 그랬다. "모든 나라는 고유한 혀, 그리고 실로 고유한 미각을 가지고 있다. 그 나라의 혀를 알아보라. 그 나라의 음식을 먹고 와인을 마셔 보라. (··) 그러므로 따뜻하고 울림 있는 와인들이여, 나그네에게 당신의 곡조를 들려주세요."

당장 어디론가 떠나 그 나라의 '혀'를 맛보고 그 나라 음식의 '곡조'에 귀 기울이고 싶었으나 그럴 수 없어서 내게 곡조를 들려주었던 여행지의 와인을 생각했다. 그런데 정작 떠오른 것은 와인이 아니라 맥주였다. 이탈리아에서 내내 마셨던 이탈리아의 맥주 페로니.

　　그 나라의 와인에 자신을 내맡겨 보라는 카렐 차페크의 진지한 당부에 왜 나는 와인이 아닌 페로니를 떠올렸는가. 그 나라의 와인에 나를 내맡기다시피 한 곳은 이탈리아가 유일한데, 가장 많이 마신 술이 페로니라서다. 평생 마신 것보다 이탈리아에서 지내는 한 달 동안 페로니를 가장 많이 마셨다. 빈도수로는 와인을 가장 많이 마셨겠지만 한 번도 같은 와인을 마신 적은 없다. 그런데 맥주는 매번 페로니를 마셨다. 그러니 가장 많이 마신 술이 될 수밖에.

　　볼로냐에서였다. 2018년 이탈리아에서 한 달을 머물렀는데, 볼로냐에는 5일 정도 있었다. 파도바, 루카, 파르마, 카라라, 산마리노 같은 마음에 담아 둔 곳이 있었지만 한 달밖에 안 되는 기간 동안 사방팔방으로 찍고 돌아다닐 수는 없는 노릇이라 결국 로마에서 시작해 밀라노에서 끝내는 간결한 일정을 짰다. 차를 빌려서 해야 하는 토스카나 와이너리 투어나 브라나 알바 미식 기행 같은 애초의 계획은 다 삭제하고, 로마에서 기차를 타고 북상하겠다는 단순한 계획

을. 로마, 아시시, 피렌체, 볼로냐, 토리노, 밀라노, 이렇게
여섯 곳에서 지냈다. 피렌체에서는 토스카나 와인을, 토리
노에서는 피에몬테 와인을 마셨다. 와인을 상당히 마셨다.
한 달 내내 매 끼니 와인 한 병 이상을 마셨으니까.

그렇게 내내 그 동네의 와인에 젖어 지냈는데 이상하게
도 볼로냐에서는 페로니를 마셨던 것이다. 와인도 마셨지만
가장 많이 마신 것은 페로니였다. 그리고 다른 도시에 갔을
때도 향수(?)에 젖어 페로니를 마시고. 물론 실제와 다르게
기억이 왜곡되었을 수도 있다. 와인을 더 마셨을 수도 있다
는 말이다.

하지만 페로니에 대한 기억이 압도적이다. 점심을 먹으
면서 마셨고, 모두 같은 식당에서였다. 그리고 모두 거의 같
은 자리, 야외에서였다. 야외지만 해가 직광이 아닌 측광으
로만 들어오는 기분 좋은 자리. 포르티코portico라고 하는 끝
없이 이어질 듯 연결된 회랑의 일부가 그 식당의 야외였다.
그 식당은 나와 일행이 묵었던 숙소에서 5쿤도 안 되는 곳에
있던 곳으로 우연히 갔다가 매일 가게 되었다.

굳이 다른 식당을 찾지 않아도 된다는 엄청난 충만함을
그 식당이 주었기 때문이다. 이곳이 가이드북에 등재되어
있는지 아닌지는 모르겠으나 '현지인 맛집'이라는 말은 적
당하지 않은 것 같다. 볼로냐라는 곳이 딱히 관광객이 많은

곳이 아니어서다. 그렇기에 어디도 현지인 맛집이 아닌 곳은 없다고 해야 할까. 어쨌든 나는 미식의 도시로 유명한 볼로냐에서 내내 여기만 갔다.

그 식당을 처음으로 지나는데 볼로냐 사람들, 그러니까 볼로네세들이 페로니를 마시고 있었다. 와인이 아니라 거의 모두가 페로니를 마시고 있었다. 페로니 전용 잔에 사람들이 페로니를 마시는 광경은 그대로 광고 사진으로 써도 될 듯했다. 따라 하지 않고는 배길 수 없다는 말이다. 그래서 나도 그 식당에 무사히 착석하자마자 페로니를 마실 수밖에 없었다는 이야기.

이건 좀 더 부연 설명이 필요한데, 볼로냐의 포르티코에 대한 이야기를 해야 한다. 볼로냐는 포르티코의 도시라고도 불릴 만큼 볼로냐 구시가지는 거의 포르티코로 연결되어 있다. 견고한 기둥이 떠받치고 있는 우아한 차양이라고 할 수 있을 포르티코가 건물과 건물 사이를 연결해서 볼로냐에서는 비가 와도 우산이 필요 없다. 볼로냐 시가지는 채도가 낮은 암갈색에 크림슨이 몇 방울 섞인 '볼로냐 로소Bologna rosso'라고 부르는 색으로 통일되어 있는데, 포르티코는 그와 유사하거나 어울리는 색으로 이어진다.

이탈리아가 좀 그런 편이지만 특히나 볼로냐의 색감은 정말이지 대단하다. 내밀한데 서정적이고, 뜨겁고, 그러면서 또 한편으로는 신비로운 느낌. 조르조 모란디의 그림 같다고 생각하시면 된다. 볼로냐에 있는 모란디 미술관에 갔다가 모란디는 볼로냐의 색채를 충실히 옮긴 사람임을 알게 되었다. 모란디가 볼로냐에서 태어나고 볼로냐 미술학교를 나온 것을 알게 된 날이기도 했다. 움베르토 에코가 볼로냐대학 교수라는 것을 들었을 때와 달리 모란디가 볼로냐와 긴밀한 관계라는 것은 무척이나 매혹적으로 느껴졌달까. 움베르토 에코에게 끌림을 느낀 적이 없어서 그럴지도 모르겠지만. 심지어 볼로냐 하면 연상되는 것이 에코여서 볼로냐에 관심을 두지 않으려 했던 나의 비이성을 돌아보는 시간이었다.

어쨌거나. 이 볼로냐 로소에서 뻗어 나온 포르티코가 만들어 내는 공간에서 빨간 라벨이 인쇄된 페로니 전용 잔은 참으로 위력적이었다. 볼로냐 로소로 조화롭게 어우러진 프르티코 아래가 아니었다면 좀 달랐을 수 있다. 하지만 볼로냐 로소 아래에서는 엄청났다. 사람들이 잔을 들어 올릴 때 페로니 잔의 빨간 라벨이 움직이는 걸 보면 볼로냐 로소에 새로운 느낌표가 찍히는 것 같았고…. 색에 민감하고 술에 민감한 사람은 참을 수 없었다.

내가 그 잔에 얼마나 집착했느냐면… 즘 부끄러운 이야기를 해야 한다. 식당의 매니저에게 페로니 잔을 사고 싶다고 했다. 매니저는 쓰던 것밖에 없어서 팔 수가 없다고 했고,

나는 그래도 괜찮다고 했다. 곤란한 표정을 지으며 대화를 끝내지 않는 내게 매니저는 결국 페로니 잔을 줬다. 나보다 더 곤란한 표정을 지으면서. 그렇게 해서 받은 페로니 전용 잔은 지금 나의 집에 있다.

얼마 전에 알게 된 사실인데, 페로니는 전용 잔과 재떨이, 테이블, 의자 같은 판촉물을 만들어 엄청난 매출을 올리고 결국 이탈리아 맥주 시장의 선두 주자가 되었다고 한다. 와인을 주로 마시는 이탈리아 사람들에게 맥주를, 맥주 중에서도 '페로니'를 마시게 한 게 결국은 이 전용 잔의 매력이었다는 이야기다.

정작 가져와서는 몇 번 사용하지 않았는데, 오랜만에 꺼내 보니 포르티코 아래에서의 시간이 잔 안에서 빨갛게 출렁거린다. 매니저를 곤혹스럽게 만든 게 후회되지 않는 근사한 잔이다.

볼로녜세 스타일 술집

얼마 전 책 파는 술집에 갔다. 무려 현직 문학평론가가 운영하는 곳으로 '취한 정글'을 표방하는 곳에. 술과 사람에 몰두하느라 잘 기억나지 않지만 정글답게 식물이 무성했고, 책꽂이에는 술과 책이 나란히 꽂혀 있었다. '나란히'라는 건 좀 과장이고 책꽂이에 다 마신 술병들이 있었다.

내가 한때 원한 적이 있던 인테리어다. 책꽂이 겸 술꽂이에 책과 술을 함께 꽂는 것 말이다. 모란디풍으로 표지가 마음에 드는 책과 술병이 마음에 드는 술을 오브제처럼 놓아두겠다는 구상도 했었다. 볼로냐에 있는 모란디 미술관에 가기 전부터 그런 생각을 했었는데 볼로냐에 다녀와서 더 확고해졌다. 볼로냐는 책과 음식과 술의 도시였기에. 화장품 가게의 쇼케이스에도 책과 술과 음식 모형이 함께 있는데 말 다했지.

그러니까 나를 위한 도시랄까? 구시가 전체를 연결하고 있는 포르티코('회랑'이라는 말보다 울림이 좋아서 '포르티코, 포르티코' 하고 싶다)를 따라 걸으며 쇼케이스를 보면 몇 분 지나지 않아 홀리게 된다. '와, 여기 뭐지?' 하며. 책과 술과 음식을 좋아하는 분이라면. 거의 모든 쇼케이스에 책과 술과 음식(모형)이 있었다. 볼로네세들도 나 같은 사람들이었던 것이다. 책과 술 모두 읽을거리라고 생각하는 사람들. 음식만큼이나 책과 술도 몸을 만드는 구성 요소라고 생각하는 사람들. 그래서 볼로냐 사람들의 파스타인 볼로네세도 좋아하지만(현지에서는 '라구'라고 함) 볼로냐적인 것을 깊이 애정하게 되었다. 볼로냐 사람, 볼로냐 건축, 볼로냐 패션, 볼로냐 기후, 볼로냐 인심, 볼로냐 서점, 볼로냐 구두점(아테스토니보다 더 우아해서 세 족을 구매), 볼로냐 만두(토르텔리니) 등등. 그러니까 볼로냐적인 모든 것을 말이다.

그런데 왜 하지 못했나? 볼로냐풍의 인테리어를 말이다. 나는 마음만은 볼로냐 홍보 대사지만 환상 속에 살지 않는다. 현실을 직시하는 편이라 나의 집도 객관적으로 본다. 볼로냐풍으로 하려면 여백이라는 게 필요한데 나의 집에는 여백이 없다. 책을 이중으로 꽂는 것은 기본이고, 테이블과 식탁, 바닥 위 여기저기에 책이 쌓여 있다. 그래서 모란디의 그림처럼 또 볼로냐의 쇼케이스처럼 바치하는 것은 불가능하다. 내가 그림을 그리는 사람은 아니지만 무엇을 그리고 어떻게 배치하는지 이상으로 중요한 게 여백이라는 것 정도는 안다. 여백이 있어야 그림이 된다.

책과 술을 오브제처럼 놓겠다는 이데아는 포기한 지 오래지만 포기하지 못하는 게 있으니 술병에 대한 집착이다. 술병의 형태나 라벨의 색 배합이나 폰트가 마음에 들지 않는 술은 절대로 사지 않는다. 절대로. 갖고 싶은 책은 표지가 마음에 들지 않아도 사는데 말이다. 이상한 표지는 물론 거슬리지만 책을 볼 때는 보이지 않기도 하고, 요즘에는 책 커버도 있어서 그걸 씌우면 된다. 하지만 술은 안 된다. 술병을 눈앞에 두고 줄어드는 걸 보면서 마시기어 술병이 거슬리면 절대 안 된다. 문제는, 마음에 드는 술병을 샀기에 술을 다 비우고 나서도 술병을 잘 버리지 못한다는 거다.

물론 이뻐서 그렇다. 하지만 그게 다가 아니다. 술 한 병을 사면 술이 태어난 지역에 대한 이야기, 이름에 대한 이야기, 양조자에 대한 이야기 등등이 함께 딸려 오기 때문이다. 아무래도 눈앞에서 술병이 사라져 버리면 그 술에 대한 이야기도 희미해지거나 증발할 가능성이 커지기에 술병을 치우는 게 쉽지 않다. 책 파는 술집 사장인 문학평론가가 나 같은 생각에서 술병을 책꽂이에 꽂아 둔 것인지는 묻지 못했다. '그러니까 볼로녜세 스타일을 추구하시나요?'라든가. 책 파는 술집의 사장인 문학평론가도 그날 함께 술을 마셨는데 말이다.

그날 책 파는 술집에서 첫 잔으로 마신 것은 네그로니였다. 언젠가 쓴 적이 있지만 나는 네그로니를 좋아하고, 칵테일을 단 한 잔만 마셔야 한다면 네그로니다. 볼로냐는 아니지만 이탈리아의 칵테일. 비터스윗한 그 맛과 검붉게 투명한 그 색은 이탈리아 그 자체기도 하다. 내가 네그로니 타령을 자주 했는지 얼마 전에 만난 분도 말했다. "네그로니를 가장 좋아하시잖아요"라고. 하지만 술을 많이 마시지 않았을 때의 일이다. 네그로니는 도수가 세서 가볍게 몇 잔씩 들이켤 수 있는 술은 아니다.

하지만 이상하게도 그런 날이 있다. 술을 꽤나 마셨는데도 취기가 오르지 않고 그래서 계속 술을 원하게 되는 날. 나는 이성이 있는 사람이므로 많이 마시게 된다면 섞지 않으려고 한다. 하지만 역시 의지가 흐려지고 평소 나의 주관酒觀도 흐려지는 날에는…. 그날이 그랬다. 일차에서 연태고량주 큰 병을 마시고 왔으면서 네그로니를 시키는 데 주저함이 없었다.

거의 10년 만에 만난 C 언니 때문이라고 변명해도 될까? "나는 은형이가 시켜 주는 걸로 마실래"라고 언니가 말해서 나는 언니에게 가장 맛있는 칵테일을 소개해 주고 싶다는 의무감에 불탔다. 나는 '우리'보다 '나'가 편한 사람이지만 나를 믿어 주는 얼마 안 되는 사람들은 실망시키고 싶지 않은 마음이 있다. 그날의 나도 그랬다. 아는 것이 많은 언니지만 이런 유흥(?)의 세계는 거의 백지상태이기에 잘 인도해 주고 싶다는 책임감을 느꼈달까. 그렇다면, 네그로니로가야 했다. 왜냐하면… 우리는 문학을 하는 사람이니까. 비터스윗의 결정체인 네그로니의 역설을 이해할 수 있는 사람이니까. 이 달콤쌉쓸한 술을 사랑의 속성으로 치부할 수 있는 사람이니까. 하지만 이런 말은 하지 않았다.

C 언니는 만족스러워했다. 정말 그랬는지는 알 수 없다. 대구 출신이라 맛에 문외한이며, 뭐가 좋은지 좋지 않은지 딱히 기준이 없다고 언니는 말한 적이 있다. 대구 출신이면 맛을 모른다고 말하는 사람이 꽤나 많아서 이런 '고향 셀프 디스'의 역사가 어떻게 형성되었는지 궁금하긴 하지만 그보다 나는 언니가 이렇게 말하는 사람이라는 게 흥미롭다. '공부를 좋아함' 말고는 취향이 없는 사람이 뭔가에 미치게 된다면 그게 뭘까라고 궁금해하는 편.

다시 그날의 언니 이야기를 하자면, 언니는 점잖은 데

다 인격도 훌륭해서 맛이 없거나 별로라고 해도 그대로 말할 사람이 아니다. 술을 좋아하는지, 술이 센지, 어떤 술을 좋아하는지 전혀 아는 바가 없을 정도로 언니의 취향에 대해 모르지만, 그래서 언니와 함께 술을 마시는 게 좋았다.

우리의 두 번째 잔은 가리발디였다. '우리'라고 쓴 것은 언니가 이번에도 나와 같은 걸 시키겠다고 했기 때문이다. 언니는 두 번째 잔에도 만족해했다. 그러고는 가리발디는 어떻게 만드느냐고 물었는데 제대로 대답하지 못했다. "자몽주스랑 뭔가 섞어요"라고 했던 것이다. 이 얼마나 믿음직하지 못한 모습인가. 언니가 나를 믿고 칵테일 인도자의 자격을 주었는데 이런 구멍을 보이다니.

대체 '뭔가'는 뭐였을까? 그리고 자몽주스랑 섞은 게 맞기는 한가? 궁금함과 답답함이 교차했다. 그래서 가리발디를 마신 후 또 가리발디를 마셔야 했다. 중간에 다른 칵테일을 마시긴 했지만 결국 가리발디를 다시 시켰다. 물론 언니는 계속 나와 같은 걸 마셨으므로 언니도 가리발디를 두 잔 마셨다. 집에 돌아오니 새벽 5시였다!

몇 시간 후 부스스 일어나서 뭔가 잘못되었다는 생각을 떨칠 수 없었다. '가리발디가 자몽주스를 탄 술이 맞나?'라는 의구심을 지울 수 없었던 것이다. 가리발디는 어떻게 만드느냐고 언니가 질문했을 때부터 그 의심을 했던 것 같고 가리발디 생각을 꿈에서도 했던 듯도 하고. 깨어나서 처음으로 한 말은 "오렌지!"였다. 가리발디는 자몽이 아닌 오렌지주스로 만드는 칵테일이라는 게 생각났다. 캄파리를 섞는다는 것도. 역시 취했던 건가? 그래서 떠올리지 못했던 건가?

그날 밤에 마셨던 가리발디에서는 자몽주스 맛이 났는데… 확신할 수는 없다. 책 파는 술집은 상당히 어두웠고, 술을 상당히 마신 나의 미뢰는 착란을 일으켰을 수도 있다. 하지만 내가 오렌지주스와 자몽주스 맛을 혼동할 정도로 취했다고?

자몽주스와 캄파리를 섞는 칵테일은 따로 있다. 거품을 뜻하는 스푸모니라는 이름의 칵테일로, 이 칵테일을 마셨던 밤에 대해서도 쓴 적이 있다. 변명하자면 책 파는 술집에서 마셨던 가리발디에서는 스푸모니 맛이 났던 것이다. 나는 캄파리와 오렌지주스를 섞은 가리발디는 좋아한 적이 없는데. 그날 밤의 나는 왜 가리발디를 두 잔이나 마신 걸까. 아… 어떻게 된 일인지 신비롭구나.

세이 쇼나곤과 과하주

겨울에는 아주 추운 것이 좋고 여름에는 아주 더운 것이 좋다. 이렇게 말한 사람이 있었다. 900년대에 태어난 세이 쇼나곤이라는 사람으로 나는 이 사람의 글을 좋아한다. 편협하고 시야가 좁은 면이 있긴 하지만 재기와 유머가 있어서다. 아쌀하달까? 정확히 무슨 뜻인지 모르는 그 말이 나도 모르게 튀어나왔다.

어린이였던 내게 '아쌀하다'라는 말을 하는 어른들이 있었고, 나는 그들의 표정으로 그게 칭찬이라고 느꼈다. 대단한 칭찬은 아니고 75% 정도의 칭찬. 그래서 감사하다고 하지는 못하고 살짝 웃었다. 내가 누군가에게 '아쌀하다'라고 해 본 적은 없다. 사전에 없는 말인 데다 용례도 잘 모르기 때문인데 지금 이렇게 나와 버렸다.

세이 쇼나곤의 글을 펼친 것은 대체 아쌀한 그분은 여름에 대해 뭐라고 썼나 싶어서다. 나는 이분의 글 중에서 특히 계절에 대한 이야기를 좋아한다. 또 글에는 그런 게 있지 않나? 견디기 힘든 무엇도 글이라는 필터를 통하면 견딜 만해지기도 한다. "여름은 밤. 달이 뜨면 더할 나위 없이 좋고, 칠흑같이 어두운 밤에도 반딧불이가 반짝반짝 여기저기에서 날아다니는 광경이 근사하다. 반딧불이가 한 마리나 두 마리 희미하게 빛을 내며 지나가는 것도 운치 있다"(『베갯머리 서책』, 정순분 옮김, 지식을만드는지식, 2015). 이 문장을 보고 좀 웃었다. 달이 뜨면 더 좋고, 달이 뜨지 않아도 좋다고 하니 결국 여름밤은 다 좋다는 것이라.

양시론 아닌가? 어느 술자리에서 만난 신문사의 논설위원이 했던 이야기가 떠올랐다. 어느 한쪽을 분명히 편드는 글쓰기를 해야 한다고 했다. 논쟁을 해야 한다고 말이다. 그래야 읽는 사람이 편하게 따라올 수 있다며, 양비론은 안 된다고. 둘 다 맞지 않다라는 취지의 글을 잘 쓰기는 상당히 어려워서 성공할 확률이 지극히 낮다는 것이다. 나는 그저 고개를 끄덕였는데 이렇게 묻고 싶기는 했다. "그러면 둘 다 맞다는 양시론은 어떻게 생각하시나요?" 이건 논쟁을 유발

하지 않으므로 더 나쁘다고 하겠지?

세이 쇼나곤 스타일로 쓴다면 나쁜 것 같지 않다. 씹어 먹을수록 은근한 말맛이 느껴지게 쓴다면. 그래서 나는 종종 그의 문장을 오이지처럼 물고 있는 것이다. 서설이 너무 길었다. 여름의 술에 대해 이야기하려던 참이었다. 과하주라는 술에 대해서. 이름에 여름이 들어간 여름의 술인 과하주에 대해서 여름에 한번은 쓰고 싶었다. 과하주過夏酒, 즉 '여름을 나는 술'은 어떤 술일지 오래도록 궁금했다.

아마도 『춘향전』을 읽다가 이 이름을 처음으로 들었을 것이다. "술 이름을 이를진대, 이태백 포도주와 천년을 살았다는 안기생의 자하주와 산림처사의 송엽주와 과하주, 방문주, 천일주, 백일주, 금로주, 팔팔 뛰는 소주, 약주"라는 대목이다. 이 대목을 듣기 위해서 〈춘향가〉를 들으러 갔었다. 다른 귀명창들처럼 나도 '얼쑤'거나 '쑤' 이런 걸 하면서 술맛을 돋우고 싶었지만 차마 말이 터지지 않았다는 이야기도 해야겠지.

과하주는 지나치게 달았다. 모든 과하주가 그런지 모르겠으나 내가 마신 과하주는 그랬다. 왜 이렇게 달아야 하는지도 알 것 같다. 냉방 시설이 없던 시절에 술을 상하지 않게 하려면 도수도 어느 정도 이상이면서 달아야 했을 것이다. 내가 단 술이라면 모두 좋아하지 않는 것은 아니다. 토카이와 소테른, 베렌아우스레제 같은 단 술의 뭐라 말할 수 없던 정취는 아직까지 남아 있다.

내가 마신 과하주는 복합적이지 않았다. 달면서 짜릿하거나, 달면서 시큼하거나, 달면서 쿰쿰하거나 하지 않았다는 말이다. 달면서 향기롭지 않았다. 약간은 향기로웠을 수도 있지만 충분하지 않았다. 그래서 '그저 달았다'라고 느꼈다. 입체적이지 않다고 이야기해야 할 것이다. 색으로 따지자면 정직한 원색의 느낌. 명도도 높고 채도도 높은 느낌. 과하주라는 근사한 이름을 감당할 정도의 맛은 아니었던 것이다.

그런데! 과하주를 사면서 함께 샀던 복분자주가 구원이 되었다. 이렇게 달지도 들큰하지도 텁텁하지도 않은 드라이한 복분자주가 있다니… 상당한 보람이었다. 시중에 있는 복분자주와 다른 방식으로 만든 복분자주라기에 모험을 했던 것이다. 그리고 이 투명한 루비색! 온더록 스타일로 마시려고 잔에 돌얼음을 넣고 술을 따라 그렇게 되었겠지만 꼭 피노누아 같아서 호사스러운 기분이 들었다. 물론 피노누아의 복합적인 향기는 나지 않는다. 복분자주에서는 복분자 향기가 났다. 정직한 향기. 향기는 단순하지간 술은 맛있었다. 복분자도 이렇게 충분히 맛있는 술로 만들 수 있는 재료였다니! 복분자 냄새를 맡고 있으니 장어덮밥과 함께 먹어야겠다는 생각이 들었다. 맛있어서 이름을 밝혀 둔다. 복단지.

이게 그 드라이한 복분자주의 이름이다.

　참으로 기이한 일이다. 가리는 게 없는 편인 내가 가리는 얼마 안 되는 음식이 장어다. 미끌미끌하고 달달한 맛이 싫은지 원초적으로 꿈틀대는 장어의 활력을 받아들이고 싶지 않은지 모르겠지만 하여튼 그렇다. 그토록 장어라면 거리 두기를 하던 내가 복분자주를 마시다가 장어덮밥이 먹고 싶어진 것이다. 일반적인 복분자주, 그러니까 들큼하고 달달한 그 술과 이 술은 달랐기 때문이다. '장어엔 복분자'라는 조합을 대체 이해할 수 없다며 고개를 절레절레 흔들던 자가 '이런 복분자라면!'이라며 실험을 하고 싶어진 것이라고 해도 되겠다. 술과 어울리는 극강의 안주를 찾아 술을 마시는 게 또 술꾼 된 자의 우직한 보람 아니겠는가? 이 복분자주를 파는 장엇집을 찾아내 여름의 끝자락을 나누고픈 사람과 가야겠다고 생각했다.

　마지막으로 하나 더. 세이 쇼나곤 여사께서는 이런 제목으로 짧은 글을 썼다. "거창한 이름─별것도 아닌 것이 한자로 쓰면 어마어마한 것". 그러고서 거창한 이름을 가진 것들을 나열하는데 제일 먼저 등장하는 것이 복분자다. 覆盆子. '뒤집힐 복'에 '항아리 분'이다. 어쩌다 이렇게 요란한 이름을 갖게 되었는지 애처롭다는 생각이 든다. 거창한 이름의 무게를 감당하기에는 소박한 열매가.

셰익스피어를 위한 월동 준비

엄청나게 귀여운 월동 준비에 대해 들은 적이 있다. 아기 곰이나 지렁이 모양의 젤리를 코냑에 담가 두었다가 겨울 내내 한 마리씩 꺼내 먹으면 그렇게나 좋을 수 없다는 것이다. 크리스마스를 배경으로 한 갓 나온 소설을 읽다가 이 귀여운 월동 준비가 떠올랐다. 대추야자 설탕에 절인 과일과 무화과가 나오고 사탕과 초와 약속과 흥분으로 가득한 도시의 풍경이 묘사되는 것도 그랬지만 결정적으로 아래의 문장 때문에.

"말리 고모는 크리스마스 쿠키를 구웠다. 고모는 별 모양의 계피 쿠키와 초콜릿 링, 커다란 사기그릇에 오래 보관하면 보관할수록 더 맛이 좋아지는, 한입에 녹아 버리는 아나 마리아 아말리아의 후자렌도넛을 구웠다. 파삭파삭한 갈색의 파시앙스라는 이름의 알파벳 쿠키도 구웠는데, 알파벳 전체를 다 구웠다. 그리고 하얀 생크림이 올라가는 스페인 바람이라는 이름의 푸딩도 구웠고, 마르치판, 마르멜로 젤리, 럼 트뤼프도 만들었다."(비키 바움, 『크리스마스 잉어』, 박광자 옮김, 휴머니스트, 2023)

이런 문장은 도무지 축약할 수가 없다. 여기 나오는 그럴싸한 크리스마스 무드에 실제로 젖어 본 적은 없으나 내가 누군가. 달콤하고 향기로운 것들을 한없이 병렬하는 수법(?)으로 어린이 독자들의 마음을 훔친 책들에 절여졌던 어린이 아닌가. 그렇게 책에 나오는 먹을 것과 마실 것을 마음에 새겼다. 폭신폭신하고 말랑말랑한 이국의 명사들에는 마력이 있어서 나의 어린 시절에 대한 착시가 일어난다. 실제로도 그런 보드랍고 말캉한 것들에 둘러싸여 지냈던 것처럼 착각하게 하는 마법이랄까.

그래서 저 책을 읽다가 나는 '아아!' 하고 탄식했다. 물론 속으로. 그러고 나서 아기곰과 지렁이로 하는 귀여운 월동 준비가 떠올랐다. 동시에 그 귀여운 월동 준비를 하겠다고 마음먹었으나 곧 잊고 만 나의 무심함에 대해서도. 나는 좀 너무하는 데가 있다. 가장 큰 관심사로 관심이 쏠리는 스타일인데, 문제는 가장 큰 관심사가 아닌 것들은 거의 아웃

포커싱되는 것이다. 기본적으로 이런 회로의 사람이므로 듣고 싶은 것만 듣는 것은 너무 오래된 일이다. 문제는 기억하고 싶은 것들마저 이렇게 된다는 것. 하지 않아서 대단한 손해를 입은 건 아니지만 즐거움 하나를 잃었다는 느낌은 확실히 든다. 이제라도 하면 될 텐데 하고 싶지 않다. 이런 건 12월을 기다리며 가을에 해야 하는 일이 아닌가 싶어서.

귀여운 월동 준비에 대해 들은 것은 위스키를 먹다가였다. 무려 다섯 종의 라이 위스키를 내게 맛보이고 싶어서 가방에 다섯 병의 위스키를 짊어지고 온 분이 계셨다. 여기어 위스키 전용 잔인 글렌캐런 잔과 스트레이트 잔까지 가방에서 꺼내는 그분을 보며 나는 몸 둘 바를 몰랐다. 그분은 누구인가. P로 시작하는 닉네임으로만 알던, 술과 화이트 아스파라거스와 블루베리에 대해 이야기를 주고받던 나의 '인친'이시다. 인스타 친구의 줄임말이 인친인데, 사실 나에게 '인친'이라고 할 만한 분은 이분 정도가 아닐까 싶다. 인스타로 나름의 교류를 하다가 실제로 본 적이 있어서 그런 걸까. 만남을 갖기로 했을 때 P님은 이름과 신상(?)에 대해 알려 주셨으나 그분은 내게 여전히 P님이다.

이 모든 건 위스키 때문이었다. 위스키 중에서도 라이 위스키를 좋아하는 P님이 소개해서 알게 된 라이 위스키가 있다. 그때까지 마셔 본 적이 없고, 오직 이름만 아는 위스

키였다. 미국에서 사 왔다고 알고 있지만 혹시나 저 위스키를 구할 수 있는지 P님에게 판로를 물었다. 사람들과 모여서 위스키를 마시기도 하고, 적극적이고 진취적인 위스키 생활을 즐기고 계시는 P님은 알 것 같았기 때문이다. 가격이 너무 뛴 데다 구하기도 어렵다는 답이 돌아왔다. 그런데 이게 끝이 아니었다. 내게 위스키를 맛보여 주고 싶다고 했고. 결국 우리는 약속을 잡게 된다. P님이 룸이 있는 장엇집의 문을 열고 들어온 건 늦은 여름이었다. 늦은 여름이었으나 더위가 가시지 않아 한여름이라는 기분이 드는 여름.

한겨울 밤의 꿈. 아이러니하게도 그때 마신 위스키 이름은 이랬다. 'A Midwinter Night's Dram'이라는 라이 위스키. 'dream'이 아니고 'dram'이라 '한겨울 밤의 꿈'이 아니라 '한겨울 밤의 끔'이라고 해야 할지 모르겠지만. 영어로 위스키 한 모금이 'dram'이라 이렇게 썼다고 한다. 셰익스피어의 『한여름 밤의 꿈*A Midsummer Night's Dream*』을 가져와 '한겨울 밤의 한 모금'으로 바꿨다는 것도 말해야겠지. 이 라이 위스키의 생산자는 아마도 셰익스피어를 좋아할 것이고, 장난스러운 저 작품도 좋아할 텐데, 위스키 한 모금이 'dram'이라는 것까지 떠오르자 저 이름을 짓지 않그는 견딜 수 없었나 보다. 그러려면 위스키를 만들어야 했을 테고.

라이 위스키 다섯 병 중에 세 병이 모두 'A Midwinter

Night's Dram'이었다. 각각 포트 배럴, 프렌치 오크 포트 배럴, 화이트 배럴에서 숙성한 '겨울밤'들. 모두 좋았지만 가장 좋았던 것은 화이트 배럴이었다. 잊을까 봐 여기에 적어 둔다. 이제 시간이 한참 흘러서 세 병이 어떻게 다른지에 대해서는 적을 수 없다. 모두 뭐라 말할 수 없이 달콤한 냄새가 났다는 것만 기억난다. 체리, 건포도, 말린 오렌지 껍질에 모과 잼(이게 「크리스마스 잉어」에도 나오는 마르멜로다), 너트맥, 카다멈, 클로브, 바닐라빈, 통카빈 같은 온갖 향신료 냄새까지. 이 냄새를 다 맡았다기보다는 테이스팅 노트에 적힌 것을 보니 정말 냄새가 나는 것 같았다. 원래도 호밀로 만들어 스파이시한 라이인데, 여기에 향신료 냄새까지 넘실대는 '겨울밤'을 우리는 산초가루와 시소잎을 범벅한 장어와 함께 마셨다.

이 이야기를 복기하고 있는 지금, '드램'이 몽상적으로까지 느껴진다. '드림'이 아니라 '드램'이라고 하니 좀 더 달콤한 꿈을 꾸며 코를 고는 소리로 들린달까. 인간 말고 요정이 말이다. 『한여름 밤의 꿈』에 나오는 퍽Puck 같은 장난꾸러기 요정은 이렇게 코를 골지 않을까. 드램… 드램… 드램….

우리에게는 온갖 향신료를 좋아한다는 공감대도 있었다. 향신료를 좋아하는 그녀가 그래서 라이를 좋아한다는 말을 듣고 라이가 새롭게 느껴지기도 했다. 우리에게는 장어를 좋아하지 않는다는 공통점도 있었다. 하지만 산초와 시소 같은 향신료와 함께 먹으니 그래도 먹을 만했다. 광주에서 장어를 먹는 방식대로 갓김치와 함께 먹으니 먹을 만했다는 이야기에 나는 부산의 방앗잎과 함께 먹는 장어 이야기로 화답했다. 평소 나는 장어를 한 점도 제대로 못 먹는 편인데 방앗잎과 먹자 쉬지 않고 먹을 수 있었던 기묘한 기억이 있다.

미드윈터 나이트 드림에서는 슈톨렌이나 파네토네에서 날 법한 냄새가 났다. 왜 이런 냄새가 나죠? 술에 오래 절인 말린 과일과 향신료 냄새가 난다고 했더니 P님이 말했던 것이다. 아기곰과 지렁이 젤리를 코냑에 절여 두고서 겨울에 먹으면 좋다고. '엄청나게 귀여운 월동 준비군'이라고 속으로 생각했다. 슈톨렌이나 파네토네에 넣는 말린 과일은 럼에 절인다고 알고 있는데 세상에 코냑이라니. 이건 정말 대단하겠다 싶었다. 그런데 잊고 말았고, 이렇게 뒤늦게 속상해하고 있다.

'midsummer'에는 하지라는 뜻이 있다. 1년 중 낮이 가장 긴 날. 그렇다면 'midwinter'는 동지, 1년 중 밤이 가장 긴 날이다. 어제가 바로 동지였다. 춥고, 캄캄하고, 무거웠다. 이제 점점 밤은 짧아지고 낮이 서서히 길어지고, 그렇게 다시 여름이 오고, 또 하지가 오고, 한여름의 나는 한겨울 밤의

꿈을 떠올리겠지. 엄청나게 귀여운 월동 준비를 올겨울에는

하겠다고 다짐하며.

'삼국지 그녀'와 세키토바를

내가 아는 사람 중에 〈삼국지〉를 좋아하는 사람이 있다. 80년대생 여자로 대만에서 태어나 한국에서 자란 그의 낙은 넷플릭스에 있는 〈삼국지〉 시리즈를 보고 또 보는 것이라고 했다. 회식에서 술을 마시고 돌아와 집에서 또 술을 마시며 〈삼국지〉를 본다고. 나는 이런 유의 이야기를 무척이나 좋아한다. 특정한 책이나 영화와 함께 술이 등장해 버리면 이야기에 실물감이 생기면서 나도 그걸 꼭 보고 싶어진다. 그와 술을 마시며 이 혹하는 이야기를 들었기에 나도 '삼국지 놀이'를 해 볼까 했다. 하지만 95부작이라기에 가볍게 단념했다. 몇 년 전의 일이다. 길어서 감히 시도하지 못하는 것들이 있다. 『금병매』와 『홍루몽』, 또 『겐지 이야기』 같은 것들.

그랬었는데… 이 이야기가 되살아났다. 며칠 전 밤에 적토마가 내게로 뛰어 들어왔기 때문이다. 하루에 천 리를 달린다는 관우의 말, 그 적토마 말이다. 적토마를 마시게 되었던 것이다. 토종닭을 전문으로 하는 꼬치집에서 주인의 추천을 받아 시킨 고구마 소주의 이름이 적토마였다. 메뉴판에는 '세키토바'로 되어 있어서 시킬 때는 적토마인 줄 몰랐다. 주인이 술병을 꺼냈을 때 "아아, 적토마네요"라고 이야기한 건 바로 〈삼국지〉를 좋아하는 그녀였다.

그녀와 나는 술친구로 계절에 한 번이나 두 달에 한 번 정도 만난다. 이 정도면 내가 상당히 자주 만나는 사람이라고 할 수 있다. 내가 술을 마시고 싶다거나 보고 싶다거나 하는 이유만으로 만나는 사람은 극히 드물다. 다른 사람도 그런지 모르겠으나 점점 누군가를 만나는 게 버겁다. 낮에는 일을 해야 해서, 밤에는 다음 날 일하는 데 지장을 줄까 봐. 그래도 낮이 좀 더 낫다. 낮에는 상대의 점심시간에 만나게 되기에 시간제한이 있기 때문이다. 내가 상대의 회사 근처로 가야 하긴 하지만.

시간의 문제는 아니고 마음의 문제다. 나는 소위 말하는 '인풋'이 두렵다. '인풋 자제형 인간'이라고 해도 좋다. 관심사와 호기심이 많은 편인지라 뭔가가 또 마음으로 뛰쳐 들어

오면 상당히 곤란해진다. 내가 지금 하고 있는 일들이 엉켜버리기에. 이 모든 일을 중단하고 그 일을 하고 싶어질 수도 있다. 그녀를 만나는 건 이런 회로의 엉킴을 주지 않는다. 경험적으로 알기에 그녀를 만날 때는 마음이 편하다. 물론 그녀가 나에 대해 어떻게 생각하는지는 모르겠지만. 어쨌거나 내가 누군가를 밤에 만난다는 건 이런 위험을 감수하며 만나는 것이다.

적토마의 뜻을 아시는지? '붉은 토끼를 닮은 말'이다. 아니, 토끼라니! 당연히 붉은 흙 같은 말이 적토마라고 생각해 왔다. 그래서 그 밤에 '赤兔馬'라는 술의 이름을 보고 우리는 당황했다. 붉은 흙으로 만들어진 것 같은 말이 뛰는 걸 상상해 왔는데 토끼라니. 붉은빛이 도는 털을 가진 말이 토끼처럼 빠르다고 해서 적토마라는 이름이 붙었다고 하는데, 토끼가 빠름의 상징이라니 납득하기가 힘들다. 토끼가 얼마나 빠른지는 모르겠지만, 천지를 진동시킬 듯한 적토마의 웅장함에 토끼 하면 떠오르는 아기자기함이 도무지 붙지 않아서. 붉은 글씨로 쓰인 '적토마'라는 글자는 힘이 넘쳐 술병 밖으로 뛰쳐나올 것 같았기에 더.

필체의 위용이 상당해 나도 모르게 '오우' 하는 소리가 나왔던 것이다. 빨간색의 글씨에서 힘줄과 근육이 약동하는 적토마의 몸이 느껴졌달까. 핏빛 같은 암홍색의 근육 덩어리가 달리면 흙먼지가 일어나는데… 어찌나 빠른지 형체를 알기 어렵다… 그저 뭔가 불타오르는 것처럼 보이는데 알고 보니 말갈기더라…. 이런 생각을 하면서 세키토바를 마신 건 아닌데, 적토마를 생각하니 적토마를 계속해서 묘사하고 싶은 이 마음은 뭔지 모르겠다.

장대한 서사지 않습니까? 〈삼국지〉를 좋아하는 그녀와 적토마를 마시게 되다니. 그때는 이 희미한 점들을 연결 짓지 못했다. '아아, 내가 〈삼국지〉를 좋아하는 그녀와 적토마를 마시고 있다니 참으로 신기한 일이군'이라고 생각하지 못했다는 말이다. 왜냐하면 안심, 다릿살, 꼬릿살, 윗날갯살 등등 주인이 부위별로 내주는 닭을 먹느라 바빴다. 고구마 소주는 참숯(이겠죠?) 연기가 더해진 닭꼬치에 더할 나위 없었고, 그래서 집중하느라 그런 생각을 할 여력이 없었다. 그런데 술을 마시고 며칠 밤이 지나고도 그날 밤의 풍취가 사라지지 않았던 것이다. 술이 익어 가는 것처럼 이야기가 발효될 시간이 필요했는지도 모르겠다.

사실 별일이 아닐 수도 있다. 술과 맛있는 음식을 좋아하는 그녀와 나는 가고 싶은 식당이나 술집이 겹치는 편이다. 호불호가 갈릴 수 있는 음식을 둘 다 좋아한다는 것도 여러 번 확인했다. 아티초크, 파테, 소시송, 이부리가코, 스틸턴 치즈, 또 향신료 범벅인 음식들…. 먹는 걸 좋아하고 마시는 걸 좋아하는지라 아무래도 가리는 게 많거나 술을 마시지 않는 사람과 만나는 건 좀 그렇다. 거기에 관심사도 비슷하다. 우리의 이야기 소재는 음식과 술, 거기에 좀 더하면 책과 영화다. 좋아하는 음식이나 술(피노누아와 샤르도네)이 겹치는 것처럼 영화도 맞는 편이다. 그래서 연결되지 않기가 힘들다.

그날의 그녀는 자신이 마를 얼마나 좋아하는지에 대해 말했다. 언제나 그러하듯이 잔잔하게 웃으면서. 마 구이를 기다리면서였다. 간 것도, 채 친 것도, 구운 것도 모두 좋다며 마는 어떻게 먹어도 맛있다고 했다. "고노와타(해삼 내장 젓)랑 마 같이 먹으면 죽이지 않나요?"라고 내가 말하자 그녀는 감격스러운 표정을 지었고. 나는 아쿠타가와 류노스케가 쓴 「참마죽」을 읽어 보았느냐고 물었다. 마 마니아가 그 소설을 읽지 않으면 도리가 아니라고.

생각할수록 그녀와 적토마를 마셨던 밤이 계시적으로 느껴진다. 적토마라는 걸 모르는 사람과 마셨을 수 있었다. 적토마라는 걸 알아도 '그게 어쨌다고?'라고 하거나 반대로 지식 자랑을 하는 사람과 마셨을 수도 있었다. 나는 과한 것보다 부족한 게 낫다고 생각하는데, 그중에서 가장 견딜 수 없는 과함은 말[言]이다. 그런데 어쩜 이렇게도 다행스럽게. 덕분에 적토마를 마신 밤을 생각하면 적토마를 타고 달리는 관우가 청룡언월도를 휘두르는 게 떠오른다. 대담하고 책임감 있고 말수는 적었을 관우가 주인이라 적토마도 좋았을 거라는 생각.

술도 맛있어서 더 그렇다. 적토마는 고구마 소주답게 향기로웠다. 이렇게 썼지만 자신이 없는데, 나는 쇼추라고 하는 일본식 소주를 잘 모르고, 그렇기에 고구마 소주가 보리 소주나 메밀 소주보다 향기로운지 확신이 없다. 사람들이 그렇다고들 하는데 그런 건 근거로 내세우기에는 좀 그렇다. 내가 충분히 그렇다고 느껴야 진실한 표현이 나오는데 그 정도가 못 돼서 쇼추에 대해 말하기가 조심스럽다. 내가 마셨던 고구마 소주들은 풍미가 좋았다고 기억하는데 그날 밤의 적토마는 유난히 향기로웠다. 잘 익은 과일에서 나는 농밀한 냄새에 나도 모르게 코끝을 찡그렸던 것이다.

폭풍과 언덕을 마시다

술은 책과 함께 마셔야 한다고 생각한다. 책을 골라 읽듯이 술도 술꽂이에 꽂아 두고 골라 먹는 사람으로서 드리는 말씀이다. 얼마 전에도 책을 읽다가 술을 마셨다. 그 이야기를 하려고 한다.

전에도 읽었지만 얼마 전에 새로 번역된 버전으로 『폭풍의 언덕』을 읽다가 생각했다. 아, 이 소설의 주인공은 캐서린이나 히스클리프가 아니라 황야이거나 히스구나. 사랑이 아닌 자연환경이 주인공이고, 캐서린이나 히스클리프는 황야나 히스의 인간형이라고까지 생각하게 되었다.

그러자 참을 수 없이 헤더 허니가 들어간 술이 마시고

싶어졌다. 황야의 히스와 함께 일렁이던 나는 그럴 수밖에 없었다. 헤더heather의 군락이 히스heath고, 히스는 황야에서 자란다. 황야에서 난 그 꿀이 헤더 허니다. 나는 헤더 허니 향이 나는 술들을 몇 개 알고 있고.

일단 위스키로는 하일랜드 파크 18년산, 딘스톤 12년산, 발렌타인 21년산 등등. 하지만 나는 진짜 헤더 허니가 들어간 술, 드람뷔가 마시고 싶었다. 이 술은 헤더 허니 그 자체라서. 그래서 사 왔다. 일단 냄새를 맡았다. 꿀 냄새가 진동하다 못해 코를 찌를 거라고 생각했지만 예상과 달랐다. 처음에 강하게 난 냄새는 어디선가 맡아 본 적이 있는 쌉쌀한 허브향이었다. 뭐지? 페르노에서 나던 그 냄새였다. 펜넬이거나 리코리스의 냄새라고 추정되는. 내가 다른 건 몰라도 후각이 좀 민감한 편인지라 아마 맞을 것이다. 그래서인지 몰라도 향수는 말할 것도 없고, 향이 끌리지 않는 술은 못 마시겠다.

병을 보니 "스카이섬의 술"이라는 문구 아래 "스카치 위스키와 헤더 허니, 허브 앤드 스파이스"라고 쓰여 있었다. 과연. 도수는 40도. 또 이런 말이 있었다. 1745년 잘생긴 찰리 왕자가 스코틀랜드 서부 해안에 상륙했다. 그다음에도 잘생긴 찰리의 이야기가 이어진다. 요약하자면 이렇다. 왕위를 되찾으려는 불같은 야망을 품고 군대를 소집한 찰리,

초반의 승리에도 불구하고 결정적으로 컬로든 전투에서 괘했고, 매키넌 가문의 비호 아래 스카이섬으로 도망간다. 감사의 표시로 자신에게 남은 유일한 재산인 대대로 내려오는 엘릭서의 레시피를 매키넌에게 준다.

엘릭서elixir가 무엇인가? 동양적 개념으로 보면 만병통치약이고, 서양의 개념으로는 영약이자 묘약을 통칭하는 말이다. 왕실 대대로 내려오던 왕실의 비기 같은 것을 자신을 지켜 준 스코틀랜드 사람에게 준 것이다. 이게 바로 드람뷔다. 정말 그런지는 모르겠으나 드람뷔 측에서 그렇게 주장하고 있다. 잘생긴 찰리 왕자라고 불린 이는 영국의 찰스 에드워드 스튜어트로 할아버지는 영국 왕이었다가 폐위되었고, 아버지는 잃어버린 왕위를 요구했으나 실패했고, 본인도 마찬가지였다.

모든 걸 잃고 남은 유일한 재산이라고 과장되게 표현된 것이 바로 드람뷔의 레시피였던 것이다. 왕좌나 영토는 빼앗겼지만 역시나 머릿속에 있는 것은 빼앗기지 않아 그럴 수 있었다. 그 뜻을 유추하기 어려운 드람뷔라는 단어는 고대 게일어에서 온 것으로 '만족스러울 수밖에 없는 음료'라는 뜻이라고. 이전의 경험을 떠올려 보면 내게 드람뷔는 '만족스럽지 않을 수밖에 없는 음료'에 가까웠지만 다시 시도해 보기로 했다. 그때는 드람뷔만 먹지 않았으므로.

그때 나는 드람뷔와 위스키를 섞은 칵테일인 러스티 네일을 마셨다. 내가 마신 러스티 네일은 최악이었다. 그래서 러스티 네일이 원래 그런 맛인가 싶었고, 관심을 끊었다. 그랬던 내가 드람뷔를 스트레이트로 마셨던 거다. 와. 이 기분 좋은 꿀맛. 영약이라는 이야기를 들어서 그런지 몸에도 좋은 듯한 착각이 들지만, 40도라는 걸 잊지 말아야 한다.

용기를 내서 러스티 네일도 만들었다. 스카치 위스키와 드람뷔를 섞는 게 러스티 네일이다. 얼음을 넣기도 하고 넣지 않기도 한다. 전혀 복잡하지 않고, 기교가 거의 필요 없는 칵테일이라고 해도 될 것이다. 드람뷔 1 위스키 3의 비율로 할 수도 있지만 나는 1:1의 비율을 시도하기로 했다. 얼음은 넣지 않았고, 불균질한 맛을 느끼고 싶어 젓지도 않았다.

더 나아가 두 가지 스타일로 해 보기로 했다. 하나는 러스티 네일의 고전적인 레시피대로 스카치 위스키를 넣어서. 싱글 몰트가 아닌 블렌디드 스카치를 넣기로 했다. 또 하나는 라이 위스키를 넣어 보기로 했다. 점성이 강해 끈끈하게 묻어나는 드람뷔의 형질에 역시나 끈덕끈덕한 라이 위스키가 어울릴 것 같아서.

결과는 대성공이었다. 블렌디드 스카치와 섞은 것은 조화로웠고, 라이와 섞은 잔은 현대적이었다. 정말 맛있었다. 감미로운데, 단순한 감미로움이 아니라서. 러스티 네일Rusty

Nail이라는, '녹슨 못'이라는 뜻의 이 술에 어울리지 않는 호사스러운 맛이었다. 나는 칵테일 중에서는 네그로니나 키르 로얄을 좋아하는데, 그에 견줄 정도로 밸런스가 좋은 칵테일이었다. 내가 최악이라고 느꼈던 그날의 러스티 네일은 밸런스가 좋지 못했다. 아드벡을 섞은 것이 문제였을까. 아일라 위스키 중에서도 맛과 향이 강한 아드벡을 넣은 호기로운 바텐더였으니 드람뷔와 아드벡의 비율도 1:1이었을 리 없다. 아마 1:4의 비율로 탄 러스티 네일이 아니었을까라는 생각이 들었다. 아니면 1:6? 물론 여기서 비율이 높은 쪽은 위스키다. 얼마 전에 소맥을 9:1의 비율로 타 준 사람을 보고 그 문제의 러스티 네일이 떠올랐다. 소주가 9고, 맥주가 1이다. 참고로 그분은 내 동생. 나는 이 투지 넘치는 러스티 네일에 덴 경험이 있기에 그걸 차마 시도하지 못했다는 말도 해 둔다.

내 생각에 드람뷔와 러스티 네일을 색다르게 하는 것은 헤더 허니의 존재감이다. 헤더의 생육 환경에 대해 찾아보다 놀라운 것을 알게 되었다. 헤더와 히스는 황야에서 자라는 거의 유일한 식물이라는 것. 황야라는 이름이 붙을 정도로 황량한 그 땅이 황량해진 것은 식물이 자라기 힘든 극도의 산성 토양이기 때문인데 그럼에도 불구하고 히스는 자란다. 황야에서 피우는 꽃이 헤더 허니가 되는 것이고. 히스의 썩은 뿌리가 이탄, 그러니까 피트향을 만들어 내는 그 이탄의 원료라는 것도 알게 되었다. 과격하게 말하면, 히스가 피트이고, 피트가 히스인 것이다. 놀라움!

『폭풍의 언덕』을 보다가 히스 밭에 취해 헤더 허니가 들어간 술을 마시고 있자니 충만이라는 단어를 쓰지 않을 수 없었다. 드람뷔를 마시다 내가 전에 낸 책에서 이런 문장을 쓰기도 했다는 게 떠올랐다. "꽃은 아카시아처럼 다발로 달리고, 색은 주로 마젠타 계열의 짙은 분홍색인 듯하고, 잎은 솔잎처럼 가늘고 뾰족하다. 향기가 얼마나 짙은지, 어떤 계열의 냄새인지, 아니면 리시안셔스처럼 별다른 냄새가 느껴지지 않는 꽃인지 무척이나 궁금하다. 그리고 무엇보다 이 히스 군락이 폭풍이 치는 언덕에서 어떻게 휘날릴지가 가장 궁금하다. 다발로 달린 꽃들이 폭풍에 시달리다 못해 공중에서 터져 버리는 것인지."(『당신은 빙하 같지만 그래서 좋다고 말하는 사람이 있어』, 이봄, 2021)

요크셔든 스코틀랜드든 언젠가 가게 된다면 히스를 보기 위해서일 듯하다. 스코틀랜드 아일라섬에 가면 공기 중에도 피트 냄새가 떠돈다던데, 피트 냄새에 절여진 히스 군락은 얼마나 황홀할지! 피트에 파묻혀 있는 히스 냄새를 찾기 위해 쿵쿵거리다 한잔하고 싶다. 허공에 대고 건배를 해도 좋겠다.

스코틀랜드에서 건배는 이렇게 한다고 한다. 슬란처

Slàinte!

백마를 타고 달리는 기분에 대하여

단번에 전신을 꿰뚫는 느낌도 있지만 어떤 느낌은 시간을 두고 서서히 온다. 아주 서서히. 그렇게 이해되지 않던 일이 10년에 걸쳐 이해되기도 한다. 우연히 들은 말이나 만난 사람에게 열쇠를 얻기도 하는데, 열쇠인 줄도 모른 채로 있다가 어느 순간 딸깍 문이 열린달까. 그때의 기분에 대해 어떻게 말해야 할까.

샤토 슈발 블랑이 지금 그렇다. '그런 와인도 있군'에서 '느낌이 오네'가 되기까지 20여 년이 걸렸다. '나와는 관계없음'에서 '어쩌면 상관있겠음'으로 좌표가 이동한 거다. 마셔 보지는 못했다. 프랑스 보르도 8대 샤토 중의 하나이며,

누군가는 세계 최고라고 꼽기도 하는 이 와인, 그저 그런 빈티지도 100만 원을 호가하는 이 와인을 마셔 볼 일이 앞으로도 있을까 싶지만 지금 나는 슈발 블랑을 좀 알 것 같다. 나 좀 웃기다. 마셔 본 적도 없으면서 알 것 같다니.

이 와인에 대해 처음으로 인지한 건 씨네큐브에서 〈사이드웨이〉를 보고 나서다. 씨네큐브나 삼성 본관에 있던 씨넥스와 정동의 스타식스, 동숭동의 하이퍼텍 나다에서 이런저런 영화를 보던 시절이었다. 그때 내 옆자리에서 영화를 보던 사람들은 어떻게 지내나 궁금하다. 거의 20년 전의 일. 그렇다. 슈발 블랑에 대해 이야기하려면 슈발 블랑이 나오는 영화 〈사이드웨이〉에 대해 이야기하지 않을 수 없다.

〈사이드웨이〉도 슈발 블랑만큼이나 내게 매우 더디게 다가왔다. 나는 이 영화를 느끼기 위해서 20년 가까이 시간을 보내야 했다. 와인을 좋아하는 이들이 이 영화가 얼마나 마음에 와닿는지 이야기하면 그저 듣기만 하면서. 그들은 내가 좋아하는 이들이라 속도 상했다고, 이제는 말할 수 있다.

20년은 꽤나 긴 시간이다. 그사이 나는 〈사이드웨이〉의 주인공을 연기한 폴 지아마티의 팬까지는 아니어도 그가 나온다는 이유만으로 그 영화나 드라마가 보고 싶어지는 사람이 되었다. 내가 투톱으로 꼽는 미드 중 하나인 〈빌리언스〉의 주인공이 그이기 때문이다. 내면이 매우 복잡하고, 취향이 까다로우며, 강력한 아버지에게 느끼는 애증에 고통받고, 성적으로 특별한 선호가 있는(그리고 이것은 그의 약점) 뉴욕주 검사장으로 나오는데, 여기서 그는 매우 매력적이다. 연기를 정말 잘해서 그렇다. 글을 잘 쓰는 작가가 그런 것처럼 연기를 잘하는 배우란 정말 매력적이다.

그래서 다시 보게 된 거다. 다시 〈사이드웨이〉를 토고 이 영화를 좋아할 수 없던 이유를 알게 되었다. 폴 지아마티가 연기하는 영화의 주인공 마일즈가 작가 지망생이었기 때문이다. 고등학교에서 영어를 가르치면서 소설을 쓰지만 거듭 퇴짜를 맞는 마일즈… 에게 공감한다면 나도 그렇게 될 것 같았나 보다. 당시의 나도 마일즈처럼 하기 싫은 일을 근근이 하면서 소설가가 되기를 바랐다. 그때의 나는 소설을 한 자도 써 본 적이 없는 사람이었지만 되고 싶은 것은 소설가밖에 없었고, 그게 아니라면 뭐를 하며 살지 싶었고, 생각할수록 답답했다. 그러고 있으면 끝도 없이 막막해졌다. "제가 사실 소설을 쓰려고 해요"라고 하거나 쓰기만 하면 5천만 원 정도를 받으며 등단하는 건 문제가 아니라고 말하는 사람들을 종종 보아 왔기에 나는 "소설을 쓰려고 한다"라는 말은 꺼낸 적이 없었다. 그런 사람들은 대개 담배를 피우면서 자기가 쓰지 않고 있는 게 문학계의 대단한 손실이라도 되는 듯이 말했고, 그럴 때마다 나는 "그렇군요"라고 했다.

어제 일처럼 생생하다. 20년은 의외로 길지 않은 시간이기도 하다.

영화를 다시 보니 소설가가 되길 바란다는 것 말고도 마일즈와 나는 닮은 점이 상당했다. 좋게 말하면 섬세하고 나쁘게 말하면 까다롭다고 할 수 있는, 자타를 피곤하게 만드는 성격이다. 나도 이렇게 태어나고 싶어서 이렇게 태어난 건 아니지만 어쩌다 보니 이렇게 태어났고, 나로 인해 주변인들이(특히 가족이 불쌍) 피곤하다는 것도 잘 알고, 그래서 근원적으로 죄책감이 있지만 무엇보다 가장 피곤한 건 나다. 그들은 나를 가끔 보지만 나는 나와 늘 함께 있어야 하니 가장 피곤하다. 나와 마일즈 유형은 좋고 싫은 게 분명한 편으로 와인도 그렇다. 카베르네에는 얼굴이 굳고 피노누아에는 얼굴이 환해지는 취향도 마일즈와 같다. 먹는 게 매우 중요한 사람이라는 것도 비슷. 맛도 중요하고, 의미도 중요하고, 맥락도 중요하고, 티피오도 중요하고 등등등.

영화의 원작을 쓴 작가의 분신으로 보이는 마일즈가 피노누아를 애호하는 것은 작가 취향의 반영인 동시에 키우기 힘들기로 유명한 품종인 피노누아에 대한 의인화일 거라고 생각한다. 마일즈는 피노누아 이상으로 까다로운 '본인'이라는 작물을 재배하고 있다. 하지만 재배는 쉽지 않아 속을 썩는 게 〈사이드웨이〉의 핵심 서사다. 가장 어려운 것은 나이며 가장 풀리지 않는 것도 나와의 갈등이라는 건 인류 보편의 주제이기도 하지 않나?

인생, 참 쉽지 않다. 그래서… 그렇기에… 최고의 순간에 마시기로 하고 아껴 두었던 슈발 블랑 1961년산을 마일즈는 패스트푸드점에서 햄버거와 함께 마신다. 담대해서가 아니라 참을 수 없는 분노를 잠재우기 위해. 마일즈에게 무슨 일이 있었길래? 출판사에 투고한 소설을 거절당했다. 종이컵에 슈발 블랑을 따라서 마시는 장면은, 와인을 몰랐던 그때나 시간이 흐른 지금이나 충격이다 이건 너무 자학이라서. 자학을 하려니 제일 '싼 거'(의 상징물인 햄버거)와 먹을 수밖에 없었던 그 마음도 알지만 역시 가슴이 아리다.

뭐라도 알게 된 지금이 더 아린데, 1961년은 슈발 블랑에 운명적인 해 중 하나라 그렇다. 1947년은 전설로 남아 있는 슈발 블랑 최고의 빈티지고, 그다음 빈티지로 회자되는 게 1961년이다. 병입한 지 10년은 넘어야 마실 수 있는 게 보르도 고급 와인이지만, 슈발 블랑은 미성숙할 때도 마실 수 있는 데다 30~40년 후까지도 마실 수 있어 시음 적기가 가장 길게 이어진다는 이야기도 들었다. 보르도의 생테밀리옹 지역 와인인 슈발 블랑은 생테밀리옹 와인답게 메를로와 카베르네 프랑의 블렌드로 만들어지는데, 마일즈는 메를로와 카베르네라면 끔찍해하는 사람이기에 왜 하필이면 슈발 블랑이었나 생각했었다. 인생에 대한 역설인가, 아니면 또 다른 뜻이 있나.

왜 슈발 블랑이었나? 애플 TV에서 제작한 드라마 〈신의 물방울〉을 보다가 답을 얻었다. 블라인드 테스트를 해서 와인의 품종과 산지, 빈티지까지 모두 알아맞히는 게 주요 스토리인 이 드라마에서 주인공은 레드 와인을 마시고서 화이트 와인 냄새가 난다며 집착한다. 천재적인 후각의 소유자인 그녀가 맡았다고 주장하는 냄새는 셀러리악. 나 같은 초심자가 알기로도 셀러리악 냄새는 레드 와인에서 나는 게 아니다. 양치류의 맛과 미라벨, 블루베리, 카카오, 담배, 분필 냄새도 난다고 했다. 이 와인이 바로 슈발 블랑이었다! 그때 내게 던져진 열쇠를 어느 문고리에 넣고 돌려야 하는지 알게 되었다.

그제야 '슈발 블랑Cheval Blanc'이라는 이름이 눈에 들어왔다. 그냥 고유 명사라고 생각했는데… '하얀 말'이라는 뜻을 거의 레드 와인만 생산하는 생테밀리옹의 샤토에서 쓰는 이유가 있었다. 답은 화이트 와인 느낌이 나는 레드 와인이라서. 이건 그렇다면 부르고뉴의 피노누아에 가까운 와인인 것이다! 강건하고 파워풀하고, 시간을 견디는 보르도 와인이면서 동시에 부르고뉴 피노누아의 서정적인 우아함도 지닌 게 슈발 블랑이라고 말할 수도 있겠다. '강철로 만든 무지

개' 같은 역설이 담긴 와인이 슈발 블랑이었다. 순식간에(알고 보면 20년이 걸렸지만) 몇 단계 비약을 거쳐 이런 추론(?)에 다다른 나는 마일즈의 최애가 왜 슈발 블랑이었는지 너무 알겠어서 한숨이 나왔다.

파리에는 '슈발 블랑'이라는 호텔도 있다. 슈발 블랑 파리를 검색하면 '블랙핑크 지수가 파리에 갈 때마다 묵는 호텔'이 따라붙는데 이 또한 '샤토 슈발 블랑'과 연관이 있다. 루이비통 모엣 헤네시라는 뜻의 LVMH 그룹이 샤토 슈발 블랑을 인수했고, '슈발 블랑'이라는 이름으로 파리에 호텔을 열었고, 블랙핑크 지수는 디오르의 앰버서더인데, 디오르도 LVMH 그룹에 속해 있다.

사는 데 아무런 도움도 되지 않는 이런 이야기가 나는 왜 재미있는가. 소설가가 되지 못했다면 할 수 없는 이런 이야기들이 말이다. 소설가로 살 수 있어 다행이다. 〈사이드웨이〉도 다시 볼 수 있었고, 이렇게 이야기를 들어 주는 분들도 계셔서. 그럴 때 백마를 타고 달리는 기분이다.

두 해에 걸친 앵두주

왜 그럴 때 있지 않나. 1분 전까지는 아무 생각이 없었는데 갑자기 '아!' 하며 한잔해야 할 것 같다는 느낌이 드는 순간이. 게다가 필연적으로 그래야 한다는 생각이 들 때가 있다. 아무 생각 없이 집에서 청소를 하다가 뭐라도 마셔야겠다 싶었다. 좀 있으면 보신각 타종을 하는데 맨입으로는 맨숭맨숭하겠다는. 내게는 대단한 소원 같은 건 없었지만 그래도 보신각 종소리를 들으며 뭐라도 마셔야 할 것 같다는 생각이 들었다. 세상에는 결명자차를 마시며 보신각 타종의 현장을 보는 사람도 있겠지만 나는 결명자차로는 안 된다. 물론 결명자차는 색도 곱고 쌉싸름한 게 아주 일품이지만.

그런데 뭘로 하지? 와인이나 맥주처럼 일상적으로 마시는 술은 좀 그렇고, 샴페인은 좀 오버고, 사케를 마실지 위스키를 마실지 고민하며 다른 사람들은 어떤 술을 마실까 궁금해했다. 따 놓은 술과 따지 않은 술들을 하나씩 보다가 거기 없는 술이 떠올랐다. 앵두주다. 한 번도 마신 적이 없는 술인데다 붉은빛이 타종주로 딱인 느낌이었달까. 타종주라는 내가 방금 만든 말이 어색하기는 하지만.

심지어 내가 담근 술이다. 인생 최초로 담근 술이기도 하다. 하지만 정통은 아니다. 정통이란 무엇인가. 막걸리나 연엽주, 매실주 같은 술을 빚어 종종 내게 보내 주시는 스승님처럼 쌀부터 불려 제대로 해야 한다. 근본이 있어야 한다는 말이다. 소설가 K도 술을 정통으로 빚는 분이다. K를 간 난 분에게 들은 이야긴데, 이분은 작가 레지던스에 가면서 동료 작가들과 함께 마실 술을 빚어 가셨다고 한다. 오오. 이 이야기를 들은 나의 반응이었다. K가 즐겨 빚는 술은 따로 있었으니… 석탄주였다. 이름만 들어 본 그 술에 대해 듣는데, 술의 뜻에 대해 듣는데, 현기증이 났다. '향기가 기특하여 입에 머금으면 삼키기가 아깝다'는 뜻에서 '석탄주惜呑酒'라는 이름을 얻었다는 이야기에. 이 술은 이름만으로, 또 뜻만으로도 이미 마신 것 같다. 어쩜 이리 그윽할 데가.

나의 앵두주는 그에 비해 참으로 키치하다. 제조 과정

이라 부르기도 좀 그렇다. 소주에 앵두를 넣는다. 레몬과 설탕도 넣는다. 한 달 지나 건더기(?)를 거른다. 끝. 좀 신경 쓰고 싶어서 아무 소주나 넣지 않고 한라산을 구해서 넣었다는 것도 밝혀 둔다. 그래도 내가 먹었던 회석식 소주 중에서 한라산이 부드러웠던 것 같아서. 나는 이걸 만들기만 했지 마신 적이 없다. '뭐, 아무리 화학 변화라는 게 일어나 봤자 소주와 설탕에 담근 앵두 맛이 거기서 거기지'라고 무의식 중에 생각했던 걸까. '무의식중'이라고 말하는 건 내가 앵두주에 대해 생각한 적이 없는 것 같아서다. 만들기만 하고 까맣게 잊었다. 그래서 앵두주는 김치냉장고의 과일 칸에 고이 잠들어 있었다.

키치하다고는 했으나 내가 앵두주를 만들기까지의 과정은 나름대로 사연이 있다. 일단 다자이 오사무에 대해 이야기해야 한다. 다자이 오사무를 기리는 날을 '앵두기'라고 하는데, 다자이 오사무가 태어난 날이자 죽어서 발견된 날이다. 태어난 날 며칠 전에 자살했는데 마침 본인의 탄신일에 발견되었던 거다. 어째서 앵두기라는 이름이 붙었냐면, 그가 발표한 마지막 단편 소설 제목이 「앵두」고 마침 그가 죽었을 때가 앵두철이라는 이유에서다. 팬들은 나름의 방식으로 그를 추모하는데 다자이 오사무의 묘석에 앵두를 박아 넣든가 하는 식이다. 음각된 묘석의 이름에 앵두를 박아 '다자이 오사무'라는 글씨가 앵두의 붉은빛으로 물드는 것이다.

나는 왜 다자이 오사무의 팬도 아니면서 앵두기에 반응했나. 술을 꽤나 좋아하고 여러 방식으로 술을 마셔 온 그를 추모하는 나름의 방식을 갖고 싶었다. 좀 미안하기도 했다. 죽고 싶다는 글을 너무 많이 남겨 왜 이렇게 징징거리냐며 그를 지겨워했던 시간에 대한 속죄이기도. 그래서 앵두를 구해 앵두주를 담그겠다는 계획을 세웠다. 6월 19일이 앵두기이니 5월에 앵두주를 담가 6월 19일에 마시고 싶었는데 뭘 몰라서 할 수 있는 소리였다. 일단 5월에는 앵두가 열리지 않는다. 그래서 기다렸다. 6월에 앵두를 구하겠다고 여기저기 전화를 돌렸는데 구하지 못했다. 역시 일렀던 거다. 일본이 여기보다 남쪽이라 앵두가 열리는 시기가 다르겠거니 생각하며 그래도 포기하지 않고 전화를 돌렸다. 7월 말에야 앵두를 구할 수 있었다.

문제는 내가 앵두주를 마셔 본 적이 없다는 것이었다. 뭘 먹어 봤어야 최소한의 감에 의거, 모사라도 하지 않겠나? 맛있는 앵두주에서는 어떤 맛이 나야 할까라며 고민하다가 스승님께 자문을 구했다. 설탕을 넣어야 발효되는 건 아는데 너무 달게 되는 건 원하지 않는다. 너무 달지 않으면서 발효도 되려면 설탕을 어느 정도 넣어야 하는가라고. 첫마디에 마음이 아팠다. 스승님은 단호하게 말씀하셨다. "앵두로 담금주 빚으면 맛이 없어요." 과일 담금주가 맛있으려면 적정 산미가 있어야 하는데, 앵두는 산미도 과육의 힘도 다 약하다 하셨다. 아, 순간 깨달음이 왔다. 도저히 입에 넣기 힘들 정도로 산미가 강한 무슨 무슨 베리들로 잼을 만드는 것처럼 술을 빚는 것도 비슷하다는 걸. 스승님은 앵두에 부족한 산미를 레몬으로 보완해 보라는 팁을 주셨다.

스승님의 가르침을 여기에 적어 둔다. "단 것이 싫으면 앵두와 레몬 무게의 2분의 1 비율로 설탕을 넣으세요. 앵두와 레몬에 설탕을 붓고 설탕이 다 녹으면 한라산을 부어 보관하세요. 한라산은 과일 양의 세 배 정도 붓고요." 그렇다. 한라산이 좋기도 하지만 한라산을 부으라는 지침이 있었다. 보드카를 부을까 했더니 스승님은 한라산으로 충분하다고 하셨다. 한 달이 지나 과일은 빼고 술만 걸러 김치냉장고에 보관하면 된다고 덧붙이셨다.

문제는 한 달 후였다. 과육을 거르고 마셔 보았는데 그저 그랬다. 못 마실 정도는 아니지만, 맛있는 술도 다 못 마시는데 왜 굳이? 이런 느낌이었달까. 나는 맛 앞에서는 상당히 냉정한 편이라 그 누가 만들더라도 맛이 없으면 아예 먹지 않는다. 맛이 없으면 못 먹겠다. 스승님의 가르침대로 앵두와 레몬 무게의 반만 설탕을 넣었으나 여전히 달았고, 레몬도 문제였다. 마음 같아서는 레몬을 더 넣어 산미를 강화

하고 싶었지만 '이건 앵두주 아닌가?'라며 레몬 넣는 걸 자제했던 게 문제였을까? 아니다. 자제한다고 했으나 앵두 맛보다 레몬 맛이 강하게 느껴졌고, 앵두즈의 정체성을 유지하자는 다짐(?)이 헛수고로 느껴졌다. 스승님 말씀처럼 이 모든 건 산미도 약하고 과육의 힘도 약한 앵두 때문인 것 같았다. 앵두의 매력은 그 얇고 여리여리한 맛인데 내가 과욕을 부렸나 싶었다.

그러니까 타종식을 보면서 담그기만 하고 방치해 둔 이 문제의 앵두주를 마시기로 했던 것이다. 혹시라도 시간이 지나 '웰에이징'되지 않았을까라는 기대가 없었다고는 말 못 하겠다. 기대보다 큰 것은 걱정이었다. 인간이 먹을 수는 있는 건가 하며 맛을 봤는데… 나쁘지는 않았다. 하지만 좋지도 않았다. 이제 레몬 맛은 도드라지지 않았지만 단맛이 여전히 걸렸다. 이대로는 안 되겠다 싶었고, 탄산수를 타기로 했다. 1:1로 타면 도수도 10도 정도가 될 테고 단맛도 희석될 테니 괜찮지 않을까 싶었다.

오, 이건? 웬만한 로제 와인보다 괜찮았다. 드라이한 모스카토 다스티 같기도 한데 살짝 비터해서 내 취향이었다. 탄산수를 넣었더니 약간의 뽀글거림이 더해지며 김빠진 로제 샴페인 같은 느낌도 들어 좋았다. 2022년 초여름에 담근 술이었다. 2023년 마지막 날에 이 앵두주를 마시다가

2024년이 되었다. 그렇게 두 해에 걸쳐 앵두주를 마셨다는 이야기 되겠습니다.

베이징의 미풍양속

베이징에서는 첫눈이 올 때 훠궈를 먹는 풍습이 있다고 한다. 예닐곱 명의 친구가 모여서 말이다. 얼마 전 중국에 다녀온 사람으로부터 들었다. 머리에 맞은 눈을 털고 원탁에 앉아 훠궈를 먹고 있는 사람들을 떠올리니 미소가 지어졌다. 이런 게 '미풍'이고 '양속'이 아닌가 싶어서.

베이징에 다녀온 그 사람은 중국에서 만난 사람들과 훠궈를 먹고 헤어졌다고 한다. 원래는 공항에서 헤어지려고 했다가 비행기 시간이 남은 사람들끼리 밥을 먹게 되었다고. 공항 밥은 맛이 없으니 다시 밖으로 나가자는 한 사람의 주장에 공항 밖으로 나가 훠궈를 먹었다고 들었다. 차를 타고 꽤

나 달려서 말이다. 비행기 시간이 얼마 남지 않은 사람들과
는 공항에서 작별하고 남은 사람들끼리였다. 그들은 베이징
으로부터 차로 세 시간 거리인 허베이성의 어느 도시에서 일
을 마치고 헤어지기 위해 같이 베이징으로 달려온 참이었다.

　한국에서 먹던 훠궈와는 다른 베이징 스타일의 훠궈였
다고 한다. 홍탕은 없이 백탕만 있었고, 사골 국물처럼 뽀얀
백탕이 아니라 투명한 백탕이었다. 사골 국물이 아니라 양
지 국물 같은 건가 싶었고, 나는 사골 국물보다 양지 국물로
한 음식을 좋아하는지라 이야기에 빨려 들어갔는데 다음이
더 압권이었다. 질이 좋고 세분화된 부위의 양고기가 나왔
다는 거. '세분화된 부위의 양고기' 같은 말은 너무 신비로
웠다. 가장 특기할 만한 점은 훠궈 냄비였다. 신선로와 비슷
하게 생긴 동으로 된 냄비였는데 가운데가 마법사 모자처럼
불룩하게 솟아 있었다고. 베이징 사람들은 모두 이 훠궈 냄
비를 가지고 있다며, 식당에서도 파니 한국에 사 가라고 그
에게 권했다 한다.

　이 냄비 사진을 보고 냄비를 안 사 온 사람을 나무라고
싶은 마음이 들었다. 그만큼 우아했다. 내가 베이징의 그 식
당에 있었다면 고민하지 않고 사서 어떤 불편에도 불구하고
들고 올 만한 냄비였다. 언젠가 홍콩이나 대만에 가서 질냄
비와 여기에 얹을 대나무 찜기를 사 오겠다는 작은 소망이

있는데 베이징에 가서 훠궈 냄비를 사 오겠다는 소망이 있다는 것 또한 떠올랐다. 문제는 내가 그렇게 딤섬이나 훠궈를 자주 먹는 것은 아니라는 점. 하지만 아름답게 만들어진 질 냄비와 대나무 찜기, 동으로 된 훠궈 냄비는 어쩐지 갖고 싶다. 이런 건 바라만 봐도 좋다. 그래서 집에는 좀처럼 쓰이지 않는 카라라 대리석으로 된 돌절구와 볼로냐식 잉글리시 머핀을 굽는 티젤레 팬 같은 게 있다.

그 베이징 스타일 훠궈가 책에서만 보던 솬양러우 아닌가 싶었다. 만리장성 북쪽에 있는 양 목장의 양고기를 쓰는 맑은 탕의 훠궈가 솬양러우라고 들었다. 훠궈라고 하면 훠궈의 대표 도시인 충칭의 훠궈가 떠올라야겠지만 내게는 어쩐지 솬양러우가 떠오르는 것이다. 신선로를 닮은 근사한 동 냄비에 나온다고 하니 솬양러우가 더 궁금해졌다. 나는 베이징에 다녀온 사람에게 무슨 술과 먹었느냐고 물었다.

무슨 백주였냐는 질문이었다. 중국 음식에는 역시 백주고, 훠궈에는 당연히 백주가 빠질 수 없다고 생각했으니. 그리고 백주의 나라에 갔으니 얼마나 맛있는 백주를 먹었을지 궁금하기도 했고. 어딘가 다녀왔다는 이야기를 들으면 나는 뭘 먹고 마셨는지가 상당히 궁금한 사람이다. 내가 겪지 못한 상황에서 어떤 음식과 술을 겪었는지 무척 궁금하다. 알지 못하면 잠을 못 잘 정도다. 약점을 스스로 누설하는 게 아닌가 싶지만 사실이 그렇다. 그래서 그런 걸 물어봐도 될 사이라면 꼬치꼬치 묻는 편이다. 그런 걸 물어봐도 될 사이의 사람은 극히 한정적이라 물을 사람이 거의 없기는 하지만.

백주를 좋아하기 때문이다. 어울리는 음식과 먹으면 상성 작용이 놀랍지만 술만으로도 맛있는 게 백주라서. 50도가 넘는 도수라지만 알코올 냄새는 나지 않고 뭐라 말할 수 없이 감미로운 냄새가 마음을 흔드는 것이다. 백주만의 냄새는 맡기만 해도 눈이 감기고 목에 넘기면 화르륵 불타오르는 기분이 드는데, 목이 따갑지는 않고 부드럽게 마비되는 그 느낌…. 하지만 머리는 맑아지고 목소리는 또랑또랑해져서 밤의 적요가 더 잘 느껴지는 그 기분…. 이런 술은 백주밖에 없지 않나 싶다. 이렇게 좋아해서 그런지 백주를 먹으면 취하지 않는다. 좋아하니 취하지 않는 건지, 취하지 않으니 더 좋아하는 건지 모르겠지만 어쨌거나 백주와 나 사이에는 뭔가가 있다는 생각.

베이징의 훠궈집 이야기로 다시 돌아가서. 그들은 어떤 백주를 마셨는가? 백주를 먹긴 했는데 좀 난감했다고 한다. 그가 백주를 시키자고 했더니 중국인 두 명이 시큰둥한 반응을 보였다고. 백주를 마시기 전에 냄새를 맡고는 얼굴을 찌푸리고, 마시면서 또 얼굴을 찌푸렸다고 한다. 2000년에 태어난 중국인의 반응이 좀 더 격렬(?)했다고 한다. 자기 친구들은 그런 거 안 마신다고, 그런 건 '고주古酒'라고.

내 지인은 이 말이 거의 일갈로 느껴졌다고 했다. 2000년에 태어난 중국인은 굉장히 예의 바르고 총명하며 똑 부러진 계열의 여성이었는데, 그런 여성이 '그런 건 옛날 술'이라고한 거다. 우리 같은 사람이야 '고주'라고 하는 오래 묵은 술에 미치지만 그녀에게 그 술은 그저 '구태'인 것이라, 자신은 구태를 찾고 구태를 좋아하는 사람이 된 것 같아 한동안말을 이을 수 없었다고. 산둥성 출신의 수재라고 했던가? 이수재는 베이징대의 한국어학과 출신으로 웬만한 한국인보다 한국어를 잘하는 것은 물론 발음도, 어휘력도 수준급이라그는 상당히 놀랐다고 했다. 한국에서 중국으로 출장 간 그를 '코디네이트'하는 게 그녀의 역할이었는데 그 일을 하기에 너무 넘치는 사람이라 황송하기까지 했단다.

베이징에 다녀온 그 사람은 충격을 받았다. 백주 사건(?) 전에도 두보 사건(?)이 있었기 때문이다. Z세대인2000년대생 그녀에게 두보를 어떻게 생각하느냐 했더니 그런 건 '고시古詩'라는 말을 듣고 말았던 거다. Z세대인 그녀는 문학에 문외한이 아니라 한국어학과에서 심지어 문학을전공하고, 대학원에서도 문학을 전공하고 있는, 그러니까문학을 직업으로 생각하는 사람이라 더 충격이었다고. 한국에서 두보를 좋아한다고 해 봤자 별 반응을 얻을 수 없기에 두보의 나라에 가서 공감대를 형성하고자 했던 듯한데… 여러모로 딱하게 되었다.

아, 건륭제의 시대는 가 버린 건가 싶었다. 청나라의 제6대 황제 건륭제는 미식가에 풍류를 아는 '문인'이었다. 만주족이지만 한족 음식과 남송 문화를 좋아했고, 문학을 사랑했고, 중국 문화의 정수라고 생각하는 곳이 강남이라 강남에 자주 갔고, 강남 요리를 즐겨 먹었고, 그러다 보니 좋아하지 않던 해산물을 좋아하게 되었다고 한다. 아마 건륭제가 즐겨 읽던 시인 중에는 소동파 같은 강남 사람이 있었을 테고, 강남의 풍광과 문화가 궁금했을 테고, 미식가로도 유명한 소동파가 찬양하는 복어나 죽순을 먹지 않을 수 없었을 것이다.

이런 걸 '고시'라고, 또 '고주'라고 말하는 이야기를 들으니 쓸쓸해졌다. 옛날 글이자 옛날 술이라서 관심이 없고 마시지 않는다니. 나는 옛날 사람이라서 옛날 글을 읽고 옛날 술을 먹고 있나? 백주나 아와모리 같은 술에 '고주'라는 말이 쓰여 있으면 나는 참 좋았는데, 누군가에게는 그저 '고주'일 뿐인 것이다. '오래되어서 귀함'이라는 의미는 중요하지 않고 그저 오래된 옛날의 것, 묵직해서 중후한 게 아니라 좀먹고 거추장스러운 것이라니. 들을 땐 '굴욕이었네'라며 이야기하는 사람을 놀렸는데, 글로 쓰고 보니 유난히 쓸쓸하다. 공항에서 누군가는 도쿄, 누군가는 푸젠성, 누군가는 가카오로 떠나고 남은 사람끼리 훠궈를 먹는 이야기는 꽤나 그윽하고도 따뜻했는데.

첫눈이 올 때 친구들과 훠궈를 먹는다는 이야기를 해준 것도, 베이징 사람들은 다 이런 동으로 된 훠궈 냄비를 가지고 있다고 말한 것도 한 사람이었다. 이 사람은 아마도 1970년대 초반에 태어난 사람이다. 그는 이런 이야기도 했다. 훠궈를 함께 먹고 있으니 우리는 친구라고, 아직 첫눈이 오지 않으니 미리 당겨먹는 거라고, 또 언젠가는 베이징에서 첫눈을 함께 맞으며 훠궈를 먹자고. 아아.

이런 이야기를 듣고 훠궈를 먹지 않을 수 있겠나, 내가? 도저히 견딜 수 없었다. 솬양러우는 아니었지만 훠궈를 먹으러 갔다. 마라탕과 백탕, 토마토탕을 시킨 후 두부와 야채, 양고기를 담가 먹었다. 물론 백주도. 성에 차는 술은 아니었지만 상온의 백주를 훠궈와 먹으니 찌르르했다. 훠궈집에 다녀와서는 먹은 것들을 복기하며 왜 대체 그것들은 넣지 않았는가라며 후회하고 있다. 오리 선지, 오리 창자, 말린 부레, 양상추, 동두부, 팡가시우스 메깃살…. 또 콜키지가 되는데 왜 백주를 가져가지 않은 건지 후회 중. 잘못을 바로잡아야겠다는 생각이 머리를 떠나지 않는다.

첫눈이 올 때까지 못 기다리겠다.

주유별장

술 마시는 창자가 따로 있다

기벽으로서의 블러디 메리

헤르만 헤세는 나신으로 절벽을 올랐다던가. 그 정도까지는 아니어도 나는 기벽이 세상을 그나마 덜 지루하게 만든다고 생각하는 편이다. 생각난 김에 기벽을 사전에서 찾았더니 재미있는 예문이 나왔다. "그에게서 매력을 느꼈다면 그것은 그의 타고난 천진성과 기상천외의 기벽 때문이었다." '이 예문 내가 쓴 건가?'라고 생각할 정도로 공감하는 내가 있었으니 나도 그럴 때 매력을 느끼기 때문이다. 천진하거나 기상천외한 기벽이 있는 사람에게 나도 모르게 마음이 간다. 둘 다 있다고 더 매력적인 건 아니고 천진함의 디테일과 기상천외한 기벽의 디테일, 그걸 이야기하거나 드러낼

때의 표정과 자세 같은 것에 매료되곤 한다. 아니다, '매료되곤 한다'라고 정례화할 정도로 그런 일이 많지는 않았던 것 같고.

기상천외까지는 아니지만, 최근에 들었던 기벽 중에 이런 게 있었다. 그는 어디에서나 블러디 메리를 마신다고 했다. 집에서도, 술집에서도, 비행기에서도. 마치 '블러디 메리 하면 나, 나 하면 블러디 메리'가 떠오르게 하겠다는 의지의 발로에서도 아니고 왜 그래야 하는가 싶었지만 묻지 않았다. 삶이 너무 복잡하므로 매일같이 이세이 미야케의 검은색 터틀넥을 입었던 스티브 잡스처럼 그런 걸 수도 있다. 일상적 디테일의 루틴화를 목표로 삼고 거기에 맞춰 살아가는 걸지도 모른다. 그런데 말입니다. '그'가 생각이 나지 않는다. 이 글을 처음 쓸 때만 해도 똑똑히 기억하고 있었는데 몇 년 후 열어 보니 그가 누구인지 모르겠다. 졸지에 신비에 싸여 버린 그분은 누구실까요?

어쨌든. 비행기에서 마시는 블러디 메리가 제일이라는 그의 말을 들을 때만 해도 기분 때문일 거라고 생각했다. 남들이 잘 안 마시는 걸 마신다는 우월감 비슷한 걸 거라고. 그런데 최근에 '에어플레인 블러디 메리'라는 명칭이 있다는 걸 알게 되었다. '비행기 공식 음료'라는 의미에서 그렇게 부른다는 것도. 개성 있는 몇 분이 추구하는 컬트적인 취향이 아니라 보편적으로 블러디 메리는 기내에서 인정받고 있다는 말이었다.

독일 항공사인 루프트한자는 통계 수치까지 갖고 있었다. 맥주가 5만 9천 갤런 소비될 때 토마토 주스는 5만 3천 갤런 소비되었다나? 거의 1:0.9의 비율이다. 맥주에 대한 크나큰 열정을 보이는 독일인들이 거의 맥주만큼 토마토를 택한 것이라며, 주목할 만한 결과라고 루프트한자의 임원은 말했다. 토마토 주스나 토마토 주스가 들어가는 블러디 메리에 대한 사랑이 맥주를 위협할 정도라면서. 임원분의 말솜씨가 예사롭지 않아서 기억할 수밖에 없었다는 것도 밝혀둔다. 실제로 만난 것은 아니고 신문에서 봤다는 것도 밝혀둔다. 모름지기 임원이라 하면 이 정도 말솜씨는 갖춰야 하지 않나 싶다. 전문성은 어느 정도 인정받다 임원이 되었을 것이므로 임원으로 좀 더 남으려면 뭔가 다른 능력이 필요하다고 생각한다. 그게 말솜씨라면 뭐.

여기서 그치지 않고 루프트한자는 토마토가 비행기에서 맛있게 느껴지는 이유를 찾아내기 위해 리서치 회사에 의뢰한다. 리서치 회사는 3만 피트 하늘 위를 비행 중인 비행기의 압력, 온도와 습도, 흔들림, 엔진 소리 등을 재현해 피실험자에게 토마토 주스를 마시게 한다. 지상에서는 토마토 주스를 혹평했던 이들이 상공에서는 토마토 주스가 맛있다고 말한다. 지상에서는 텁텁하고, 신선하지 않게 느껴진다고 했으나 공중에서는 미네랄이 풍부하고 신선하다고 말했던 것이다.

이유는 저기압과 엔진 소리에 있었다. 해수면으로부터 멀어질수록 기내의 압력이 낮아지면서 혈액에 흡수되는 산소의 양이 줄어드는데, 미각과 후각도 둔화한다고 한다. 또 엔진 소리도 영향을 미친다. 단맛이나 짠맛을 덜 느끼게 만든다고. 이런 환경에서 거의 유일하게 더 잘 느껴지는 맛이 있었으니, 감칠맛이다. 우마미라고도 하는 이 감칠맛이 활성화되는데, 이게 토마토 주스와 블러디 메리의 감칠맛을 극대화한다는 연구 결과였다. 오!

비행기에서 나는 뭘 했더라. 잡지를 봤고, 기내품을 샀고, 기내식을 연구했다. 연구라고 해 봤자 비건식이나 과일식, 특정 종교식 같은 걸 시켜 먹어 보거나 항공사의 국적에 따라 달라지는 탄단지의 비율을 살피는 정도였지만. 기내식 연구에는 술 연구도 따라오지 않을 수 없어서 맥주나 와인을 함께 마셨다. 기벽과는 거리가 한참 멀다. 사회적으로 용인되는 건전한 선에서 탐구 정신을 발휘란 정도라서.

비행기에서 블러디 메리를 마셔 본 적도 없다. 서빙되는지도 몰랐고, 그걸 달라고 하는 사람도 본 기억이 없다. 칵테일 바에서도 시킨 적이 없다. 배가 부른 게 싫어 칵테일을 마시기로 한 건데, 블러디 메리는 뭔가 그득한 느낌이라서. 모양도 문제다. 가로와 세로의 비율이 완벽하다고 생각하는 콜린스 잔에 나온다는 것 말고는 좀 그렇다. 뭐랄까. 칵테일 바에서 칵테일을 시킬 때는 맛도 맛이지만 색다른 조형미를 기대하게 되는데, 블러디 메리에는 기대할 만한 바가 없달까.

불투명한 붉은색이라서 그런가. 답답하고 둔탁해 보이는 액체. 여기에 대개 셀러리가 수북이 꽂히는데, 이 또한 좀 그렇다. 섬유질도 풍부하고 몸에도 좋을 것 같긴 한데 너무 실용적인 느낌이라서 꺼려진다. 웨스턴 부츠를 신고 저벅저벅 모래를 밟으며 코브라를 피하다가 코브라에게 물리지 않고 귀환한 것을 축하하며 마시는 술 같달까. 웨스턴 부츠도 없는 데다가 코브라를 본 적도 없는 내가 왜 이런 비유를 드는지 모르겠지만 어쩐지 떠오르고 말았다 그렇다고 마시지 않는 것은 아니다. 집에서는 종종 마신다. 매력은 부족할지 몰라도 특색은 분명한 게 블러디 메리라서. 혼합 용액일지언정 토마토가 들어가고 셀러리도 함께 먹는 이 술은 출출할 때 당긴다. 본격적인 음식이 아닌 다른 뭔가로 배를 채우고 싶을 때라고 해도 되겠다. 블러디 메리 말고 이런 용도로 마실 수 있는 칵테일은 없지 않나 싶다. 불 샷3ull Shot이나 호크 샷Hawk Shot으로 불리는, 소고기 육수나 수프에 보드카를 넣어 먹는 이색 장르도 있다지만 책에서만 봤을 뿐이다.

블러디 메리의 특색은 소탈한 게 아닐까 싶다. 전혀 까다롭지 않다. 토마토 주스에 보드카를 타고, 레몬즙 약간에 우스터 소스와 타바스코 소스를 더하면 완성되니까. 원하는 만큼 얼음도 넣고. 셀러리까지 꽂으면 꽤나 있어 보인다. 대단한 기술을 요구하지도 않고, 비율을 엄밀하게 따질 필요도 없다. 이렇게 만든 블러디 메리를 마시면 매우 편안해진다.

블러디 메리를 만들 때는 이것만 결정하면 된다. 토마토 주스와 보드카의 비율을 어떻게 할지. 보통 칵테일을 만들 때 기주가 1이라면 토닉워터나 진저에일은 3을 넣는 게 일반적인데, 블러디 메리는 그렇지 않다. 내가 가진 책들에는 토마토 주스를 2, 보드카를 1로 넣으라고 적혀 있다. 이런 분 또한 계셨다. 1:1의 비율이어야 한다며, 심지어 토마토 주스 475ml에 보드카 475ml를 넣으라고 하신 분이. 넣으라는 라임즙 45ml까지 더하면 거의 1,000ml에 육박하는 블러디 메리가 만들어진다.

헤밍웨이다. 세계 방방곡곡의 술집에 '나 여기 다녀갔음'이라는 표식을 남겨 두시고, 온갖 술을 마시는 법에 대한 이야기 또한 많이도 남기신 그분께서는 블러디 메리도 잊지 않으셨다. 술에 대한 이야기를 좇다 보면 그분의 족적과 만나게 되고, 나는 이제 '헤밍웨이식'이 어떤 건지 좀 알겠다. 일단 라임은 필수다. 아주 많이. 술도 아주 많이. 단 건 안 된다. 매우 드라이하고 매우 신맛이 나면서 매우 강할 것, 이게 헤밍웨이 스타일이다. 여기에 작가답게 웃긴 말을 소금처럼 살짝 더하시는데, 이 무모한 블러디 메리를 만들 때는 주전자에 만들라고 하셨다. 적게 만들면 아무짝에도 쓸모가 없다면서.

헤밍웨이의 신봉자가 아닌 나는 아주 적게 만들었다. 토마토 주스와 보드카의 비율은 3:1로 하고. 그래도 꽤나 강했다. 다음번에는 4:1의 비율로 해야겠다고 생각하며 블러디 메리를 마셨다. 대체 에어플레인 블러디 메리란 어떤 맛일까 궁금해하면서. 비행기에서 마신다는 상상을 하니 감칠맛이 올라간다고 느꼈다면 과장일까.

사월의 물

3월의 물은 마데이라고, 그래서 3월에는 마데이라를 마셔야 한다고 쓴 적이 있다. 그 글을 보고 마데이라를 마셨다는 이들의 이야기를 들었다. 3월이 끝나기 전에 말이다. 한 사람이 아니라 꽤 여럿에게서. 속으로 흐뭇해하며, 나도 마데이라를 마셔야겠다고 생각했지만 잊고 말았다. 어느 시기는 어느 사람과 보내듯 어느 시기는 어느 술과 보내야 하기 때문이다. 10년 전 내가 누구와 있었나 생각하면 아찔한 게 우리 사이에 어떤 일이 있었는지 잘 기억나지 않을뿐더러 이제는 '우리'라고 말하기도 민망하고 그 사람의 전화번호도 기억하지 못하기에. 희미하게 같이 먹었던 음식이나 술이 생각나는 정도다. '좋다'거나 '좋지 않다'의 단순한 문제가 아니다. 그때는 좋아했지만 지금은 더 좋아하는 다른 게 있다고 해야 할까. 누군가를 흘려보냈듯이 마데이라도 흘려보냈고, 지금 내게는 다른 술이 있는 것이다.

요즘 나의 술은 어부의 물이다. 요즘 자주 마시니 사월의 물이라고 해도 되겠지. 왜 그런지 모르겠는데 사월이나 유월은 4월이나 6월로 쓰기가 싫다. 그래서 4월의 물이 아니라 사월의 물임을 강조해 둔다. 어부의 물은 내가 지은 이름이 아니라 업장에서 지은 이름이다. 지난달 광장시장에 열렸던 한 달짜리 시한부 가게였다. 지금은 없는 곳이라는 말. 멕시코식 물회와 멕시코식 해물 라면에 본 적이 없는 테킬라 칵테일을 판다기에 가 보고 싶었다. 그 칵테일 이름이 어부의 물이다.

왜 어부의 물인지는 모르겠으나 절묘한 이름이라고 생각했다. 멕시코의 어부가 배 위에서 도마도 없이 슥슥 만들어 먹던 것에서 유래했는지, 아니면 '멕시코의 어부가 마셨을 법한 느낌의 술이지 않아?'라며 만드신 분이 좌중의 동의를 구하고 만장일치를 얻었는지는 모르겠으나 한 번쯤 마셔 보고 싶은 이름이 아닌가? 나를 두고 일부 가족들이 낚싯배를 빌려 잠시 남해에 갔다는 이야기를 듣고 부르르했던 적이 있다. 물론 속으로. 낚싯배를 타고 싶다기보다는 낚싯배에서 먹은 팔딱이는 바다 생물의 맛에 대해 듣자니 짜증이 났다. 낚싯배는 못 탔지만 어부의 물을 먹으면 그래도 낚싯배를 탄 느낌이 들지 않을까 싶었다.

그러니까 삼월이었다. 우리는 광장시장의 포장마차에 둘러앉아 어부의 물 한 잔씩을 받아 들었다. 머리 위에는 '떡시카노스'라는 글자가, 포장마차 몸체어는 '멕시코식 물회' 이미지가 붙어 있던 그곳에서. 빨간 물회와 초록 물회 중에서 우리가 시킨 것은 초록 물회('아구아칠레 베르데'라고 한다고)였는데 어부의 물과 잘 어울릴 것 같았기 때문이다. 라임을 듬뿍 넣으면 맛있다고 하기에 라임을 듬뿍 짜 넣었다. 물회에도, 어부의 물에도.

어부의 물 테두리에는 붉은 소금이 묻어 있었다. 마트가리타 잔에 묻어 있는 하얀 소금의 변주라고 생각하심 되겠다. 잔 테두리에 소금을 묻혀 내는 걸 '스노우 플레이크'라고 하기에 '세상 어딘가에는 빨간 눈이 내릴까?'라는 생각도 잠시. 파타고니아에 갔다 왔던 사람은 분홍색 눈을 봤다고 했는데 빨간 눈은 아무래도 어디에도 없을 것 같다는 생각도 잠깐. 이계異界에나 있으려나? 말린 고추나 파프리카를 넣어 붉게 만들었을 그 소금은, 우리를 어부의 물로 빠져들게 했다. 퐁당.

테킬라를 넣은 칵테일을 이렇게 맛있게 마셔 본 적이 있나 싶었다. 테킬라의 맛이 물처럼 부드럽게 흘러 들어왔다. 게다가 그 냄새! 아가베의 쿰쿰한 맛이 치고 올라오는데 좋아서 감탄했다. 블루 아가베의 과육이 느껴졌다고 해야 할까. 테킬라는 아가베로 만들고, 아가베 100%인 테킬라가 당연히 좋고, 블루 아가베가 다른 아가베보다 더 좋다. 아가베를 실제로 본 적은 없으나 알로에와 비슷한 무엇으로 연상해 보았다. 투명한 젤이 가득하지만 끈끈하지는 않고 산뜻하기만 했던 알로에의 점성을 떠올리면서.

그 순간이었던 것 같다. 테킬라 블랑코의 맛을 알게 된 게. 블랑코blanco는 실버라고도 하는데 거의 숙성하지 않은 테킬라다. 다음 단계가 레포사도reposado로 '휴식을 취한'이란 의미. 그다음 단계가 아녜호añejo로 1년 이상 숙성한 테킬라다. 집에 레포사도와 아녜호가 있는데 술 자체를 맛있다고 생각해 본 적이 없기에 의외였다. 나는 숙성하지 않은 테킬라파인가? 아니면 이날 내가 마신 돈 훌리오의 블랑코가 맛있었던 건가? 테킬라에 대한 조예가 깊지 않아서 모르겠다. 그래서 여러 종류의 테킬라가 함께 나오는 테킬라 플라이트나 테킬라를 기주로 한 칵테일 플라이트 같은 걸 마셔 보고 싶다는 생각을 했다.

어부의 물을 마시기 위해 한 번 더 갔다. 시한부 가게이므로 곧 그 술도 없어질 거라는 생각에. 술 말고도 이유가 있었다. 전에 갔을 때 먹지 못한 해물 라면이 몹시 궁금했다. 일차로 갔을 때 우리는 제대로 먹을 수가 없었다. 사정이 있었으니, 윤기가 자르르 흐르는 업진이나 치마양지로 추정되는 한우 수육과 문어와 안동국시를 먹고 시장으로 갔기 때문이다. 그래서 해물 라면은커녕 물회 하나와 어부의 물만 마셔야 했다. 배가 너무 불러서 더 먹지 못하는 것을 아쉬워하며, 또 초록색 물회의 맛을 100% 느끼지 못하는 것을 아쉬워하며. 그런데 초록 소스라는 뜻의 살사 베르데를 올려 주는 해물 라면이라는 말을 듣고는 자꾸 생각이 났다. 멕시코식 바질 페스토라고 할 수 있는 이 소스를, 다른 초록 소스들을 사랑하는 이상으로 사랑하기에.

그래서 다시 갔다. 이번에는 난이도가 상당했다. 점심시간을 피한다고 했지만 충분히 피하지 못한 것인지 아니면 그사이 이 한시적 매장이 알려져 사람들이 몰려와서인지 고르겠지만. 만약에 곧 없어지는 매장이 아니었더라면 나는 그냥 제풀에 지쳐 돌아왔을 정도의 인파였다. 시장에서 줄을 서는지라 다른 점포와 지나다니는 행인을 방해할까 봐 상당히 마음이 쓰였다. 얼마나 알려진 건지 관광객 혹은 한국에 사는 외국인도 꽤나 있었는데, 그들의 상당수가 영상을 찍고 있다는 것도 부담스러웠다. 혼자 어딜 다니거나 혼자 술을 마시는 데 전혀 거리낌이 없는 편이지만 그날은 그렇지 못했다. 그렇게 줄을 선 지 한 시간이 넘었을 때 간신히 앉았다.

해물 라면이 나온 순간 한 시간 줄서기의 노역(?)에 대한 보람을 느꼈다. 일단 세로 높이가 5cm 정도 되어 보이는 납작한 양은 냄비에 나왔다. 라면 봉지에 표기된 권장된 물 양의 3분의 1 정도를 넣은 라면이었다. 라면의 익힘 정도는 75% 정도. 라면 종류는 너구리. 그리고 여기에 꼴뚜기와 홍합을 넣고 대파와 고수, 깨와 고춧가루가 섞인 시치미 같은 걸 얹었다. 맛의 설계자가 누군지 몰라도 상당히 맛을 아는 분이었다. 신라면이나 진라면으로 해물 라면을 끓이는 업장보다는 너구리로 해 주는 쪽에 신뢰가 간다. 오징어짬뽕면이나 '짬뽕'이란 단어가 들어간 라면도 나쁘지는 않지만 너구리에 비해 단맛이 강한 느낌이라 아무래도 너구리가 좋다. 그리고 절대 너구리에는 달걀을 넣으면 안 된다. 푼 달걀은 정말 아닌 것 같고 풀지 않은(그래서 국물 맛을 크게 변질시키지 않는) 달걀도 썩 좋지 않다. 나는 여기에 고수를 더 얹고 라임을 여러 개 짜고 결정적으로 타코에 뿌려 먹는 살사 베르데를 얹어서 먹었다. 이 라면은 내가 밖에서 먹은 라면 중 가장 맛있는 라면이었음을 적어 두고 싶다.

어부의 물을 함께 마셔서 그런 걸까. 아니면 다시 먹지 못할 해물 라면이라 그런 걸까. 어부의 물도 다시 마시지 못한다니 더 애착이 갔다. 눈치를 보다가 술을 타시는 분께 비법을 물어봤는데 그야말로 비법이라 알려 줄 수 없다는 말을 들었다. 알려 줄 수 있는 건 직접 만든 파인애플청과 돈 훌리오 블랑코와 얼음이 들어간다는 것.

요즘의 나는 몇 년 전에 담근 영귤청을 돈 훌리오 블랑코에 타서 마시고 있다. 물론 라임즙도 잔뜩. 세 번의 시도 끝에 제법 마음에 드는 모사품을 만들 수 있게 되었다. 나의 간단 레시피를 여기에 적어 둔다. 물 60ml에 영귤청 30ml를 탄다. 얼음을 넣고 갓 짠 라임즙 10ml와 돈 훌리오 테킬라 블랑코 30ml를 넣으면 끝. 그렇게 어부의 물은 내게로 와서 사월의 물이 되었다는 이야기.

마시는 밥을 좋아합니다

맥주를 액체로 된 빵으로 여긴다는 사람을 만난 적이 있다. 빵과 맥주 모두 좋아하는데 빵을 조금 더 좋아한다면서. 빵이 없으면 빵을 먹는 기분으로 빵 대신 맥주를 마신다는 이야기를 들으니 빵과 맥주가 꽤나 비슷해 보였다. 보리나 밀가루로 만든다는 것도, 구수한 냄새도, 빵빵하게 부풀어 오르는 속성도 말이다. 친화력이 좋은 동성 친구 같은 느낌이랄까. 하지만 맥주를 마시면서 스스로 '음, 난 지금 액체 빵을 마시고 있군'이라고 생각한 적은 없다. '액체 빵' 이야기를 듣고 나서도 말이다. 빵도 맥주도 그다지 좋아하지 않아서겠지.

아니다. '좋아하지 않는다'는 말은 적확하지 않다. 빵도 좋고, 맥주도 좋다. 그들의 만만함과 느긋함이 좋다. 하지만 '좋다'를 넘어서지 못한다. 그래서 내게 그 이상의 무언가가 없다. 밥과 막걸리는 그렇지 않다. 지긋지긋하기도 하지만 동시에 찌르르하기도 하고, 뭔가 많은 감정을 준다. 나는 막걸리가 '마시는 밥'이라고도 생각한다. 그래서 빵보다는 밥이고, 맥주보다는 막걸리다.

보리보다 쌀에 친화력을 느껴서일 것이다. 어째서인지 모르겠지만 보리를 잘 소화하지 못하는 체질이다. 그래서 나름의 고충이 있다. 산채비빔밥은 좋아하지만 보리밥은 못 먹기에 다른 옵션(쌀밥이나 조밥 등등이 있는지)이 있는지 체크하고 비빔밥집에 간다거나, 보리고추장이나 보리개떡, 보리찰떡 같은 '보리'가 들어갔다고 노골적으로 명시하는 음식은 피한다. 그래서 맥주도 많이 마시지 않으려 한다.

하지만 쌀은 좋아한다. 어쩌면 내가 가장 좋아하는 음식은 쌀이 아닐까 싶을 정도로 좋아한다. 물론 여기서 쌀이란 내가 원하는 상태로 밥이 된 쌀을 말한다. 어떤 밥이 맛있는 밥이냐에 대해서 말한다면 할 말이 정말 많겠지만… 일단 내 취향은 냄비밥이다. 무쇠솥에 한 냄비밥. 압력솥에 해서 찰기가 자르르 흐르는 밥도 뭐 나쁘지 않지만 나는 무쇠파다. 찰기로 인한 점착성보다 소위 '고슬고슬함'으로 표현되는, 밥알이 살아 있는 상태를 좋아해서다. 압력솥으로 한 밥이 유광 코팅이라면 무쇠솥으로 한 밥은 무광 코팅이랄까.

이러니 밥과 관련된 사고도 있었다. 밖에 나가는 걸 좋아하지 않았고 조심성(겁)이 많던 어린 시절의 내가 겪은 유일한 큰 사고이기도 하다. 잔칫날이었다. 추가 달랑달랑 돌고 김이 폭폭 나는 거대한 압력밥솥을 나도 모르게 안아 버렸다. 밥 냄새가 좋아서 그랬다. 내가 안았다기보다는 밥솥이 내게로 와서 안겼다는 느낌에 가깝다. 손오공이 된 내게로 구름이 다가오듯이 거의 '두둥실'. 하지만 사실대로 말하지 못했다. 다섯 살 아이 생각에도 어처구니가 없는데 누가 이해해 줄까 싶어서.

밥을 사랑했었다. 그랬던 것 같다. 갓 지은 밥의 냄새와 촉감, 자르르한 윤기와 느슨히 손을 맞대고 있는 듯한 쌀의 온화함 같은 생래적 자질을 말이다. 이제 열렬한 시기는 지났다. 매일 먹지도 않고 먹는다고 해도 조금만 먹는다. 하지만 내가 생각하는 가장 맛있는 음식 중 하나가 쌀밥이다. 여전히 그렇다. 그러니 막걸리에 빠졌던 것이 당연한 일인지도 모르겠다고 생각하는 것이다.

막걸리를 떠올리면 몸의 어딘가가 찌르르했던 때가 있다. 마시고 싶어서. 막걸리만 마시던 때였다. 매일은 아니고 일주일에 서너 번. 꽤나 오래전의 일이다. 지금은 막걸리의 시절로부터 떠나왔지만 그때를 생각하면 왜 어제 같은지.

우연히 갔던 막걸릿집 때문이었다. 입구에 이문재 시인의 「사막」이 분필로 적혀 있었다. 그렇게 정색하고 시가 적혀 있다는 것 말고는 미덕으로 가득한 곳이었다. 호래기와 도토리묵, 멍게라면 같은 안주들과 기본으로 내주는 묵은지도 좋았다. 무엇보다 스무 종 정도의 엄선한 막걸리가 있었다.

어디서도 본 적이 없는 막걸리였다. 막걸리의 대명사라고 할 수 있는 장수나 지평 말고도 복순도가 등등 이런저런 막걸리를 마셔 보았지만 거기에는 처음 본 막걸리들이 있었다. 국산 쌀을 쓰고, 감미료를 넣지 않거나 최소화한 것 위주로 골랐다고 사장님이 말씀하셨다. 전국의 양조장을 다니며 막걸리를 만드는 공정까지 고려했다며. 이런 말을 들으면 좋아서 현기증이 나는 사람이 있는데, 그게 나다. 나는 그걸 다 마셔 보아야 했다. 어떤 막걸리가 맛있는지, 내 입맛에 맞는지 알아야 했으니까. 100종 정도가 있었다면 그렇게 덤비지(?) 못할 수도 있었겠지만 스무 병 정도라니 얼마나 가뿐한가. 한 번에 서너 병씩 마신다면 곧 모든 각걸리를 섭렵할 수 있다니 의욕이 샘솟았다.

당시 나의 막걸리에 대한 열정에 불이 붙은 데는 사장님의 테이스팅 노트도 한몫했다. 달변가이면서 글도 잘 쓰는 사장님이 혹하는 문장으로 적어 둔 테이스팅 노트에 있는 단어들이 나를 자극했다. 또 충남 홍성, 경기 양주, 전남 담양, 전북 정읍 같은 막걸리의 원산지도. 담양이나 정읍에서 빚은 술을 먹으며 언젠가 그곳의 양조장에 가고 싶다는 생각도 했다.

그렇게 그 막걸릿집에 있던 모든 막걸리를 마셨다. 막걸리를 마시면서 다시 한번 나에 대해 깨달았다. '판매 1위'라든가 '요즘 사람들이 제일 좋아해요'라는 말에 마셔 보기도 했지만 사람들이 좋아한다고 해서 내가 좋아할 수 있는 건 아니었다. 세상의 권위나 인기는 나의 기호에 그다지(어쩌면 전혀) 영향을 주지 않았다. 나는 내가 좋아하는 것을 좋아했다. 그리고 나는 내가 좋아하는 것을 좋아한다. 또 나는 내가 좋아하는 것을 좋아할 것이다.

그때 만난 막걸리 중에 다랭이팜 막걸리가 있다. 마시자마자 '어… 이건 내 스타일인데?'라고 생각했다. 금사빠는 아니다. 첫눈에 이런 생각이 드는 일은 잘 없다. 물건이나, 사람이나, 음식이나. 미적거리는 편인 내가 평소와 달리 행동력 있게 움직일 때는 확신을 주는 무언가를 만났을 때다. 다랭이팜 막걸리를 만난 이후로 다랭이팜 막걸리를 마시는 날들이 시작되었다. 다랭이팜이 보이면 다랭이팜을 마셨고, 양조장에서 주문해서 집에서 마시기 시작했다. 작가 레지던스에 갔을 때도 다랭이팜을 레지던스로 주문해서 다른 작가들과 함께 마셨다. 사람들에게 이 맛난 막걸리를 맛보이고 싶다는 내 욕심의 실천이었다.

다랭이팜의 맛은 한마디로 슈퍼 드라이. 드라이하고 산미가 있고 단맛이 없었다. 아니, 다른 막걸리에서 느꼈던 달착지근하고 자연스럽지 않은 단맛 대신 쌀의 단맛이 있었다. 거기에 프루티하다고 할 만한 청량한 느낌. 그리고 맑았다. 너무 맑으면 막걸리가 아닌 청주가 된다는 걸 아는 사람이 정밀하게 맑음의 정도를 통제한 맑은 막걸리였다. 걸리적거리지 않고 축축하지도 않은 샘물 같은 막걸리.

송명섭 막걸리와 비슷한 데가 있다. 송명섭은 우직한 고집이 느껴지는 맛이라면 다랭이팜은 그보다는 현대적이고 모가 난 맛이다. 과한 뾰족함은 아니고 나긋나긋한 뾰족함 같은 게 있다. 송명섭이 요거트라면 다랭이팜은 케피르라고 말해야 하려나. 산미가 있으면서 더 갉은 제형의 요거트가 케피르고, 독일에서 지낼 때 나는 매일같이 케피르를 마셨다.

평양냉면 같은 막걸리라며 송명섭 막걸리만 먹는다는 사람을 만난 적이 있다. 평양냉면도 좋아하고 송명섭 막걸리도 좋아하는 애정의 순도가 전해져서 웃음이 났다. 나도 다랭이팜을 만나기 전에는 송명섭을 주로 먹었기에 우리는 비슷한 입맛이 아닐까 싶었다. 다랭이팜을 이야기할까 하다가 말했다. 그분의 송명섭에 대한 사랑은 강고한 신앙 같았기에 어떤 것도 침범할 수 없어 보여서. 나는 누군가의 신앙을 건드리거나 간섭하고 싶지 않은 사람이라서 입을 꾸욱 다물었다. 무신론자인 나를 가장 자극하는 사람은 자신의 신에 대해서 이야기하는 사람인지라.

다랭이팜을 마시다가 다랑이 논을 알게 되었다. 다랭이팜은 남해의 다랭이 마을에서 만들어지는데, 다랑이 논이 무엇인지 찾으면 "산골짜기의 비탈진 곳 따위에 있는 계단식의 좁고 긴 논배미"라는 해설이 나온다. 산을 깎아 만들었기에 45도 경사를 이루는 이곳은 108개의 층층 계단으로 된 논이 있다고 한다. 다랑이 논 앞에는 남해 바다가 있다. 다랭이팜은 땅끝의 막걸리이기도 한 것이다.

남해를 가게 된다면 다랑이 논을 보기 위해서일 테고, 다랑이 논에서 나온 쌀로 지은 밥을 먹기 위해서일 테고, 다랑이 논을 보면서 다랭이팜을 마시기 위해서일 텐데 아직 가지 못했다. 다랭이팜을 마시면서 땅끝의 다랑이 논을 떠올리는 것으로 이 여름의 끝자락을 보내고 있다.

오뎅 해프닝 데이

방송 출연을 한 적이 있다. 작가로서 내 책에 대해 말하거나 역시 작가로서 사회나 세태에 대해 말한 게 아니라 맛 표현을 했다. 음식 프로그램이었다. 물론 나의 의사는 전혀 아니었다. 어쩌다 간 식당에서 방송 프로그램을 찍고 있어서 '생긴 지 얼마 안 된 집이 벌써 알려진 건가?' 싶었는데 피디인지 작가인지 담당자가 쓰윽 다가오더니 우리 일행이 먹는 모습을 찍고 싶다고 했다.

나는 아마 물었을 것이다. 출연료가 있느냐고. 없다고 했다. 다시 물었다. 메뉴라도 하나 제공해 주느냐고. 그러지 않는다고 했다. 그런데 제가 왜 해야 하죠? 이렇게 호전적이

진 않았지만 이런 뜻을 담은 말을 돌려서 했었다. 물론, 내가 사장님의 지인이거나 사장님의 팬이거나 아니면 사장님과 이해관계든 애정 관계든 있었다면 그렇게 하지 않았겠지만 처음 가는 집이었다. 그리고 아직 시킨 음식이 나오기도 전이었다.

내가 가장 못하는 게 있다면 이런 거다. 맛이 없는데 맛이 있다고 하거나 재미가 없는데 재미가 있다고 하는 것. 아는 사람이 관계되어 있다면 더 복잡해진다. 웬만큼 맛있고 웬만큼 좋지 않으면 좋다고 말하지 못하겠다. 인간관계가 개입하면 관대해지는 게 아니라 더 까다로워진다. 내 안의 뭔가가 그러지 못하게 제지를 한다. 사회화가 덜되었을 수도 있고, 전문 용어로는 비위가 약할 수도 있는데 그런 건 정말 못하겠다. 그러니 내게 교섭(?)을 하러 온 분이 소정의 사례를 제공하겠다고 했어도 맛이 없었다면 응하지 못했을 것이다.

그런데 맛이 있었다. 안정적이고 보편적인 맛이 아니라 어딘지 색다른 데가 있었고 정성스럽게 한 음식이라서 식당에 도움을 드리고 싶다는 박애주의적인 생각이 스멀스멀 올라왔다. 이렇게 뭔가 아는 분이 하시는 식당이 계속 유지되어야 한국인의 '입맛 복지'를 증진할 수 있고 등등. 방금 교섭에 실패했던 분이 다가와서 다시 제안을 했다. 원하는 메뉴를 두 개 시켜 드리면 어떻겠느냐고. 자기네가 원래 이렇게 안 하는데 특별한 경우라고 하면서. 아니, 사람들은 호구입니까? 어떤 사례도 없이 방송의 재료로 쓰이는데 무상 착취 아닌가요? 역시 이렇게 말하지는 못했다. 10년도 훨씬 더 된, 아마도 2010년 즈음의 일이라 기억이 가물가물하지만 이런 정황으로 방송에 출연하게 되었다.

　며칠 전, 오뎅탕에 사케를 마시다가 10년도 더 전의 해프닝이 떠올랐다. 까마득하게 잊었던 것들이 부스스 몸을 일으켜 자기 목소리를 냈다고 해야 할까. '오뎅 해프닝'이라고 해야 한다. 그렇다. 내가 십수 년 전 갔던 식당은 오뎅탕을 파는 식당으로 그날 우리는 오뎅탕에 사케를 마셨다. 일반적으로 볼 수 있는 오뎅집은 아니고 나름 '오뎅 전문점'임을 강조하는 곳이었다. 여기에 가게 된 것도 나름의 사연이 있다. 나랑 이런 데를 같이 다니는 K가 자기가 신뢰하는 잡지에서 본 '신상 맛집' 코너에 있던 집이었다. K의 적중률이 꽤나 높은 편이라는 걸 알고 있고, 별로라고 하더라도 두고두고 할 이야깃거리가 생기므로 나는 이견을 제시하지 않는 편이다. 역시 이날도 좋았다. 간사이식인지 오사카식인지를 표방하였는데 간사이도 오사카도 가 보지 않은 우물 안 개구리파인 나로서는 얼마나 정통에 가까운지 알 길이 없었으나 내가 한국에서 가 본 그런 유의 업장 중 가장 훌륭했다.

어딘지 구태의 냄새가 나는 것 같아서 '훌륭하다'라는 표현을 거의 하지 않는 편인데 가끔은 그렇게 말하고 싶을 때가 있다. 내가 구태스러운 표현을 하는 사람으로 보일 수 있다는 위험 부담을 무릅쓰면서까지 그렇게 말하고 싶을 때는 그렇게 말해야 하기 때문이다. 그곳이 훌륭하다고 한 이유는 기본에 충실해서다. 몇 시간을 익혀서 노곤해질 대로 노곤해진 무가 메인이었고, 탱글탱글하면서 동시에 잘 삶아진 이율배반적인 스지가 있었고, 그때만 해도 보기 드물었던 어육이 100%에 가까운 고급 오뎅이 있었다. 압권은 국물이었다. 이런 맛이 나게 하려면 대체 해산물과 부자재의 조합 비율을 얼마나 연구한 건가 싶어 업소에 대한 호감이 헬륨 가스를 마시는 것처럼 단박에 차올랐다. 그런 거 있지 않나? 너무 맛있으면 그저 미간을 찡그리게 되는.

얼마 전 찬바람이 미친 듯이 불던 날, 오뎅을 개시해야 겠다고 생각했다. 첫 오뎅을 개시하는데 대충 집 앞 슈퍼에서 파는 오뎅탕 재료로 끓이고 싶지는 않아서 나름대로 노력을 했다. 간사이식인지 오사카식인지 그 전문점 수준의 고급 오뎅은 아니었으나 내가 구할 수 있는 선에서 좋은 오뎅을 구했고, 디포리와 멸치와 가쓰오부시와 다시마로 육수를 냈다. 큼직하게 썬 무를 오래 끓여, 이 바다 맛이 진한 육수가 스며들게 했으니 맛에 대해서는 설명하지 않기로 한다.

무가 녹녹해지고 나름의 고급 오뎅이 거의 다 익었을 때 완벽하게 손질되어 삶아진 스지를 넣으면… 그것은 '스지 매직'이라고 해야 한다. 여기에 내가 하나 더한 것이 토마토다. 방울토마토. 이렇게 끓여 낸 오뎅탕을 먹다가 그날, 그러니까 원치 않았으나 졸지에 방송에 출연하게 된 그날을, '오뎅 해프닝 데이'를 떠올렸던 것이다.

그 식당에서 배운 것이었다. 그 집은 방울토마토가 아니라 남자 주먹만 한 토마토를 오뎅탕에 넣었다. 그때만 해도 오뎅탕에 토마토가 들어간 게 어색하게 느껴졌으나 토마토를 먹고, 또 토마토의 세포 조직이 녹아 나온 오뎅 국물을 먹고서 토마토 오뎅탕을 찬양하기에 이르렀다. 조용한 찬양이었다. 나의 그 조용한 찬양은 방송으로 송출되었다고 한다. '되었다고 한다'라고 적는 이유는 직접 보지 않았기 때문이다.

나올 수도 있고 나오지 않을 수도 있고, 나온다 해도 언제 나올지 모른다는 방송 관계자의 말을 들으며 나와는 상관없는 일이라고 생각했다. 지금도 여전히 똑같은 포맷으로 방송되고 있는 그 프로그램은 거의 본 적이 없다. 에너지의 강도랄지 표현의 강도가 넘쳐흐르는 편이라 나 같은 사람이 보기에 버겁다. 프로그램의 성격상 '사운드가 비는' 게 잠시도 허락되지 않는 데다 출연자들의 목청도 큰 편이라 30분을 보고 나면 머리가 얼얼해진다. 게다가 이래도 저래도 난처해서 볼 자신이 없었다. 오뎅탕을 먹으며 뭐라 뭐라 맛 표현을 하는 나의 모습을 텔레비전으로 볼 배포가 없었고, 그렇다고 또 나오지 않는다면 왠지 자존심이 상할 것 같았기에.

오랫동안 연락이 없던 친구가 전화를 걸어 와서 내가 방송에 나왔다는 것을 알게 되었다. 오뎅탕을 먹는 나를, 오뎅탕을 먹으면서 맛 표현을 하는 나를 보고 오뎅탕을 먹지 않을 수 없었다고 친구는 말했다. 너는 언제나 맛있는 걸 먹어서 네가 먹는 건 다 먹고 싶었다는 고백 아닌 고백과 함께. 그 이야기를 들으며 나는 이 정도의 말을 했던 것 같다. "어… 아…." "으…." 내 얼굴이 그토록 빨갛게 달아오른 적도 없는 것 같다. 아마도 토마토처럼 빨갰을 거라고 쓰는 건 구태 중의 구태겠지.

그 오뎅탕 집은 사라진 지 한참 되었다. 이름도 기억나지 않는다. 위치도 알고, 몇 개의 키워드를 기억하고 있으니 검색하면 추억의 옥호를 찾을 수 있겠지만 그러지 않기로 한다. 그때 내가 했던 맛 표현도 애매하게 기억나지만 복기하지 않기로 한다. 오뎅탕에 쌉쌀하고 맑은 사케를 먹으면서 그때 생각을 하고 있자니 참을 수 없이 웃음이 터졌다.

막걸리 칵테일을 커버하다

커버cover라고 하든가? 왜 그렇게 부르게 되었는지 모르 겠는데, 다른 가수의 노래를 따라 하는 걸 보며 의아하게 생 각해 왔다. 이를테면 나미의 〈슬픈 인연〉을 커버했던 015B 나 아이유를 보면서 왜 이미 남이 불러서 유명해진 노래를 다시 부르려는 건지. 새 노래를 부르는 게 더 재미있지 않 나? 더 의미 있지 않나?

그랬는데 말입니다, 제가 그 이유를 알게 되었습니다. 내 식대로 하고 싶은 마음이 들었을 거라는 것. 그러면 어쩔 수 없다는 것. 겪어 보니 알게 되었다. 물론 나는 가수도 아 니고 무대에 설 것도 아니며 노래가 아닌 음식을 내 식대로 했지만 '커버'라고 하고 싶어진 일이 있었던 것이다. 〈흑백요리사〉의 결승전을 보던 중이었다. 에드워드 리가 떡을 갈아 만든 세미프레도에 곁들일 막걸리 칵테일을 만드는 걸 보고 저건 나도 만들어야겠다고 생각했다. 딱 들어맞는 경우는 아니지만 저런 거는 나도 '커버'하고 싶다고. 자기에게는 이균이라는 한국 이름도 있다며 그는 이렇게 말했다. "이균은 옛날 사람이에요. 에드워드는 위스키 마시지만 이균은 막걸리 마셔요."

서울에서 태어나 한 살 때 미국으로 이민 가 뉴욕 브루클린에서 살다, 또 어느 날 갑자기 켄터키로 이주해 식당을 열고, 또 켄터키의 술 버번으로 책을 낸 그가 아니던가. 한국인 가정에서 자랐지만 한국어를 배우지 않아 한국말은 어색한 그가 한국 음식은 먹고 자랐다는 이야기를 들었기에 더 기분이 묘했다. 내가 아는 각각의 사정이 있는 재미 교포들이 주르르 떠올랐기 때문이다. 그렇기에 켄터키 음식에 버번이라면, 한식에는 막걸리라는 언설에 울림을 느꼈다.

내가 따라 만들어야겠다고 생각한 것은 막걸리 칵테일이었다. 그러니까 떡 세미프레도는 말고 막걸리 칵테일만. 떡을 익힌 후 갈고 생크림과 이탈리안 머랭을 뒤섞은 후 모양을 잡아 얼리기까지 해야 하는 세미프레도는 지나치게 집착해야 하는 종목이라 의욕이 일지 않았다. 막걸리 칵테일은 간단하면서 맛있겠다는 확신이 들였다. 꼭 먹어 보고 싶은데 팔지는 않는 것 같아서 만들 수밖에 없겠다고 생각했다. 왜 그런 거 있지 않나. 먹어 보지 않아도 먹은 것 같은데 정말 먹은 건 아니어서 실제로 먹고 내가 상상했던 맛과 같은지 확인해 보고 싶은 복합적이면서도 단순한 욕망 말이다. 이렇게 호기심과 탐구욕이 함께 작동하면 그걸 하지 않고서는 다음으로 넘어갈 수가 없는 것이다.

맛있을 거라고 생각했던 것은 느낌적 느낌이 아니다. 그간 보고 들은 것을 기반으로 한 엄밀한 판단이었달까. 막걸리에 참외와 미나리를 곁들일 발상을 한 데 일단 눈이 떠졌다. 저건 어울리지 않을 수 없는 맛 조합이겠다며. 또 그가 쓴 막걸리는 해창 아닌가. 해창 막걸리는 달고, 묵직하고, 점도가 있고, 진해서 내 입맛에는 다소 쓰게 느껴진다. 해창의 특성을 알기에 이 술을 희석해서 옅게 만들겠다는 아이디어도 좋았고, 여기에 참외의 은은한 단맛이 어우러지면 조화롭겠다는 확신이 들었다. 그리고 미나리라니. 칵테일에 쓰는 허브인 셀러리, 로즈메리, 애플민트, 세이지를 떠올리며 나는 왜 그동안 막걸리로 칵테일을 만들 생각을 못 했으며, 또 미나리를 올릴 생각을 왜 못 했지라는 반성도 했다. 그러면서 다급해져 새벽 배송으로 해창 막걸리와 미나리와 참외를 주문했다.

125

셰이커도 꺼냈다. 에드워드가 셰이커에 해창 막걸리와 소주를 넣고 흔들었기에 나도 하지 않을 수 없어서. 칵테일을 한창 마실 때 사 두었지만 한 번도 쓴 적이 없던 셰이커다. 나는 간편한 걸 선호하는 사람인지라 한 잔 마시자고 셰이커까지 흔들게 되지는 않았었다. 아무리 맛있다고 해도 시간이 많이 들거나 그릇을 많이 쓰거나 번거로운 작업을 해야 하는 음식은 만들지 않는다. 이게 나의 원칙이라면 원칙이어서 굳이 흔들 것까지 있나 했었는데 흔들고 싶어져서 어쩔 수 없었다는 이야기. 이균 칵테일을 재현하겠다는, 모사에 대한 의지가 나의 귀찮음병을 제압했던 것이다. 좀처럼 없는 일이었다.

일차 시도에서는 해창 막걸리 60ml와 처음처럼 20ml를 얼음과 함께 넣고 셰이커를 힘차게 흔들었다. 용량이 넘쳤는지 아니면 셰이커의 뚜껑이 덜 닫혔는지 밖으로 술이 주르륵 흘러나왔다. 손실되지 않은 술을 잔에 따랐다. 잔의 8부 정도까지 술로 채운 후 채로 걸러 두었던 참외의 속 부분을 얹어 주고 좁쌀만 하게 썰어 둔 미나리를 올렸다. 한입도 마시지 않았는데 이건 아니라는 걸 알았다. 실패였다. 안 그래도 쓴(내게는 그렇게 느껴짐) 해창 막걸리에 소주를 넣었더니 더 썼고, 참외는 맛이 거의 느껴지지 않았다.

그래서 곧바로 이차 시도. 이번에는 소주는 빼고 막걸

리와 탄산수로만 했다. 그리고 흔들지 않고 젓는 것으로 제법을 변경. 셰이커를 쓰지 않기로 했다. 얼음을 넣은 잔에 해창을 넣고 탄산수를 부었다. 3:1의 비율로 잔의 8부까지. 이번에는 참외의 속을 긁어내고 과육만 갈아 8부까지 차 있는 잔에 올렸다. 맥주 거품 같기도 하고 소르베 같기도 한 참외 위에 미나리를 올리고 마셨다. 이차 시도의 결과는 대성공!

그러고 나서 며칠간 이균 칵테일을 만들어 마셨다. 재료와 완성된 이미지는 공개되었지만 비율이나 레시피는 공개되지 않아서 이렇게 할 수 있었다. 이균 칵테일을 '커버' 해 보신 분들의 커버담이 궁금하다.

우아한 스탠딩 바라는 역설

삿포로의 별이 무슨 의미인지 생각해 본 적이 없다. 삿포로 맥주의 별 말이다. 삿포로가 맛있다거나 특별하게 다가온 적이 없기 때문이다. 그 별은 나에게 어떤 빛도 비추지 못했다. 이제는 아니다. 나는 그 별에 대해 생각하고 있다.

이틀 연속으로 삿포로 맥주를 마시고 나서다. 도쿄 긴자에 있는 삿포로 블랙라벨 바에서였다. 긴자역 지하를 지나다 들어가게 되었다. 자주 지나다니던 길인데 라이언 맥주 바와 나란히 있는 삿포로 바가 눈에 들어온 날이었다. 라이언보다 삿포로 맥주를 좋아해서는 아니고, 전날에 소위 '긴자 라이언'이라고 하는 라이언 맥주의 본류를 탐사했기 때문이었다. 알고 보니 라이언도 삿포로 맥주에서 운영한다고 하는데 라이언은 라이언이고, 삿포로는 삿포로라는 식으로 별도로 운영되고 있었다.

긴자 라이언은 왜 이제야 온 걸까 하는 후회가 들 정도로 이색적인 공간이었다. '아니, 독일 뮌헨의 비어할레를 그대로 옮겨 왔네? 메이지 시대에 도쿄판 비어할레를 지어 놓고 이렇게 이어 가고 있네? 사람이 이렇게나 많은데 질서가 대단하네?' 긴자 라이언의 문을 열고 들어선 순간 이런 감탄이 우르르 몰려왔다. 언젠가 이곳에 대해 쓸 일이 있을지 모르겠지만 충분히 만족스러운 시간이었다.

다시 긴자역 지하로 돌아오면. 뒷모습을 보인 채로 사람들이 서 있는 곳이 보였다. 삿포로 블랙라벨 바였다. 그들은 맥주를 마시고 있었다. 바삐 걸어가다가 이걸 보고 백스텝을 밟았다. 그러고는 입구로 돌진하였다. 나도 그 분위기 안으로 흡수되고 싶었기 때문에. 그곳에 나를 편안하게 하는 요소들이 있어서 그랬다.

나를 편안하게 하는 요소란 무엇인가? 불편하게 하는 요소가 별로 없는 것이다. 일단 조도와 음량이 적절해야 한다. 눈을 찌르듯이 밝은 곳은 패스. 역으로 심안心眼을 떠야 간신히 보일 정도로 어두워도 곤란하다. 음악 소리가 귀를 찔러도 곤란하다. 이런 데서 이야기를 하려면 목청 높여 소리를 질러야 해서 진이 빠지기도 하지만 고통을 겪은 귀는 쉽게 돌아오지 않기 때문이다. 여기에 더해 사람에 대한 존중이 있는 곳이라면 마음이 간다.

내가 생각하는 사람에 대한 존중이란 이런 것이다. 테이블 간격을 다닥다닥 붙여 놓은 곳에는 사람에 대한 존중이 없다고 본다. 돈에 대한 존중만 있달까. 공간을 최대화하고 효율을 최대화해 수익을 최대화하겠다는 욕망만이 느껴진다. 그런 곳이기에 종업원도 몇 명 고용하지 않을 가능성이 크다. 몇 명 안 되는 종업원이 틈도 없는 공간 사이를 이중 장애물 경기하듯이 빠르게 통과하면서 서빙할 가능성이 크다. 사람은 로봇이 아니기에 필히 지친다. 그 사람에게 친절까지 기대할 수 없다는 것을 알면서도 서운한 마음이 드는 건 어쩔 수 없는 일일 것이다. 이런 곳의 음식이 맛있기란 상당히 어렵다. 좋은 식자재를 쓰지도 않겠지만 그렇다고 해도 본의 아니게 냉대받는 분위기 속에서 먹는 음식과 누리는 분위기가 좋을 리 없다. 저만 그렇게 생각하는 거 아니지 않나요?

스탠딩 바를 좋아하지만 그렇다고 모든 스탠딩 바를 좋아하는 것은 아니다. 내가 가던 길을 되돌아와 삿포로 블랙 라벨로 들어간 것은 기대되는 뭔가가 있는 곳이어서 그랬다. 만석이어서 바로 스탠딩 바로 갈 수는 없었다. 일단은 대기

선 뒤에 서 있는 사람들 뒤로 가서 섰다. 내 앞에 몇 명이나 있었는지 기억나지 않지만 많은 숫자는 아니었다. 기다리게 된 덕에 원경에서 이 스탠딩 바를 관찰할 수 있었다. '대체 무엇이 이곳을 이토록 안락하게 만드는가?'가 그날 관찰의 주안점이었다.

바 테이블은 넓고 깊었다. 효율을 추구하는 업장이었다면 지금의 두 배 정도로 사람을 채워 자리를 반으로 만들었을 텐데 그러지 않았다. 그 결과 옆에 있는 타인들과 팔꿈치가 부딪힌다거나 하는 일은 일어나지 않았다. 비행기에서나 극장에서나 팔걸이로 인해 불쾌했던 경험을 떠올려 보신다면 대번에 이해할 수 있다. 서로 양보하면서 예의를 지키건 되는데 양보와 예의라는 미덕이 늘 통용되는 것은 아니지 않던가. 스탠딩 바에서도 마찬가지다. 절대 손해를 보지 않겠다는 마음을 가진 분이 옆자리에 있다면 묘한 신경전을 벌일 수밖에 없는데, 업장에서 넉넉한 자리 배정을 함으로써 그런 피곤함의 요소를 원천적으로 차단한 것이다. 그래서인지 둘이 온 사람보다 혼자 온 사람이 많아 보였다. 혼자 있기 안락한 공간으로 보였다. 혼자 술을 마셔도 품위를 지킬 수 있는 공간이랄지. 혼자 술 마시기 좋은 공간으로 만들어 달라는 클라이언트의 의뢰를 실내 디자이너가 충실히 이행한 결과물로 보일 정도였다.

이 서서 마시는 바에 규칙이 있음을 자리에 안내되어 알게 되었다. 두 잔씩만 마실 수 있다는 것. 서서 마시는 것 말고는 그게 규칙이었다. '서서 마신다. 그리고 한 잔 아니면 두 잔을 마시고 퇴장'이 이곳의 운영 방침인 것이다. 문제는 세 가지 종류의 맥주를 판다는 점이었다. 이런 영업 방침은 사람의 심리를 교묘하게 자극한다. '한 번으로는 다 마실 수 없는데… 어쩌지?'라고. 내가 할 수 있는 일이란 제한된 두 번의 기회를 어떻게 쓸지를 결정하는 게 전부.

그 세 종의 맥주란 라거, 에일, 포터 같은, 맥주를 만드는 방식에 따른 분류가 아니다. '어떻게 만드느냐'가 아니라 '어떻게 따르냐'로 세 종의 맥주를 설정한 것이다. 따르는 사람의 기술에 따라 맥주가 천차만별이라는 것도 알고 있고, 온도나 컵과의 상성 같은 부가 요소도 맥주 맛에 영향을 미친다는 것도 알고 있다. 하지만 이런 메뉴는 처음이었다. 세 가지 종류 맥주가 아니라 따르는 방식이 세 가지인 맥주라니! 끓이는 방식이 다른 잔치국수 세 가지를 파는 것과 마찬가지 아닌가.

퍼펙트, 퍼스트, 하이브리드. 이게 메뉴였다. 그러니까 따르는 방식의 이름. 나는 성격이 급한 사람. 그 세 종이 어떻게 다른지 쓰여 있는 메뉴판은(한국어로도 쓰여 있다) 읽지도 않고 '퍼펙트'를 시켰다. 아니, 이게 맥주라고? 나는 감탄하며 단번에 잔의 3분의 2를 비웠다. 이런 건 내 맥주 음용의 역사에 없는 일이다. 예전보다는 그래도 맥주를 어느 정도 마시게 되었지만 맥주는 배가 부른 술이고, 나는 용적률이 그리 크지 않은 나의 위장을 배려해야 한다는 압박에서 자유롭지 못하다. 나의 식탐에 비해 위장의 탄성이 매우 하찮다는 걸 인지하고 나서 극히 조심하고 있다. 그럼에도 불구하고 '퍼펙트'는 그렇게 마셔 줘야 했다. 내가 마셔 본 맥주 중에 단연 가장 맛있는 맥주였기 때문이다. 아, 그 감동을 어떻게 전해야 할까.

이렇게 구구절절하게 쓰지 말고 나의 표정을 보여 준다면 단박에 이해되겠으나 그건 가능하지 않으니 계속 쓰기로 한다. 남아 있는 '퍼펙트'를 마저 마시며 한 잔만 마시고 저녁을 먹으러 가려 했던 계획을 접었다. 내게 할당된 귀중한 기회를 살려 나머지 한 잔을 마셔야 했다. 그래서 '퍼펙트' 다음에 '퍼스트'를 시켰다. '퍼스트'는 뭐, 그냥 맛있는 맥주. 평범하게 맛있는 맥주였다. '퍼펙트'에 열광적인 반응을 보인 것은 첫 잔이었기 때문일까? 아니면 내가 목이 많이 말랐기 때문일까? '퍼펙트'를 다시 시켜 확인하고 싶었으나 이제 더 주문할 수 없었다.

평범하게 맛있는 퍼스트를 마신 덕에 소득도 있었다. 맥주에 정신을 잃지 않아 눈앞에서 맥주가 부어지는 방법을 숙지할 수 있었다. 첫 번째, 흐르는 물에 컵을 세척한다. 두 번째, 탭을 열어 나오는 맥주를 버리고 컵을 기울여 맥주를 따른다. 세 번째, 거품 밸브(가 따로 있다)를 열어 거품을 넘치게 받는다. 네 번째, 스패출러로 거품을 컵 구연부와 맞추어 깎는다. 다섯 번째, 컵 밑면의 물기를 거즈로 닦는다. 여섯 번째, 맥주를 서빙한다. 편의상 첫 번째부터 여섯 번째까지 쓰긴 했으나 맥주를 따르는 직원들의 손동작은 단호하고도 부드러우면서 버퍼링이 없어서 마치 인사동 노점의 꿀타래 묘기를 보는 것 같았다. 공연을 보고 있는 건가라는 생각이 들 정도로 완성도가 높은 몸놀림이었다. 맥주 한 잔에 550엔을 내고 이런 호사를 누리다니라는 생각도 함께. 실제로 바에 서 보니 내게 할당된 공간이 멀리서 봤던 것보다 깊고도 넓어 옆 사람이 있는 게 맞나 하는 생각이 들 정도였다. 만 원으로 누린 감격이었다고 해도 될 것이다.

'삿포로'의 '삿'은 '메마른 것', '포로'는 '큰 것'이라는 뜻의 아이누어라고 한다. 삿포로의 별은 북극성을 상징하며, 북극성은 개척의 상징으로 홋카이도의 상징적인 건물마다 저 별이 새겨져 있다는 것도 알게 되었다. 그날 오후의 감격이 삿포로의 어원까지 궁금하게 한 것이다. 삿포로에 가게 된다면 별들을 찾아봐야겠다고 생각했다. 이 별과 저 별은 어떻게 다른지 비교하며 삿포로를 돌아다니는 것도 재미

있는 시간이 될 거라고.

그런데 삿포로 블랙라벨 바에서 찍은 사진을 보다가 천장의 거대한 별 조명을 발견했다. 홋카이도의 별은 도쿄에도 있었다. 나는 홋카이도의 별빛을 받으며 맥주를 마셨던 것이다.

요가와 술

오랜만에 만난 사람에게서 들은 이야기다. 어느 날 내가 딱 한 시간만 마시고 깨끗이 헤어지자 했단다. 어떻게 해서 한 시간이냐면 '운동을 마치고서 딱 한 시간만'이라는 뜻이다. 그가 바빴거나 내가 바빴거나 아니면 이차 따위는 없다는 선포를 하고 싶었던 걸까 싶지만 전혀 기억나지 않는다. 민망해서 웃음이 나왔다. '깨끗이'라는 형용사가 참으로 구차하고도 간절해서. 얼마나 술이 마시고 싶었으면 그랬을까 싶었다.

우리는 저녁마다 함께 요가를 하는 사이였고, 요가 스튜디오 옆에는 술맛 당기는 술집이 있었다. 술이 맛있거나,

안주가 괜찮거나, 분위기가 좋으면 술맛이 당기지 않나? 그 집에는 다 있었다. 생맥주도 뭔가 달랐고, 안주도 맛깔스러웠으며, 눈웃음을 주고받는 부부 사장님의 팀워크가 정겨웠다. 장성한 아들이 있다는 그분들이 서로를 보며 웃고, 손님들을 보고 웃는 게 좋았다.

그러니 술맛이 좋을 수밖에. 이 술집을 떠올리면 나도 부부 사장님들처럼 잔잔하게 웃게 된다. 운동하고 여기서 한잔하는 게 우리의 간헐적 루틴이었다. '간헐적'이라는 말과 '루틴'이라는 말은 물과 기름 같지만 그렇게 부를 수밖에 없다. '요가를 하고 옆집에서 술을 마신다'는 것은 일관성 있지만 언제 마신다는 규칙은 없었기에. 그런데 '딱 한 시간만'이라고 말했던 기억은 없었다. "그래서 마셨어요?" 내가 물었다. 그는 답했다. "그럼요!" 정말 10시에 시작해 11시에 끝냈다고 한다.

그 장면이 종종 생각난다고 그가 말했다. 벌떡 일어난 내가 11시가 되기 1분 전이라며 이제 가자고 했다고. 그러고는 술병에 남아 있던 술을 잔에 모두 따르고 선 채로 마셨다고 한다. 한 모금까지 털어 마셨다고. 믿기지 않았다. 나는 그렇게 절도 있는 사람이 아닌데…. 시킨 술을 다 마셔야 술집을 나설 수 있다는 주의도 아니고. 우리는 거기서 주로 생맥주를 마셨기에 술병에 남아 있던 술을 따르는 것도 정황상

맞지 않았다.

"생맥주 아니고요?"라고 하자 그녀가 고개를 저었다. 도수가 있는 달달한 술이었다고 했다. '그… 이름이 뭐였더라? 촌스럽게 생긴 병인데. 아! 그 술이 있었지.' 그제야 모든 게 이해되었다. 그 술이라면 마지막 방울까지 털어 마실 만하다. 한때 내 삶에는 그 술이 있었다. 처음 그 술을 마신 것도 그 집이었고, 동네에서 그 술을 파는 데도 그 집뿐이었다.

좋아했다. 얼마나 좋아했냐면, 그 술을 파는 술집을 찾아다니기까지 했다. 요가 스튜디오 옆 술집에서 더 이상 그 술을 안 팔아서. 그 술을 찾다가 옆 동네에 있는 막걸리 전문점에 가게 됐고, 막걸리에 빠졌다. 전국에서 올라온 팔도 막걸리들이 모여 있는 그 집의 막걸리 큐레이션과 현란하고도 웃음이 나는 사장님의 막걸리 프레젠테이션에 꽂혀서 매주 막걸릿집에 갔었다. 역시 술집은 주인의 지분이 절대적이다! 똘똘이 스머프를 닮은 막걸릿집 사장님에 대해서도 할 말이 많지만 다음에 하기로 하고…. 이게 2016년의 일이다.

촌스럽게 생겼다는 그 술의 이름을 한때 요가 선생님이자 술친구였던 그는 기억하지 못하지만 나는 안다. 당연하지 않나? 한 시절을 함께했는데. 고택찹쌀생주. 이게 그 술의 이름이다. 나를 옆 동네 막걸릿집에 가게 했고, 그래서 당시 마실 수 있는 모든 막걸리를 마시게 했던 술. 내 인생의 술이라고까지는 못 하겠어도 그 시절의 술이라고 하기에는 충분한 그 술. 나는 이 술을 마셔야 했다.

　가장 간단한 방법은 완주에 있는 술도가에 연락해서 택배로 받는 것이지만 그렇게 하고 싶지는 않았다. 한 박스를 사야 하는데, 열 병이다. 집에는 이 술 저 술이 가득하고, 밖에서도 자주 마시는데, 여기에 열 병을 더한다? 막걸리나 전통주를 살 때의 고질적인 문제다. 백화점이나 전통주 전문점에 가도 없어서 여러 번 허탕을 쳤다. 그러다 한 전통주 보틀숍에서 고택찹쌀생주를 취급한다는 걸 알고 일부러 갔는데, 없었다. 결국엔 마셨다. 이 술을 파는 식당을 찾아서 한잔한 후 집으로 가져와서.

　달고 쓰다. 콤콤하고 구수한 누룩의 냄새가 뇌의 자율신경을 활성화한다. 달기만 한 건 아니고 약간의 산미도 있다. 나는 이 달고 쓴 술을 도토리묵과 함께 먹었다. 꼬막이 이 술에 착 붙었었는데 지금은 꼬막 철이 아니고, 메밀묵과 먹었으면 했지만 집에는 도토리묵이 있었다. 참나물과 세발나물에 오미자청을 약간 넣고 무친 도토리묵이 어쩐지 어울릴 것 같았지만 나물도 없었다. 김치와 곱창김에 생들기름을 넣어 무친 도토리묵도 나쁘지 않았다. 술의 단맛에 김치의 신맛이 더해지고, 술의 쓴맛에 묵의 구수한 맛이 겹치고, 물속을 유영하는 해초처럼 입안에서 풀어지는 곱창김까지.

사장님 내외의 미소와 웅웅대는 술집의 노이즈는 없었지만 그런대로 좋았다.

한 잔을 마셨을 뿐인데 아찔했다. 술병에 적힌 도수는 12도라는데 믿을 수 없다. 와인보다 도수가 낮다고? 체감 도수는 20도쯤 되는 느낌이라서. 마시는 즉시 술이 후욱 하고 오르는 기분이 드는 게 이 술이다. 체감 기온도 그렇지 않나? 5도라고 해도 영하로 느껴지는 날이 있는 것이다. 찹쌀이 많이 들어가 진해서 그런가? 상상 속의 고택이 이발소 그림풍으로 그려진 라벨에는 찹쌀 34.06%라고 쓰여 있다. "순수 국산 찹쌀과 우리밀 누룩을 주재료로 15일간 숙성 과정을 거친, 효모균이 살아 있는 12%의 깔끔한 생주입니다" 라고도. 말이 나와서 말인데, 이런 엉성한 그림과 정돈되지 않은 폰트의 배치 같은 게 아쉽다. 송명섭 막걸리만 해도 큰돈을 들이지 않은 듯하지만 얼마나 멋스럽나 싶고.

나는 이 맛있는 술을 한 방울까지 탈탈 털어 마셨다. 전날 읽은 술에 대한 이야기도 떠올랐는데, 한 모금 남은 술을 'swank'라고 한단다. '허세' '화려함'이라는 뜻을 가진 'swank'와는 다르게 이때의 'swank'는 방언이다. 양에 따라서 'little swank'와 'large swank'로도 부른다고. 비슷한 뜻으로 'supernaculum'도 있다. '손톱 위'를 뜻하는 라틴어인데 영어사전에도 등재되어 있다. 부사로는 '최후의 한 방울까

지'이고, 명사로는 '최상의 것(술).'

최후의 한 방울까지 마신다면 그건 최상의 술이라고 말하는 단어가 'supernaculum'인 것이다. 고대 잉글랜드에서는 술이 훌륭하면 다 마신 뒤 잔을 뒤집어 마지막 방울을 손톱에 떨구는 관습이 있었다고. 이걸 'drink supernaculum'이라고 부른다. 나는 손톱에 떨구지 않았을 뿐 최선을 다해 마지막 방울을 '드링크'했다.

그리고 이제야 기억났다. 내가 딱 한 시간만 마시자고 한 정황이. 당시 나의 요가 선생님이었던 그는 여의도에서 새벽 수업을 했었다. 한 증권사의 임원들을 대상으로 '새벽 명상' 수업을 6시에 한다고 했었나. 5시일 수도 있다. 시간을 듣고서 그런 비현실적인 시간에 수업을 할 수도 있다는데 깜짝 놀랐었기 때문에. 저녁 9시 50분에 수업을 마치고 바로 집에 들어가야 새벽 수업을 갈 수 있다는 것을 알기에 나는 그렇게 절실하게 말했던 것이다. 땀 흘리고서 땀이 채 식기 전에 마시는 술은 지상 최고이기에.

놀라 블러디 메리

뉴올리언스에 다녀오신 분에게 재미있는 이야기를 들었다. 그 도시에서는 개와 사람이 함께 술을 마시러 간다는 이야기였다. 술 마시는 사람 옆에 소만 한 개가 엎드려 있다고. 실내에 개를 데리고 들어오는 건 아니고 야외 테이블에 그런 커플이 꽤나 많았다고. 그들에게는 아무렇지도 않을 그 일상의 광경이 꽤나 이색적이었다고 했다. 한국에서도 개는 거의 가족이지만 이렇게 술친구로까지 인정받는 건 아니지 않느냐며.

이 이야기를 듣고 술집 앞에서 개가 사람을 기다리는 장면이 나오는 영화를 떠올렸다. 짐 자무시 감독의 〈패터슨〉.

나는 애덤 드라이버만이 아니라 그의 개로 나오는 잉글리시 불도그도 주인공이라고 생각하는데, 이 개의 화면 장악력이 상당해서다. 비중도 그렇고 존재감도 그렇다. 애덤 드라이버와 일상을 함께하고, 술집까지 같이 간다. 하지만 술집에는 함께 들어가지 못하고 밖에서 기다린다.

안타까운 이 장면을, 내가 좋아한다. '매일 일과를 마치고 개와 산책하고 단골 술집에 술을 마시러 간다'는 나의 판타지가 담겨 있어서다. 매일 일과를 마칠 수 있다는 것, 매일 산책을 한다는 것, 그것도 개와 한다는 것, 거기에다 단골 술집에 매일 간다는 것까지 모두. 누군가에게는 일상일 수 있지만 나에게는 모두 요원하게만 느껴진다. 마치 이룰 수 없는 꿈 같달까. 개를 좋아하지만 키울 엄두는 나지 않는다. '나 자신도 제대로 돌보지 못하면서 무슨⋯'이라는 생각에. 그리고 집 근처에 단골 술집이 있는 사람이 가장 부럽다. 나만 이렇게 시시하게 사는 걸까?

〈패터슨〉에 나오는 그런 술집을 나는 꿈꾼다. 뭔가를 아시는 분이 주인인 그런 술집 말이다. 애덤 드라이버의 단골 술집 주인은 만만치 않다. 보통이 아닌 센스를 갖고 있고, 이에 반응하는 손님이 오기에 밤마다 흥미로운 대화를 들을 수 있다. 나 같은 사람에게는 이상적인 환경이 아닐 수 없다. 어디 나만 그럴까? 혼술하는 이들이 꿈꾸는 술집이 아닐까.

걸어서 갈 수 있는 거리에 이런 단골 술집을 갖는 게 현성에 이루고 싶은 꿈이다.

뉴올리언스와 개와 술에 대해 생각하다가 뉴올리언스 하면 블러디 메리지 싶었다. 〈패터슨〉을 생각하면 개부터 떠오르듯이 뉴올리언스 하면 블러디 메리가 떠오른다. 칵테일 사제락의 발상지라고 알고 있긴 하지만 어찌된 일인지 '뉴올리언스는 블러디 메리'라고 박혀 버렸다. 세상에서 가장 화려한 블러디 메리들이 하루 종일 각축을 벌이는 곳이라고 해야 하나. 뉴올리언스에서는 아침부터 블러디 메리를 마시는데, 또 아침에만 먹는 게 아니라서 '하루 종일'이라고 했다.

그리고 화려함이란 무엇인가. 온갖 과시적인 토핑을 덕지덕지 올렸다는 의미에서의 화려함이다. 토마토 주스 위의 군비 경쟁이라는 위험한 비유를 드는 사람도 있을 정도니 나만의 생각은 아닌 것 같다. 뉴올리언스와 블러디 메리를 함께 구글에 검색하면 대체 이게 뭘까 싶은 것들을 보실 수 있다. 기괴할 수도, 흥미로울 수도 있다. 뚱카롱이나 온갖 변종 약과들은 약과라고 느껴질 정도다.

처음에는 기괴하다고 생각했다. 블러디 메리에 셀러리와 함께 꽂힌 베이컨을 보고서였다. 셀러리도 매끈한 줄기가 아니라 이파리가 덥수룩한 부위라 초록색으로 변한 설인 예티 같았다. 이건 시작에 불과하다. 새우, 가재, 굴 튀김이나 오크라, 아스파라거스, 오이, 할라피뇨, 올리브 피클을 꽂은 것도 있다. 새우튀김으로 하트를 만들거나 베이컨에 주름을 잡아 프릴을 만들기도 했다. 대체 왜? 먹는 거에 왜? 이런 의문이 들었다. 맞다, 식욕이 감퇴하는 비주얼이었다. 그런데… 기괴하다고 생각한 그 이미지에 나도 모르게 젖어 들어 버렸다.

결국 뉴올리언스 스타일 블러디 메리를 만들게 되었다는 이야기. 뉴올리언스에 다녀온 분으로부터 선물받은 핫소스가 방아쇠가 되었다. '뉴올리언스 핫소스가 생겼으니 블러디 메리를 만들자!'라는 흐름이었다. 토마토 주스에 보드카를 타고 타바스코 소스와 우스터 소스와 소금과 후추를 뿌리는 게 블러디 메리의 레시피니 타바스코 대신 뉴올리언스 핫소스를 뿌리면 뉴올리언스 스타일 블러디 메리가 되겠다면서. 참고로 기주인 보드카를 테킬라로 바꾸면 '블러디 마리아'가 되고, 진으로 하면 '러디 메리'가 된다. 메리Mary의 스페인식 이름이 마리아Maria라서 블러디 마리아라고 하는 건 짐작이 되는데, 왜 러디 메리가 되는지는 모르겠다. B를 빼서 그리된 것은 알겠는데 대체 왜 빼는지 말이다. 아무리 논리 따위 없이 허술한 게 칵테일 세계의 내러티브라지만.

어쨌거나 만들어 보았습니다. 놀라NOLA(뉴올리언스의

줄임말) 블러디 메리. 베이컨도 구웠다. 갈등을 하긴 했다. 먹는 거에 이래도 될까라며. 바삭하게 구운 베이컨의 기름을 키친타월로 제거하면서 뭐 하는 건가 싶었고. 하지만 나의 호기심이 더 강했다. 토마토 주스와 브드카를 3:1로 타고 우스터 소스와 뉴올리언스 핫소스를 뿌리고 라임즙을 듬뿍 짠 후 소금과 후추를 뿌렸다. 셀러리와 베이컨을 빨대처럼 수직으로 꽂고, 라임은 컵 테두리에 꽂았다. 마셨는데, 눈이 떠졌다. 깜짝 놀랄 정도의 맛이었다.

이전까지 먹었던 블러디 메리에 비하 놀라 블러디 메리는 놀랍도록 맛있었던 것이다. 술을 좋아하는 사람들을 모셔 놓고 호기롭게 한 잔씩 말아 주고 싶을 정도로. 레몬이 아닌 라임을 넣은 게, 듬뿍 넣은 게, 주효했다고 생각한다. 음식이든 술이든 가장 중요한 건 균형이고, 그 균형을 잡아 주는 게 산미임을 주장해 왔는데, 내 주장에 부합하는 결과물이었다. 라임을 넣자 토마토 주스의 텁텁함이 해소되며 산뜻함이 더해졌다. 그간의 경험에 비추어 토마토와 아보카도와 양파로 만드는 과카몰레에 레몬보다 라임을 넣을 때 결과가 더 좋아서 그랬다. 이게 다가 아니다. 베이컨을 씹고 블러디 메리를 마시는데, 오!

전혀 괴이하지 않았다. 놀랍도록 조화로운 이 술을 비우며 놀라 블러디 메리의 비밀을 깨달았다. 술이 아니라 음식이라는 것. 토마토로 만드는 차가운 수프인 가스파초의 알코올 버전이랄까. 토마토의 달콤함, 보드카의 쌉쓸함, 라임의 산미, 핫소스의 찌릿함, 우스터 소스의 감칠맛, 소금의 짠맛, 셀러리의 식물성 기름 맛에 베이컨의 동물성 기름 맛까지 더해진 이것은 육각형 음식이 아닌가 싶었다. 완벽한 인간을 '육각형 인간'이라고 부른다는 것을 어디선가 듣고 이렇게 응용해 보았습니다.

애피타이저로서의 등산

왜 그런 거 있지 않나. 부차적인 것으로 인해 본질이 결정되기도 하는 경우가. 이를테면 배꼽이 있기에 배가 배로 보인다든가 오리가 있기에 호수가 호수로 보인다든가 또 스케이트 타는 사람이 있어 스케이트장이 스케이트장으로 보인다든가 하는 것들 말이다. 배꼽이 없는 버는 배라고 할 수 없는 것이다. '배보다 배꼽이 크다'라는 말에 그래서 어느 정도는 진실이 있다고 생각한다. 면적으로 치자면야 배꼽보다 배가 크지만 배꼽이 없었다면 배는 없었을 것이니. 태초에 모든 것을 가능하게 했다는 의미에서라면 당연히 배보다 배꼽이 크지 않나 싶다. 나는 그래서 배보다 배꼽이 크다라는 말에 늘 갸우뚱했다. 당연한 말씀을 뭘 하시나 싶어서.

등산이 배라면 막걸리가 배꼽이라고 생각한다. '등산을 하고 나면 막걸리를 마셔야 한다'는 건 일반적인 배와 배꼽의 논리와 서열에 의거한 사고 체계다. 그리고 사람들은 대개 이렇게 움직이고 있다고 본다. 하산하다가, 막걸리를 마시고 싶어 죽겠다는 분들의 음성을 많이도 들어 왔으니까. 하지만 나는 막걸리를 마시기 위해 등산을 한다. 배꼽이 배를 결정했듯이, 막걸리가 등산을 결행하게 한 것이다. 또 배꼽이 배를 있게 했듯이, 막걸리가 등산을 있게 한 것이랄까.

막걸리가 없었다면 내게 등산은 없었을 것이다. 어린 시절 부모님에게 이끌려 산에 간 적이 있기는 했으나 얼굴을 찌푸리고 오른 정상에서 내가 찾을 수 있는 기쁨이라든가 가치는 없었다. 나의 가족은 등산을 하고 내려와 순댓국을(그것도 특으로) 아침으로 먹는 루틴이 있었는데, 나는 순댓국을 예전이나 지금이나 좋아하지 않는다. 그리고 아침 8시에 보는 기름진 국물과 벌건 김치 같은 것은 예나 지금이나 버겁다. 피순대는 일부러 찾아서 먹고, 내장탕이나 곰탕도 좋아하지만 순댓국은 맛있게 먹어 본 적이 거의 없다. 만약에 순댓국이 아니라 내장탕이나 꼬리곰탕을 먹는 루틴이었다면 등산을 좋아했을지도 모르겠다고 이제야 생각한다. 막걸리를 마시다가 산에 가게 된 게 나란 사람이기 때문이다.

매일 막걸리를 마시고 싶었던 시절이 있다. 안주가 좋고, 술이 좋아서 내내 가고 싶은 막걸릿집을 발견한 게 이 모든 일의 시작이었다. 국산 쌀로 만든 막걸리가 냉장고에 가득했고, 이 막걸리들이 어떤 내러티브와 결을 갖고 있는지 자세하게 설명해 주시는 흔히 볼 수 없는 사장님이 계신 집이었다. 전국 각지에 이렇게 많은 양조장이 있다는 것도 놀라웠고, 아스파탐에 절여진 막걸리를 주로 먹다가 이제야 쌀 본연의 단맛을 느끼는 게 억울했다. 나는 세상의 모든 막걸리를 마시고 내게 맞는 막걸리를 알아내야 했다. 아니, 대체 왜? 내가 무슨 양조업자도 아니고 요식업자도 아닌데 이런 영문을 알 수 없는 기이한 열정에 휩싸일 때가 있다.

　'요가와 술'에서도 잠깐 그 술집에 대해 언급했었다. 다랭이팜 막걸리는 그 시절의 내가 첫 병으로 시키는 술이었다. 호랑이배꼽 막걸리를 마시면서는 찹쌀로 빚는 술이 이렇게 우아하구나라는 걸 느꼈다. 호랑이배꼽에서 나는 배[梨]의 여리여리하며 은은한 단맛이 좋았다. 그래서 평택에 있는 호랑이배꼽 양조장에 가 볼까, 밥집을 함께 하는 호랑이배꼽 식당에 가서 호랑이배꼽을 마셔 볼까 하는 마련만 여러 번 하다 실행하지 못했다. 운전하면 가는 건 금방이겠으나 술을 마시고 돌아와야 하므로 쉽지 않은 문제였다. 문경 오미자 막걸리를 마시면서는 쌀이 아닌 뭔가를 첨가한 유색

(분홍색) 막걸리가 어쩜 이렇게 맑고 깊은지 놀랐다. 딸기 사탕을 닮은 색을 보고 유치한 맛일 거라는 편견을 가졌던 것이다. 그 시절 그 술집에서 마시던 팔도 막걸리로부터 뻗어 나가… 나는 이런 사람이 되었다. 문인화처럼 암향暗香이 풍기는 라벨을 보고 또 보며 일엽편주를 마시기도 하며, 호랑호랑 청주의 나직하지만 뜨랑또랑한 목소리를 느끼다가, 마셔도 마셔도 취하지 않는 삼해 소주의 그윽한 단맛에 머물다가, 영원할 클래식인 송명섭 막걸리로 회귀하는 그런 사람이. 또 그 사람을 알면 어느 술을 추천해야 할지 정도는 알게 되었다.

이 모두 열렬한 학습의 시절이 있었기 때문에 가능했다. 그렇다고 매일 마시지는 않았다. 나에게도 생활이라는 게 있으므로 일주일에 한 번 정도 막걸릿집에 가는 걸로 타협했다. 그 막걸릿집의 이름 한 글자를 따서 지금부터는 '별'이라고 하겠다. 별에 일주일에 한 번은 갔었다. 그리 자주 갔으니 사장님과 이야기도 하고 그 집의 술꾼도 유심히 보게 됐는데 많은 사람이 울긋불긋한 점퍼를 입고 있는 게 아닌가? 등산복이었다. 지금 막 산에서 활력을 묻혀 온 분들이라 그렇게 유쾌했던 것이다. 막걸릿집 근처에 등산로가 있다는 말이기도 했다. 자고로 유명한 산 앞에는 유명한 막걸릿집이 있다는 걸 알았지만 별 근처에 등산로가 있는지 몰랐다.

그도 그럴 것이 별은 아파트촌에 둘러싸여 있는 상가 건물 지하에 있어서 생각지 못했던 것이다.

내게는 경험이 있었다. 도봉산인지 북한산인지 기억이 안 나는 엄청 높고 사람이 많이 가는 산에 간 적이 있다. 지하철 역사의 출구 안내도에도 'ㅇㅇ산 입구'라는 말이 쓰여 있기도 했지만 행진을 하기라도 하듯이 한 방향으로 걷는 사람들을 보면 거기가 어딘지 알 수밖에 없다. 울긋불긋한 옷을 입은 그분들을 따라서 등산로 입구로 가다가 올라가기 전부터 혼이 빠졌다. 입구까지 올라가는 데도 이렇게 줄지어 가면 올라가서도 계속 줄지어 가는 건가라는 의심이 들었고, 내 의심이 합리적 의심이었음이 곧 드러났다. 그래서 등산로가 있다면 표지판이 있거나 등산로로 걸어가는 사람들의 행렬이 있을 거라고 생각했던 것이다. 별 근처에는 어디에도 'ㅇㅇ산 입구' 같은 말은 없었다.

한참 후에 알았다. 막걸릿집 앞에서 보이는 아파트 단지를 얼마 지나지 않아 등산로 입구가 나온다는 것을. 등산로 입구라고 딱히 쓰여 있지도 않아서 주의가 필요하다. 산에 가는 것처럼 보이는 사람 뒤를 눈치껏 따라가야 한다. 그렇게 알게 된 이 산은 상당히 정취가 있었다. 일단, 진입로가 다정하다. 굴다리를 통과하게 되는데 굴다리 앞에 일렬로 있는 점포들이 미니 시장을 형성하고 있고, 파는 물건들도 좋아서 등산을 포기하고 바로 사 들고 집으로 가고 싶은 기분이 들 정도다. 그런 시장을 지나서 산에 오르면 벌써 '하이'해진다. 게다가 이 산은 내가 좋아하는 유형의 산이기까지 했다. 높지 않고, 그래서 경사가 완만하고, 신발에 닿는 땅의 감촉이 폭신폭신했다.

폭신폭신한 느낌이 드는 건 흙산이라서 그렇다는 것도 알게 되었다. 주말마다 내가 좋다고 한 이 산에 가신다는 분이 그렇게 말했던 것이다. 관악산은 악산(바위산)인데, 청계산은 흙산이라서 발을 디디는 느낌이 좋다고. 그렇다. 내가 좋아하는 유형의 산은 바로 청계산이었다. 단어가 마음에 들면 열심히 활용하는 나는 이 말을 얼마나 많이 했는지 모른다. "관악산은 악산이라서 말이지…"라면서.

그렇게 낮은 산이 무슨 산이냐며, 거기는 거의 뒷동산이지 않느냐며, 청계산에는 정상다운 웅장한 정상이 없지 않느냐며, 청계산 근처의 관악산만 하더라도 연주대라는 장관이 있다며, 본인의 산과 등산에 대한 고견을 펼치며 청계산을 깔보는 분들 앞에서 나는 계속해서 이 말을 활용하곤 했다. "관악산은 악산이라서요." 저는 산보다는 막걸리가 좋은데, 산에 가는 건 막걸리를 맛있게 마시기 위한 애피타이저 같은 것이고, 애피타이저로서의 등산이니만큼 절대 과해서는 안 되고, 애피타이저로서의 등산에는 청계산이 딱이라는 말을 할 수 없으니 말이다.

막걸리와 등산에 대해 이렇게 쓰고 있는 것은 지난 주말 별에 갔었기 때문이다. 그곳은 여전했다. 내장이 살아 있게 삶아 낸 호래기숙회며, 스위스 감자전인 뢰스티를 응용한 감자전의 얌전한 힙, 기본으로 내주는 묵은지도 여전히 훌륭했고, 같이 간 Y가 바다를 통째로 마시는 맛이라고 표현해 준 멍게라면까지. 그것들을 한 점 한 점 음미하며 막걸리를 마셨다. Y의 돌고래 웃음소리 같은 환호성을 들으면서.

오후 3시에, 그러니까 열자마자 들어갔으나 이미 울긋불긋한 옷을 입으신 분들로 웅성거리는 그곳을 다녀오니 나를 막걸리로, 그리고 산으로 인도한 그 시절이 떠올랐던 것이다.

수정방 위스키 봉봉

　최근에 갔던 바에서 위스키 봉봉을 먹었다. 특이하게도 술보다 초콜릿이 우위에 있는 바였다. 초콜릿 바라고 해야 할까. 그렇기에 바텐더라기보다는 쇼콜라티에라고 해야 할 것 같은 바의 주인이 위스키 봉봉은 한입에 먹으라고 했다. '도와코 씨는 위스키 봉봉을 반쪽씩 먹으라고 하는데…'라고 생각하며 그분이 권하는 대로 위스키 봉봉을 입안에서 터트렸다.

　순간, 어린 시절이 흘러나왔다. 위스키 콩봉을 처음 먹고 황홀해했던 순간이. 온갖 진귀한 선물을 가져다주던 친척 어른의 손에 어느 날 위스키 봉봉이 들려 있었다. 깨물면 술이 팍 하고 터지는 기이한 초콜릿의 이름이 위스키 봉봉인지 그때는 몰랐지만 말이다. 날카롭고도 뜨거운 촉감이었다. '이게 뭐지?'라고 잠시 어리둥절했다가 바로 알았다. 그림책에서만 보던 술이 든 초콜릿이 바로 이것이라고. 이런 지행일치의 순간도 잊기 힘들다.

내게 잘해 준 사람도 잊기 힘들다. 그것도 내가 원하는 방식으로 잘해 준 사람은. 반짝거리는 사탕과, 사탕을 닮은 방울과, 정교한 방울이 달린 양말과, 사탕과 방울과 양말이 아름답게 묘사된 그림책을 선물한 사람이 위스키 봉봉도 가져다주었다. 수줍은 내가 감사하다는 말을 제대로 했는지 모르겠으나 그를 좋아했다.

인생 첫 음주의 기억이기도 하다. 첫 음주가 아닐 수도 있다. 그러니까 사후적으로 조작된 기억일지도 모른다. 지금도 그렇지만 그때의 나는 지금보다 더 책과 현실을 잘 구분하지 못했기에 윤색됐을 수 있다. 하지만 위스키 봉봉이 나의 첫 음주라고 생각하고 싶다. 맥주 거품을 핥거나 주전자에 있던 제주祭酒를 마신 게 첫 음주였을 수도 있지만 말이다. 머릿속 회로 어딘가에 불이 팍 하고 켜진 순간이어서 그렇다.

복합적인 감정이 동시에 밀려왔던 것 같다. 아이의 음식으로는 권장되지 않을 게 분명한 그것은 아이에게도 충분히 맛있었기 때문이다. 계속 먹으면 안 될 것 같지만 계속 먹고 싶었다. 하지만 당당히 먹기는 좀 그랬다. 혼자 있을 때 먹어야 할 것 같은 음식이랄지. 그때까지 내가 먹던 음식에 그런 것은 없었다.

다시 초콜릿 바로 돌아와서. 한입에 초콜릿과 왈칵 터져 나오는 위스키를 삼키면서 아깝다고 생각했다. 두 번에 나누어 먹거나 천천히 먹으면 어땠을까라며. 나는 위스키를 샷으로 먹는 스타일이지만 단번에 마시기보다는 입안에 조금씩 굴리며 먹는 걸 좋아하는지라. 아마도 초콜릿 바의 주인은 샷을 한 번에 마시는 스타일일 거라는 생각이 들었다.

앞에서 말한 도와코 씨는 내가 최근에 읽은 소설에 나오는 어른이다. 나에게 친척 어른이 그랬던 것처럼 조카에게 쇼콜라 봉봉을 가져다주는 어른. "알코올이 든 봉봉은 도와코 씨가 우리 집에 올 때 가져오는 단골 선물이었다. 술이 들어가서, 하고 도와코 씨는 내가 한 개를 다 먹지 못하도록 반으로 나눠 주었다. 맛있어요, 더 먹고 싶어요, 그랬더니 '히나키는 나중에 술을 잘 마시겠구나' 하고 웃었다." 위스키 봉봉 바에 간 게 먼저인지 위스키 봉봉이 나오는 소설을 읽은 게 먼저인지는 모르겠지만, 이 별거 없이 담백하고 잔잔한 문장을 보다가 내게도 저런 기억이 있다는 게 떠올랐던 것이다. 술에 관한 단편 소설을 모은 책 『호로요이의 시간』

(오리가미 교야 외 지음, 권남희 옮김, 징검돌, 2023)을 읽다가 우연히 발견한 대목이다. 오리가미 교야가 쓴 글의 제목은 「그에게는 쇼콜라와 비밀의 향이 풍긴다」.

　나의 경우에는 위스키 봉봉으로만 이루어진 초콜릿 세트는 아니었던 것으로 기억한다. 그는 작고 이쁜 것들이 주는 기쁨을 아는 사람이지만 그렇다고 어린아이에게 술로만 된 초콜릿을 줄 사람은 아니었다. 이런저런 맛들로 이루어진 초콜릿 세트에 위스키 봉봉이 섞여 있었다. 위스키가 아니라 리큐르였을 수도 있지만 위스키 봉봉이라고 부르고 싶다. 안에 술을 감추어 둔 초콜릿을 깨물었을 때 느꼈던 당혹감과 위스키 봉봉이라는 말이 더 어울리기에. 'ㄹ'이 두 개나 들어가는 부드러운 발성의 리큐르보다는 'ㅋ'의 음가가 두드러지는 위스키의 발성이 봉봉과 대조적으로 붙어서 그렇다. 팍 하고 술이 터지며 놀라움을 주는 그 초콜릿의 이름으로는 위스키 봉봉이 더 좋겠다는 생각.

　위스키 봉봉 바는 주인 혼자 하는 곳이었다. 사전 예약제로 한 번에 한 테이블만 받는데, 네 단계의 초콜릿 코스를 내놓는 술집이었다. 그러니까 술을 넣은 초콜릿이 네 종 나온다는 말. 첫 코스는 위스키를 넣은 오렌지 소르베와 멜론 소르베였다. 일행이 오렌지, 나는 멜론을 선택했더니 술집 주인이 오렌지와 멜론에 어울리는 술을 부어 주었다. 오렌지에는 코냑, 멜론에는 샤르트뢰즈였던가. 동그란 위스키 얼음처럼 얼린 멜론과 오렌지 소르베가 술에 섞여 녹기 시작할 때쯤 초콜릿이 나왔다. 동그란 모양의 초콜릿, 위스키 봉봉이었다!

초콜릿을 깨물자 술이 왈칵 흘러나왔는데… 라가불린이었던가 수정방이었던가. 둘 다 먹었을 수도 있다. 그 바는 무려 아드벡과 라가불린과 수정방 등등을 넣은 위스키 봉봉을 내주는 곳이었다. 이런 거 드셔 본 분 계신지요? 어쨌거나 이렇게 쓰고 보니 호사롭기 그지없다. 하지만 당시에는 그렇게 느끼지 못했다. 멜론 소르베도 술, 멜론 소르베에 투은 액체도 술, 또 위스키 봉봉도 술. 술과 당과류를 연달아 먹으면서 '이건 좀 과하군'이라고 생각했다. 술에 술에 또 술이 겹치니 위스키 봉봉의 귀여운 도발이 슬슬 권태로워졌달까.

연달아 술을 마시고 있자니 물로 희석하고 싶어졌다. 그래서 물을 달라고 했더니 주인은 진을 탄 물을 내줬다. 계속 술을 먹다가 물을 마시면 너무 밋밋하게 느껴질 수 있다며. 주인의 주관이 너무 뚜렷한지라 진을 타지 않은 물을 먹고 싶다고 차마 말하지 못했다. 그래서… 물을 아예 마시지 않는 편을 택했다. 술을 희석하기 위해 물을 마시고자 했던 것인데 진을 탄 물이라니. 난 물을 마시지 않고 술과 초콜릿을 먹는 편을 택했다. 물을 마시고 싶다고 생각했다. 술을 타지 않은 순수한 물 말이다. 또 위스키 봉봉을 술이 아닌 것과 먹고 싶다고 생각했다. 홍차라든가 커피라든가. 아니면 단독으로 위스키 봉봉만 먹고 싶다고.

「그에게는 쇼콜라와 비밀의 향이 풍긴다」에는 술은 마시지 못하지만 위스키 봉봉을 좋아하는 사람이 나온다. 그 사람을 좋아했던 사람은 위스키 봉봉을 좋아하게 되고, 어린 조카에게도 위스키 봉봉을 선물한다. 어린 조카는 커서 이모가 좋아했던 사람을 찾아 나서게 되는데, 위스키 봉봉을 선물로 들고서다. 성인이 된 조카는 방문한 집에서 홍차와 술이 듬뿍 들어간 쿠키와 케이크를 대접받는데… 그저 부러웠다. 어쩌다 방문한 집 주인이 알고 보니 온갖 술을 넣고 만드는 양과류에 정통한 사람이고, 그 사람은 자기가 만든 술 디저트를 즐길 사람을 기다려 왔고…. 너무도 비현실적인 것이다. 성인을 위한 동화랄까.

여기까지 쓰다 보니 위스키 봉봉의 비밀(?)을 알 것도 같다. 아이만을 위한 것도 아니고 어른만을 위한 것도 아니며, 과한 것보다는 부족한 것이 낫다는 것. 하지만 과하더라도 그리워하게 된다는 것. 술과 초콜릿에 거의 절여졌던 그 난감했던 오후가 그리울 줄이야. 위스키를 입속에서 연달아 팍팍 터트리던 그 시간을 생각하니 웃음이 터진다.

화요 토닉 이야기

얼마 전 베를린에 다녀온 사람으로부터 흥미로운 이야기를 들었다. 베를린 예술대학교 앞에 있는 한식당에 갔는데 자기 말고는 모두 유럽인이었다고. 베를린에 사는 사람도 있었지만 뮌헨이나 함부르크 같은 다른 독일 도시나 스위스나 이탈리아에서 여행 온 사람들로 가득했다고 했다. 삼겹살을 상추에 싸서 먹는 모습도 놀라웠지만 더 놀라웠던 것은 카스 일색인 광경이었다고. 식당에 맥주가 카스만 있는 것도 아닌데 굳이 왜 카스를? 이런 질문을 옆의 스위스 부부에게 던졌더니 한국 음식에 한국 맥주를 마셔야 하지 않겠느냐고 했단다. 아하!

카스에는 확실히 그런 미덕이 있다. 맥주만 마시면 맛 있다고 하기는 좀 그렇지만 한국 음식과 먹기에는 좋다. 골 뱅이무침이나 더덕구이에는 파울라너나 필스너 우르켈보다 카스다. 파울라너의 화사한 오렌지 향과 필스너 우르켈의 특징인 홉의 쌉쌀한 맛은 한식과 융화되지 않는다. 섞이지 않을뿐더러 튕겨 나간다. 그래서 페어링이라는 말이 지금처 럼 광범위하게 쓰이지 않을 때부터 한식을 먹을 때는 한국산 이 아닌 술들은 지양해 왔다. 갈비에 보르도 와인을 마신 적 도 있고 고사리파스타에 뵈르소를 마신 적도 있지만 말이다.

술은 그저 술이 아니라 음식의 일부고, 적확한 음식과 어우러질 때 자신을 초과한다고 생각한다. 음식을 끌어안고 동반 상승한달까. 이게 바로 내가 맛있는 술을, 또 새로운 술 을 찾아 헤매는 이유다. 낮과 밤에, 절기와 기후에, 기분과 상황에, 또 술집의 분위기와 안주에 술을 포개 놓고자 하는 지향이 내게는 있다. 풍류라기보다는 탐구다. 세상의 모든 술을 마시겠다는 호기와는 거리가 멀고 그저 내가 다가갈 수 있는 술 중에 가장 좋은 것을 취하겠다는 견실한 자세! 세상 사에서 좋은 것만을 취하기가 녹록지 않다는 걸 알기에 마실 때만은 충분히 그러고 싶다.

베를린의 한식당 이야기로 글을 시작한 것은 내가 요즘 가장 많이 먹는 게 한식이라서다. 정확히 말하면 한식과 한식을 위한 술. 나물과 화요다. 나물이 먼저인지 화요가 먼저인지 모르겠는데 어느 날 그것들이 내게로 들어왔다. 나물에 화요를 마시는 루틴이 시작되었다. 밥을 좋아하지만 일주일 내내 한식을 안 먹은 적도 있어서 요즘의 흐름이 나도 신기하다. 부지깽이나 고춧잎, 무나물 같은 나물이나 들기름에 구운 두부에 화요를 마시면 참으로 좋다.

어릴 때부터 나물을 좋아했지만 화요와 마시니 더 좋다. 얼마나 나물을 좋아했는가 하면 가장 선호하는 도시락 반찬이 파래 무침이었다. 냉면집에서 주는 무김치처럼 고춧가루로 옅게 물들인 무생채를 파래와 무친 것 다음으로 좋아하는 것은 오이상치. 늙은 오이를 올리고당이나 소금에 절여서 수분을 적당히 뺀 후 고춧가루와 고추장에 무친 게 오이상치다. 그다음으로는 제사 때 하는 하얀 무나물. 여기까지만 하고…. 여전히 이것들을 좋아한다.

좋은 데는 이유가 없다고 하는데 나는 아니다. 나물이 품고 있는 연두와 초록을 입에 넣으면 너무 흡족해서 웃음이 난다. 여기에 화요를 더하면 웃음이 짙어진다. 나물을 해 본 분은 아시겠지만 데쳐서 무치면 한 줌이다. 또 파와 마늘과 깨 맛이 아닌 나물 맛을 살리며 나물을 하기란 쉽지 않다. 미나리와 시금치와 방풍나물과 고사리는 다르게 취급해야 한다. 이렇게 만든 나물을 앞에 두고 화요를 마시면 이거 참 호사군이라는 생각까지 드는 것이다. 그래서 차마 '박주산채'라고는 못 하겠다. 박주산채라는 단어의 어감은 포근하지만 변변치 못한 술과 산나물이라는 뜻의 박주산채薄酒山菜는 아무리 겸양이라고 해도 너무 박하니까요.

내가 '화요를 마신다' 함은 '화요 토닉'을 마신다는 뜻이다. 하이볼로 만들어 마시는 것이다. 이제는 없어진 카이센동을 잘하는 집에서 마셨던 화요 토닉이 인상적이라 그렇게 되었다. 내가 좋아한 카이센동집은 도산공원에 있던 오복수산이다. 지금도 있는 다운타우너 2층에 있었다. 나는 다운타우너 앞에 줄 서 있는 사람들을 지나 2층으로 올라가곤 했다. 오복수산의 다른 지점에서는 별다른 느낌을 받지 못했으나 이곳의 오복수산을 좋아했다. 내가 좋아하는 사람들과 밥을 먹고 싶은 식당이었달까. 널찍한 테이블 간격이나 조도와 채광도 마음에 들었고 물 대신 미지근한 차를 준다는 게 좋았다. 옥수수알과 결명자와 보리를 섞은 차였다. 얼마나 손이 가는지 알기에 이런 걸 내주는 업장에는 일단 호감이 간다. 양념통들은 깨끗이 닦여 있고, 테이블은 젖은 행주로 한 번 닦은 후 마른 천으로 물기를 닦아 준다. 소독제를 칙칙 뿌리고 물티슈로 닦는 업장이랑은 상당히 느낌이 다르다. 그리고 이런 곳은 손님을 응대할 때도 성의가 있고, 분명히 맛이 있다.

이 식당에서 화요 토닉의 맛을 알게 되었다. 가쿠 하이볼이라고 하는 산토리에서 나오는 위스키 가쿠빈으로 만든 하이볼도 마셨는데 화요 토닉을 마시니 잘만 마시던 가쿠 하이볼이 보잘것없게 느껴졌다. 그랬던 날이 있다. 그렇게 화요가 들어왔다는 이야기. 오복수산 도산점이 없어지고 한동안 화요 토닉을 안 마시다가 머리 어딘가에 잠들어 있던 화요가 어느 날 툭 튀어나왔다. 그래서 편의점에 갔다가 화요를 사 들고 와서 거의 매일 화요 토닉을 마시고 있다는 말씀.

위스키는 온더록이나 하이볼보다 스트레이트로 마시는 걸 선호하지만 화요는 '타서' 마신다. 화요 토닉이어야 한다고 말씀드린다. 자체 실험의 결과, 진저에일이나 탄산수보다는 토닉 워터로 타는 게 좋았다. 레몬은 없는 편이 낫고, 뭔가를 더한다면 아주 얇게 저민 라임을 추천드린다. 화요 25도는 1:1로, 화요 41도는 화요를 1, 토닉 워터를 2로 하고 있다. 얼음을 넣어야 토닉 워터의 탄산이 더 탱글탱글해진다는 말씀도 드리고 싶다.

화요 토닉을 마시면서 또 떠오른 것은 화요를 만드는 광주요에서 운영하던 내가 좋아하는 식당도 이제는 없다는 사실이다. 이건 더 오래된 일이다. 서울의 어느 백화점 지하에 있던 그 식당의 음식은 여전히 생각날 정도로 맛이 좋았고, 그 식당이 여전히 있어서 화요와 함께 먹으면 얼마나 좋았을까라고 사후적으로 생각하는 것이다.

10년도 더 전에 사라져 버린, 이제는 없는 그 식당의 이름은 녹녹이다. 녹녹을 그리워하는 것과 별개로 며칠 전, 횟집에서 서비스로 주신 청어구이의 부드러운 가시를 바르며 화요 토닉과 먹는 맛은 각별하였다는 말을 남기고 싶다. 이런 순간이 더해지면서 화요 토닉이 필수품이 되었다. 국립극장에서 판소리를 보고 걸어 내려와 도달한 장충동의 횟집에서였다. 장충동 C횟집의 온후하신 아르바이트분 덕에 저상당히 행복했습니다.

카레와 와인

프랜시스 스콧 피츠제럴드가 생전 마지막으로 출간한 소설 『밤은 부드러워 _Tender is the Night_』는 리비에라 해안의 호텔이 배경인 소설답게 꽤나 나른하다. 나른하다고 한 것은 일단 호텔의 장밋빛 지붕이 수련처럼 썩고 있다는 묘사에다 인물들이 수영하고 먹고 마시는 게 주요 스토리인 소설이라서다. 물론 여기서 마시는 것은 술이다. 여기까지 보고 지루하다고 할 사람도 있고 흥미롭다고 할 사람도 있을 줄로 안다.

피츠제럴드의 가장 유명한 작품인 『위대한 개츠비』만해도 나름 박진감 넘치는 스토리 아니던가. 결혼해 아이까지 낳아 살고 있는 전 연인을 잊지 못해 가정을 파탄 내려는 남자가 개츠비고, 여기에 개츠비의 전 연인 데이지는 열렬히 화답하고, 개츠비는 갱스터와 유착되어 있고, 데이지의 남편 톰은 돈만 많은 무식하고 재수 없는 남자고, 개츠비와 톰 사이의 유치한 신경전과 스포츠카의 미칠 듯한 질주, 두 건의 비극적인 죽음 등등 자극적인 이야기로 넘쳐나지 않던가. 보는 관점에 따라 이제는 구시대의 유물이 되어 버린 아침 드라마보다 더 자극적일 수도 있다. 뭐랄까. 불꽃 튀는 소설이라고 해도 되겠다.

『밤은 부드러워』에는 불꽃은 없다. 불이 꺼진 후의 연기와 재 같은 거라면 몰라도 말이다. 소위 말하는 박진감 있는 스토리는 없는 것이다. 땀 흘리면서 일하고 뭔가를 얻기 위해 애쓰는 사람 대신 먹고 마시고 이야기하는 소설이므로. '휴양(지) 소설'이라는 명칭이 있지만 나는 그래서 이 소설을 일종의 판타지 소설로 보고 있다. 사람이 노동을 해야지 내내 놀고 마실 수만은 없는 거 아닌가? 소수의 귀족과 자산가 같은 유산 계급만 그럴 수 있을 테니 이런 소설을 읽는다는 것은 꿈을 꾸는 일일 수 있다. 뭔가 아는 사람들을 위한 판타지라는 것이 이 소설의 미덕이다. 정교하면서 운치가 있달까. 돈이 있다고 해서 다 리비에라 해안이 좋다는 걸 아는 것도 아닐 테고 이 소설 속 인물들처럼 먹고 마시는 걸 디테일하게 즐길 수 있는 것도 아니어서.

제목이 '밤은 부드러워라'로 번역되기도 했는데 어느 쪽이 더 좋은지는 모르겠다. 아시는 분도 있겠지만 이 책의 제목이 『밤은 부드러워, 마셔』가 된 것은 피츠제럴드의 이 소설에서 비롯되었다. 술 칼럼을 쓰기도 한 순간 이 제목이 나도 모르게 흘러나왔다. 이 사연은 『밤은 부드러워, 마셔』 1권에 써 두었는데 잠시 옮겨 보면 이렇다. "'밤은 부드러워, 마셔.' 한 번도 생각해 본 적이 없던 말인데 신기하게도 그 말이 들려왔고, 나는 그 말에 홀려서 칼럼의 제목으로 해야겠다고 생각했다. 그렇게 격주로 연재하는 칼럼의 제목은 '밤은 부드러워, 마셔'가 되었고, 이 책도 같은 제목을 따르게 되었다. 글들에 모두 밤과 부드러움, 그리고 마시라는 청유가 배어 있어서 그럴 수밖에 없었다."

이 소설의 디테일함은 이런 것이다. 계속해서 술을 마시는데 그냥 '닉은 하루 종일 맥주 열 병을 마셨다'라고 쓴다면 얼마나 하품이 나겠나. 책 속의 인물들은 아마도 작가인 피츠제럴드가 그러했듯이 어떨 때는 화이트 와인을, 어떨 때는 셰리를 마시는데, 각기 다른 안주와 마신다고 기술된다. 각기 다른 상황에서 각기 다른 사람과 각기 다른 시간에 마시는데 당연한 일 아니겠느냐고 할 수 있지만 이런 주제를 이렇게나 잘 다루는 사람은 그다지 많지 않다. 스콧 피츠제럴드의 이 소설을 읽다 보면 '이분, 꽤나 드셨군'이라며

나도 모르게 감탄하게 된다. 이런 방면으로 잘 아는 분은 희소하기도 하지만 그런 분 중에 술에 내내 빠져 있지 않고 이런 소설을 쓰겠다고 덤비는 분은 더 희소하기에, 난 그저 고맙다는 생각이 든다.

"모두 톡 쏘는 카레를 차가운 화이트 와인과 함께 먹는 듯한 식도락의 느낌으로 더위에서 시원함으로 옮겨 갔다."(『밤은 부드러워라』, 정영목 옮김, 문학동네, 2018) 톡 쏘는 카레를 차가운 화이트 와인과 마신 밤, 집에 돌아와 이 부분을 다시 읽었다. 이 부분을 읽다가 뭔가 왔기에 할 수 있던 호사다. 요즘 생기는 좀 세련된 스타일의 동남아 식당에서 자기네 음식과 어울리는 화이트 와인을 갖춰 두기 시작했다는 걸 알기도 했고. 기분 좋게 마시고 돌아온 밤 다시 책을 폈다가 놀랐다. 이들이 카레에 와인을 먹고 있는 게 아니어서다. 수영에 대한 비유를, 카레와 화이트 와인을 함께 먹는 것으로 하고 있었다. 더위에서 시원함으로 나아가는 장면을 말이다.

어떤 묘사는 경험하지 않고는 쓸 수 없다고 생각한다. 피츠제럴드가 톡 쏘는 카레와 화이트 와인을 먹었던 기억 없이 저런 문장을 쓸 수는 없는 것이다. 그가 음식과 술을 즐긴 사람이라는 것은 알았지만 인도 음식(이나 태국 음식으로 추정되는 톡 쏘는 카레)과 그에 어울리는 와인을 1930년대에

즐겼다는 게 신선하게 다가온다(『밤은 부드러워』는 1934년에 나왔다). 인도가 없었다면 영국의 국민 음식인 카레도 없었을 거라며, 그러면 영국 사람들은 뭘 먹고 살았겠느냐는 말이 있긴 하지만 피츠제럴드는 미국 사람 아닌가. 당시 미국과 유럽에도 인도 카레와 함께 와인을 파는 꽤나 이국적인 식당이 있었다는 말인데 나는 그 식당의 와인 리스트가 무척이나 궁금하다.

피츠제럴드가 쓰고 있듯이 '식도락의 느낌'을 아는 곳일 듯해 그렇다. 최근 한국에서도 와인을 파는 태국 식당이 늘어나고 있는데 미식을 즐기는 사람들을 위한 곳이라는 느낌이다. 프렌치와 이탈리언, 일식, 중식은 먹을 만큼 먹은 사람들이 타깃이라는 심증도 갖게 되었다. 태국에 가 본 적이 없는 나로서는 국내에서 먹어 본 태국 음식이 다인데, 나 정도 수준에서는 처음 접하는 종류의 태국 음식이 있었다. 베텔이라는 케일과 비슷한 느낌의 잎에 게살과 라임, 캐슈너트를 쌈처럼 싸 먹는 음식이었다. 음식은 만족스러웠는데 와인은 그에 미치지 못해 아쉬움이 남았다. 태국 음식의 특징인 아찔한 산미를 받쳐 줄 만한 찌르르한 와인이 없었다고 해야겠다.

그간의 기억을 떠올려 보면 신맛이 나는 음식에는 산미가 강한 와인이 좋았다. 그래서 리슬링이나 알바리뇨, 시칠리아 쪽의 산미가 강하면서 솔티한 와인이 어울릴 것이라고 생각했다. 루아르의 슈냉 블랑도 좋을 것 같았다. 색으로 치자면 황금빛 쪽이 아닌 그린 계열에 가까운 프루티하면서 영한 계열의 화이트 와인이. 하지만 모두 없었다. 소비뇽 블랑도 어울릴 듯했는데 샤르도네가 대부분이었고 소비뇽 블랑은 몇 개 안 되었다. 샤르도네의 둥그스름한 맛보다는 소비뇽 블랑의 뾰족한 맛이 어울릴 것 같았는데. 그 식당의 와인 리스트는 태국 음식에 어울리는 것들이 아니었다. 너무 관습적이었달까.

와인이 음식에 어울렸다면 얼마나 더 좋았을까라는 아쉬움을 갖고 집에 돌아와 그 책을 펼쳤던 것이다. 톡 쏘는 카레에 차가운 화이트 와인을 마신 순간의 느낌을 수영에 비유하는 부분을 그렇게 다시 읽었다. 이 부분을 읽는 순간 솔티하면서 산미가 있는 와인을 마실 때처럼 입안이 조여 오면서 다시 톡 쏘는 카레가 먹고 싶어졌다. 다음에는 라임을 듬뿍 뿌려 먹어야지라는 생각도 했다.

이렇게 독자로 하여금 생생하게 맛을 느끼게 한다는 것은 묘사를 잘했다는 말이다. 또 묘사의 재료로 쓰인 상황은 그에게 꽤나 특별했던 기억으로 보인다. 경험이 없다면 묘사도 없달까. 경험하지 못해 내가 하지 못하는 비유들에 대해 생각했다. 이를테면 나는 수영을 할 줄 모르고 앞으로도 할 가망이 없으므로 수영에 대한 비유는 영영 하지 못할 것이다. 하지만 삶은 진행 중이고, 경험도 진행 중이다. 이것이 비유에 대한 나의 관습적인 전망.

주룡시호

술 마시는 용과 시 짓는 호랑이

호텔방의 코폴라

1972년, 프랜시스 포드 코폴라 감독은 호텔방에 틀어박혀 영화 〈위대한 개츠비〉의 각본을 쓰고 있었다. 〈대부〉의 개봉 즈음이라고 하니 아마 2월이나 3월이지 않았을까 싶다. 나는 호텔방에 틀어박혀 〈위대한 개츠비〉의 각본을 쓰는 코폴라를 종종 생각한다.

엄청난 자본이 투여된 영화가 곧 개봉하니 꽤나 싱숭생숭했을 텐데 책상에 앉아 일을 하고 있는 그를 말이다. 책상이 아닌 침대에 등을 기대고 썼는지도 모르겠다. 어쨌거나 영화가 개봉하기 직전의 요동치는 마음을 새로운 작품을 쓰며 다스렸던 것이다. 〈대부〉는 엄청나게 성공하지만, 그도 아마 그럴 거라고 확신했겠지만, 아직은 그 확신이 현실로 이루어지지 않아 불안 수치가 가파르게 치솟았을 그때 말이다. 속사정은 모르겠다. 밀린 일이 많았을 수도 있고, 꼭 하고 싶었던 일일 수도 있다.

코폴라는 술을 마시며 각본을 썼을 거라고 생각한다. 호텔방은 술 마시기에 좋고 일하기에도 좋은 곳이니 일을 하면서 술을 마시지 않을 수 없었겠다고. 일이 안 되면 답답해서 한 잔, 일이 잘되면 기뻐서 또 한 잔. 코폴라가 영화 각본을 쓰던 호텔은 어디일까? 일본에는 작가들을 일시적으로 호텔에 감금(?)하고 원고를 받아 내는 전통이랄지 풍습 같은 게 있다. 이런 걸 '간즈메당한다'라고 하는데 간즈메란 통조림이라는 뜻이다. 간즈메 전용 호텔이 어디라는 걸 듣고 좀 놀랐는데, 내가 아는 곳이라 그랬다. 이 호텔을 내가 좋아할 거라고 추천한 사람이 세 사람이나 있었기 때문이다. 예약을 하려고 했을 때는 마침 호텔이 대대적인 개보수 공사에 들어가서 묵지 못했다는 슬픈 이야기.

다시 코폴라 이야기로 돌아와서. 코폴라가 술을 마시며 각본을 썼을 거라는 건 어디까지나 나의 상상이다. 술을 좋아하지 않거나 아예 마시지 않는 사람도 있으니까. 하지만 코폴라는 그런 사람이 아니다. 뒤에 자세하게 쓰겠지만 코폴라는 술을 좋아하는 것 이상인 사람이고, 〈위대한 개츠비〉든 〈대부〉든 술과 떼려야 뗄 수 없는 영화라 그렇다.

일단 〈위대한 개츠비〉에는 민트 줄렙을 만들어 마시려고 호텔로 몰려가는 장면이 나온다. 문제는 이 장면에서 정작 민트 줄렙을 마시지 않는다는 것이다. 술을 좋아하는 사람이 이 장면을 쓰는데, 호텔 신을 호텔에서 쓰고 있는데, 술을 마시지 않을 수는 없었을 거라고 나는 생각한다. 〈대부〉는 더하다. 와인이 거의 공기처럼 흐른다고 해야 할까. 〈위대한 개츠비〉에서처럼 특정한 술이 플롯에 이바지하지는 않지만 〈대부〉에서 와인은 아주 자연스럽게 코를레오네 일가와 함께 있다. 악어와 악어새처럼 나란히, 또 포개어져 존재한다고 해야 할까. 그래서 〈대부〉를 보는 나는 와인을 마시지 않을 도리가 없고, 와인을 마시면서 코콜라가 와인을 홀짝이며 〈대부〉의 각본을 썼을 거라고 생각하는 것이다. 그러지 않고서야 이렇게 와인을 마시고 싶게 만들 수는 없다고. 원작자인 마리오 푸조와 어떤 식으로 공동 작업을 했는지는 모르겠지만 말이다.

죽이는 장면만큼은 아니지만 〈대부〉에는 와인을 마시는 장면이 자주 나온다. 특정한 향기와 맛에 대해 묘사하며 음미하거나 특정한 빈티지를 마시거나 하지는 않는다. 와인은 그저 거기에 있다. 너무 자연스러운 나머지 영화를 보는 내내 와인 냄새가 떠도는 것 같다는 기분이 든다. 그런데 정신을 차리고 보면 화면 밖의 사람(그러니까 나)도 마시고 있다. 그렇게 이 영화를 보면서 마신 와인이 몇 병인지 모르겠다. 〈대부〉는 3편까지 있는 데다가 다시 봐도 지겹지가 않아여러 번 봤는데, '이번에는 마시지 말아야지'라고 스스로를다잡으며 영화를 플레이하지만 어김없이 와인을 따게 된다. 그들이 마시는 와인과 비슷한 걸 따고 싶지만 그냥 집에 있는 걸 딴다.

그들은 어떤 와인을 마시는가. 시칠리아 와인이다. 좋은 일이나 기쁜 일이 있을 때 코를레오네 패밀리는 시칠리아 와인을 마신다. 그도 그럴 것이 그들에게 시칠리아 와인이란 단지 술이 아니라 그들의 뿌리이고, 이 술을 마시는 것은 뿌리를 되새기는 일이라 그렇다. 코를레오네라는 그들의 성姓만 해도 시칠리아의 동네 이름이다. 떠나지 않으면 목숨을 부지할 수 없기에 시칠리아를 떠나 미국으로 오면서 원래의 성 대신 코를레오네를 성으로 삼았던 것이다.

이상하게도 〈대부〉를 보면서 시칠리아 와인을 마신 적은 없다. 프랑스의 론 와인이나 스페인의 리오하 와인, 이탈리아 와인이어도 토스카나나 움브리아의 와인을 마셨다. 코폴라 와인을 마신 적도 없다. 코폴라 와인이란 바로 코폴라가 만드는 와인이다. 코폴라는 2006년 캘리포니아 소노마 카운티에 있는 와이너리를 사서 코폴라 와인을 만들고 있다.

앞에서 '술을 좋아하는 것 이상인 사람'이라고 말한 이유다. 10년 전쯤에 코폴라 와인을 보고 '어, 그 코폴라?'인가 했는데 그 코폴라가 맞았다. 〈대부〉를 좋아하긴 하지만 '코폴라 감독을 좋아해요' 정도는 아니었는데 코폴라라는 이름에 마력이 있는지 한동안 자주 마셨다.

아는 아저씨가 하는 경양식집에서 코폴라 와인만 취급했었다는 게 떠올라 전화를 했다. 코폴라에 대한 팬심으로 코폴라 와인만 파는 건지 물었더니 아저씨는 말했다. "적당하잖아. 라벨도 이쁘고." 적당하다! 아저씨한테 그 말을 들은 후 '적당하다'라는 말에 대해 생각하고 있다. 적당이라는 건 정말 어려운 경지 아닌가 싶을 때가 있다. 밋밋하고 단조로워 보이기도 하지만 '평범'보다는 한 수 위인 느낌을 주면서 중용과 양보를 품은 게 '적당'이 아닌가 싶어서. 더 할 수 있는데 더 하지 않는 게 내가 생각하기에 적당인데, 이런 자제력은 흔치 않다. 남들보다 어떻게든 돋보이고 싶은 사람들 사이에서 적당한 사람이 더 돋보일 때가 있었던 것을 생각해 보면 적당의 힘이 만만치 않다는 걸 느낀다.

정말이지 코폴라 와인은 적당하다. 그래서 코폴라가 만든 〈대부〉를 보면서 코폴라 와인을 마시고 싶지는 않았던 것이다. 〈대부〉는 전혀 적당한 영화가 아니고, 어둡고 뾰족하고 슬퍼서 개성 강한 와인을 마셔야 할 것 같았으니까. 코폴라 와인은 지극히 미국적인 와인이고 어둡지도 예리하지도 않다. 사람으로 치면 웃음이 많고 아는 것도 좀 있고 서글서글한 느낌?

그러면 코폴라 와인은 언제 마시면 좋나. 아저씨의 식당처럼 경양식이나 햄버거, 그리고 불고기나 갈비에 어울리는 것 같다. 코폴라 다이아몬드 컬렉션 중 클라렛을 마시고서 이건 구운 갈비와 함께 먹어야 한다고 생각했다. 갈비를 먹을 때는 코폴라 클라렛이 없었고, 코폴라 클라렛을 마실 때는 갈비가 없었기에 정말 어울리는지는 모르겠다. 여러 종류의 코폴라 와인을 마셔 보았는데, 가장 상위 라인인 아르키메데스와 엘레노어는 마시지 못했다.

대부분 이름이 매우 간명한 코폴라 와인 중에서 튀는 하나가 엘레노어다. 몇 년 전에 코폴라의 부인이 영화를 찍었다는 걸 듣고 찾아본 적이 있다. 와인 영화였고, 감독의 이름은 엘레노어 코폴라였다. 그러니까 코폴라는 최상위 라인에 부인 이름을 붙였던 것이다. 참고로 내가 본 엘레노어의 영화는 세계적인 유명 영화 제작자의 부인이 남편 친구와 자동차로 론과 부르고뉴를 돌며 진귀한 와인을 맛보고 잠깐의 로맨스를 벌이는, 상당히 밋밋한 영화였다. '이건 픽션이랍니다'라고 아무리 해 봤자 영화에 남편으로 등장하는 유명 제작자를 그녀의 실제 남편인 코폴라와 떼 놓고 볼 수는 없다는 것을 알 텐데 왜 그랬을까라는 의문이 남았다. 세계적인 영화감독을 세계적인 영화 제작자로 바꾼 것을 나름 장치라고 두었겠으나.

내가 지금까지 한 이런 이야기를 재미로 나누면서 와인 모임에서 함께 마실 만한 와인이 코폴라 와인이기도 하다. '호텔방의 코폴라'를 떠올린 이유는 1월이라 그런 것 같다. 곧 아무것도 할 수 없는 2월이 올 것이므로 1월의 나는 긴장하고 있다. 사계 중에서 압도적으로 겨울을 좋아하지만 2월은 이상하게도 견디기가 힘들다. 어떻게 하면 2월을 잘 보낼 수 있을까 고민하다 저렇게 용맹정진하시는 분의 이야기를 떠올리게 되었다.

OSCAR WILDE

ABSINTHE

방사능 레모네이드

오스카 와일드가 말하길, 이 술을 마시면 술집 바닥에서 갑자기 튤립들이 자라나 정강이를 간질이는 듯했다고 한 술이 있다. 뭘까요? 압생트입니다. 위트 넘치는 절묘한 말들을 남긴 사람답게 이 말에도 그만의 인장이 있다. 튤립이 간지럼을 태우는 느낌은 어떤 걸까 상상하지 않을 수 없다. 아무리 튤립의 줄기와 이파리가 낭창낭창하다지만 과연 간지러울까 싶다. 하지만 이런 건 엄밀하게 따지지 말지어다. 이렇게나 귀여운 위트를 개발한 자에게는 정밀함을 버릴지어다. '시적 허용'이라는 단어를 아는 교양인들답게 왼쪽으로 한번 쓰러지고 넘어가 줄지어다.

압생트에 관련된 말이나 일화 중에 이 '튤립 간지럼설'이 가장 내 취향이다. 압생트에 대한 다른 말들은 너무 들떠 있거나 극적이라서 부담스럽다. 그림에 대한 말들도 부담스럽기는 마찬가지. 툴루즈로트레크는 열락 상태의 무희의 춤과 더불어 압생트를 찬양하는 그림을 그렸고, 압생트를 좋아하기로 유명한 반 고흐도 압생트를 그렸는데 아마 압생트를 마시며 그렸을 테고, 심지어 고흐가 귀를 자른 것은 압생트 때문이라는 설도 있다. 고흐가 귀를 자른 일만큼이나 현란한 사건 사고가 압생트를 마신 사람들에게 벌어졌고, 그 결과 압생트는 금지되기에 이른다.

100년 가까이 그랬다. 70도가 넘는 고도주인 데다가 압생트의 재료인 웜우드에 들어 있는 성분이 신경을 마비시키고 환각을 보게 한다는 주장이 무수한 사고들에 더해져 그랬다. 그러고 나서 100년 가까운 시간이 지나서야 압생트는 용서받을 수 있었다. 압생트를 둘러싼 사건 사고들이 압생트에 신비를 드리워서인지 압생트를 다시 만들겠다고 나선 사람들의 면면도 현란하다. 그중 한 분이 매릴린 맨슨이고, 또 그분이 압생트 브랜드를 출시하면서 반 고흐를 오마주한 광고를 제작했다거나 하는 등등의 이야기가 너무나도 많다.

압생트가 사라졌던 동안 압생트를 대체한 술이 있었으니, 파스티스다. 금지된 웜우드가 아닌 다른 약초들을 넣고

40도쯤으로 비교적 약하게 만든 술이다. 얼마나 신뢰할 수 있는 설문인지는 모르겠으나 프랑스에서 와인 다음으로 많이 마시는 술이 파스티스라고 한다. 프랑스어 사전에 파스티스를 검색하면 나오는 예문들을 보면 정말 그런가도 싶다. "모든 마르세유 사람은 파스티스를 마셔요." "프랑스에서 파스티스가 유명해요."

모든 마르세유 사람이 파스티스를 마신다는 예문은 아마 파스티스 제조사나 홍보사에서 만들었을 가능성이 크다고 생각한다. 파스티스 중 유명한 브랜드인 리카르와 페르노가 모두 마르세유산이고, 이들은 거의 홍보의 신이 아닐까 싶기에. 내가 리카르에서 만든 판촉물로 파스티스를 인지해서 그렇게 생각할지도 모른다. 리카르에서 만들어서 프랑스 전역에 뿌렸던 재떨이, 보름달처럼 동그스름한 노란색 피처, 성냥과 라이터 모두 근사하지만 압권은 가방 안에 들어 있는 파스티스 피크닉 세트다. 손잡이 부분에 나무를 덧댄 노란색 양철 캐리어는 여섯 부분으로 구획되어 있는데, 가운데 한 칸에는 파스티스를 희석해 마실 수 있는 카라페가, 왼쪽 두 칸과 오른쪽 두 칸에는 미니 고블릿형의 파스티스 잔 네 개가 있다. 가운데 비어 있는 한 자리는 파스티스를 위한 자리! 10년 전 파리의 벼룩시장에서 보고 발길이 떨어지지 않았는데 이렇게 아직도 생각하고 있다.

아니 에르노의 부모는 노르망디 지역의 소도시에서 잡화점을 했다는데, 그의 소설에도 파스티스가 나온다. 돌아가신 아버지는 위층에 누워 있는데 아래층에서 어머니는 여전히 파스티스와 와인을 팔고 있었다는 식으로. 본인이 겪은 일만을 소설로 쓴다는 작가이기에 아마 실제로도 그랬을 것이다. 그리고 아니 에르노는 언젠가 이를 소설에 써야지라고 생각했을 것이다. 희미하게 웃었을지도 모른다.

그가 노벨문학상을 받은 날 이 책을 폈다가 내가 파스티스에 밑줄을 긋고 물음표를 적어 두었다는 것을 발견했던 것이다. 그때의 나는 파스티스를 몰랐지만 지금의 나는 안다. '모방한다'라는 뜻을 가진 파스티슈pastiche에서 파스티스pastis라는 이름이 나왔다는 것도. 파스티스가 모방을 하는 대상은 당연히 압생트. 파스티스는 프랑스에서 압생트가 판매 금지된 이후 마르세유에서 만들어져 마르세유를 넘어 전국적인 인기를 얻었다. 이 정도면 모방을 뛰어넘었다고 해도 될 정도다.

압생트와 파스티스 모두 프랑스적인 술이다. 프랑스의 국민 음용주 같은 느낌이랄까. 아니스, 회향, 리코리스 등이 혼합된, 약초와 허브 맛이 강하게 나면서 입안에서 거의 폭발하다시피 하는 초록색 술을 어떻게 그렇게 많은 사람이 좋아할 수 있는지 신기하다. 허브와 온갖 향신료를 좋아하는

나로서는 극호이지만 오이 이상으로 호불호가 강한 것들로
만 이루어진 술이 이토록 대중적일 수 있다니.

여기서 떠오르는 한 장면. 베를린에 있을 때였다. 리코
리스(서양 감초라고들 한다) 사탕이나 아니스 사탕을 주면 독
일인들은 그런 걸 먹느냐며 오만상을 찌푸리곤 했다. 그런
걸 먹는 사람은 극히 드물다고 했었나? 내가 궁금한 건 이거
다. 독일에서는 거의 비난받을 정도의 특이한 취향이 어떻
게 프랑스로 가면 보편이 되는지.

압생트로 시작해서 파스티스 이야기를 이렇게 장황하
게 하고 있는 것은 그럴 수밖에 없는 사연이 있어서다. 집
에 있던 압생트를 어딘가로 보내서 그랬다. 말하자면 긴 얘
기가 될 텐데… 시인 K가 압생트가 어떤 맛일지 궁금해했다
는 이야기를 듣고 가만히 있을 수 없었다. 참고로 K는 현세
적 욕망이 거의 없는 분이라 더. 나는 K와 왕래하는 사이가
아니지만 그 조용하고 샤이한 K가 "압생트는 무슨 맛이려
나?"라고 했다는 걸 듣자 보내기로 했다. 보내기 전에 아주
작은 샷 잔에 압생트를 따랐다. 형광 초록색의 그 술은 아주
독하고 달면서 짙은 민트 향이 났다. 원액을 약간 마신 후,
물을 타서 마셨다. 형광 초록색이 물에 풀리면서 이국적인
바다 색이 났다. 작은 이별 의식이었다.

그러고 나서 파스티스를 사러 갔다. 압생트를 구하려면

구했겠으나 어쩐지 파스티스로 압생트를 대체하고 싶었다. 기이하게도 압생트를 보내고 나니 파스티스가 마시고 싶어졌던 것이다. 사람들이 그리 많이 마시지 않을 듯한 이런 증류주를 살 때는 남대문으로 간다. 남대문시장의 대도종합상가에 모여 있는 주류상으로. 리카르나 페르노, 또 주류상에서 보유하고 있는 파스티스 중에서 느낌이 오는 걸로 고르려고 했었다. 그런데 웬걸… 리카르도 없었고, 다른 파스티스도 딱히 없었다. 페르노만 있었다. 그것도 딱 한 가게에만. 생각보다 더 반도의 술꾼들이 찾지 않는 술이라는 것을 알게되었다. 페르노와 같이 산 다른 증류주를 들고 나오며 페르노가 있는 것도 얼마나 다행인가라는 생각이 들었고. 외국에 나가지 않고서는 페르노를 마시는 것도 쉽지 않은 일임을알게 되었다.

오랜만에 마시는 파스티스는 내 기억 속의 파스티스와달랐다. 압생트와 색이 거의 비슷한 형광 초록이라고 생각했는데, 그건 망탈로menthe à l'eau였나 싶다. 너무 오랜 시간이지나서 망탈로와 헷갈렸을 수도 있다. 민트 시럽에 생수나탄산수를 타서 먹는 음료가 망탈로다. 파리에 있는 한 달 내내 그걸 마셨다. 거의 모든 테이블에서 그걸 마시고 있는데, 빛을 투과해서 영롱하게 빛나고 있는 그 초록색들을 보다 보면 저걸 달라고 하지 않을 수 없었다.

잔에 따른 페르노는 형광 연두색에 가까웠다. 압생트의 형광 초록이 투명한 쪽이라면, 페르노의 형광 연두는 불투명한 쪽이라는 것도 달랐고. 압생트는 물에 타면 형광 초록의 형광기가 빠지면서 모로코 바다(?) 색이 되었는데 페르노에 물을 탔더니 레모네이드와 비슷한 색이 되었다. 레몬을 짜서 만든 레모네이드가 아니라 레모네이드 가루를 타서 만드는 유사 레모네이드의 색이.

어떤 시각으로 보아도 색깔은 압생트보다 못했다. 압생트의 초록색을 보고 있으면 왜 그렇게 파리의 예술가들이 '초록 요정'이니 '초록의 시간'이니 하며 압생트를 신비화했는지 알 듯한 기분이 드는데, 페르노는 좀…. 페르노를 좋아할 수는 있어도 페르노의 색은 좋아할 사람이 많지 않아 보인다. 미국의 시인 메리 루플은 산문집 『나의 사유 재산』 (박현주 옮김, 카라칼, 2021)에서 페르노를 이렇게 묘사한다. "색이 너무 선명해서 마치 방사능을 발산하는 듯 보이는 술을. 페르노, 그것은 페르노였다."

방사능을 발산하는 듯 보이는 술에 물을 타면 레모네이드가 된다니, 이것은 환상인가 기담인가 생각하며 그 불투명한 레모네이드를 마셨다.

뤼슈와 슈탕에

맥주를 그다지 좋아하지 않는다. 오랫동안 그런 줄 알고 살아왔다. 나는 다른 건 몰라도 술 앞에서는 진실한 사람이므로 맥주를 그다지 좋아하지 않는다고도 말해 왔다. 물론 좋아하는 사람이 맥주를 좋아한다고 하면 굳이 맥주를 좋아하지 않는다고 하지 않았다. 맥주를 마시자고 하면 마셨다. 그때의 내가 진실하지 않았던 건 아니고 역시 진실했기 때문에 그랬다. 맥주를 좋아하지 않는 감정보다 그 사람의 세계에 나란히 있고 싶은 감정이 컸다.

혼자 맥주를 마시지 않은 것도 아니다. 여름철에는 더위와 습기를 식히려고, 또 겨울철에는 과한 난방으로 인한 열기를 잠재우려고 마셨다. 맛있어서 마셨던 적은 별로 없다. 그저 시원했다. 그러니까 내게 맥주란 맛이나 풍취로 마시는 술이라기보다는 체온 조절 기능을 하는 가정상비약의 느낌이었던 것이다.

그랬던 나는 어떻게 맥주를 좋아하게 되었나. 라거만 맥주가 아니라는 것을 알게 되면서다. 바이젠을 시작으로 세종, IPA, 에일, 고제, 람빅, 발리 와인, 그리고 온갖 재료와 온갖 기법으로 크래프트 브루어리에서 만든 맥주들을 접하면서 그렇게 되었다. 그리고 독일 맥주와 미국 맥주를 비고하고, 또 독일 맥주와 벨기에 맥주를 비교하고, 수도원 맥주와 트라피스트 맥주가 어떻게 다른지 알게 되면서 그렇게 되었다. 세상에는 엄청나게 다양한 맥주가 있고 또 그만큼의 세계관, 그러니까 맥주관이 있다는 걸 알게 되면서 그렇게 되었다. 세상에 그렇게나 다양한 맥주가 있는데 맥주를 좋아하지 않는다는 건 아니 될 말이었다.

최근에는 쾰슈가 내게로 들어왔다. '들어왔다'고밖에 할 수 없는 전개다. 시작은 합정에 있는 어느 식당에 간 것이었다. 볼로냐식 만둣국을 하는 식당에서 K를 기다리는데 쾰슈가 있는 게 아닌가? 그것도 쾰슈 생맥주가. 참지 못하고 시켰다. 참고로 나는 누군가를 기다리면서 먼저 무언가를 시키는 사람은 아니다. 그건 좀 같이 먹기로 한 사람에 대한 예의가 아닌 것 같아서. 배가 고파 못 견딜 정도면 다른 데서 미리 먹고 오고, 술이 마시고 싶어 어쩔 줄 모르겠으면 역시 다른 데서 식전주를 하고 온다. 어쨌거나 내가 맥주를 시켰다는 것은 매우 이례적인 일이었다. 아마도 '맥주는 배가 부르다'라는 생각에 주문을 주저하게 되는 것 같다. 그런데 왜 나는 쾰슈를 시켰는가?

쾰슈라서다. 라거나 바이젠이었다면 시키지 않았을 거다. 그것도 쾰슈 생맥주. 한국에 있는 업장에서 쾰슈는 흔하지 않은 데다 생맥주는 처음 봤다. 게다가 그 식당에서는 맥주는 오로지 쾰슈 생맥주 하나만을 취급했다. 이쯤 되면 '우리 식당 만둣국에는 쾰슈만 한 게 없어요'라는 무언의 외침으로 느껴지는 것이다. 물론 아닐 수도 있지만 나는 그렇게 생각하고 싶다. 어쨌거나 나처럼 마음이 약하면서 이런 진실된 외침(이라고 생각하는 외침)을 감지하는 사람은 피하기가 힘든 장치다. 덫이라고 해도 되겠다. 기꺼이 걸려 주고 싶은 덫.

나도 모르게 한숨을 쉬었다. 막대기처럼 얇고도 긴 잔에 나온 쾰슈가 마음에 들어서. 이 얇고 긴 잔이 쾰슈의 전용 잔으로 보였는데 잔 또한 내 스타일이었던 것이다. 매끈한 직선이 불러오는 도시적인 감수성에 눈이 즐겁기도 하지만 다른 이유도 있다. 나름 과학적인(?) 이유다. 이렇게 얇은 잔은 구연부라고 하는 입술에 닿는 부분도 지극히 얇을 수밖에 없기에, 와인 잔에 가까운 얇은 유리잔에 술을 마시면 호사스러운 기분이 든다. 이런 잔은 커지면 멋이 떨어지는데 300ml 사이즈라 딱이었다.

쾰슈를 한 모금 마시고서 생각했다 어떤 맥주를 좋아하느냐고 묻는다면 '쾰슈요'라고 하겠다고. 그런 질문을 받을 때면 그 시즌에 마시는 맥주를 말해 왔는데 무조건 쾰슈라고 말해야겠다고. 제가 일방적으로 쾰슈에게 한 우정의 서약(?) 같은 것이랄까요.

유난히 덥고 습한 날이라 쾰슈가 더 맛있었을 수도 있겠다고 생각했다. 찜통 같은 날씨에는 비터 오렌지라든가 버르가모트 같은 시트러스 향수가 최적인 것처럼 이런 날에는 쾰슈가 최적이라고. 비터함은 기본에, 프루티하면서 샤프하달까? 테이스팅 노트를 적고 보니 내가 좋아하지 않을 수 없는 맛이다. 이런 생각까지 했다는 것은 쾰슈의 여운이 오래 갔다는 말이다. 필스너나 라거도 덥고 습한 날씨에 어울리지만 최적까지는 아니다. 거기에는 프루티함은 없기에 발끝이 들리지는 않는다. 쾰슈에는 산미는 없지만 시트러스류 과일이 스치고, 달지 않고, 맑고 썼다고 복기하면서 깨달은 점이다. 맞다. 나는 쾰슈의 냄새도 마음에 들었다. 쾰슈에서 나는 시트러스 냄새에 마시기 전부터 사로잡혔다.

며칠 후 결정적 사건이 벌어진다. 두둥! 쾰슈의 도시 쾰른에 다녀온 Q로부터 쾰슈 전용 잔을 선물 받은 것이다. 여름 휴가철이라 공연장이 모두 닫은 쾰른에서 그는 날마다 쾰슈를 마셨다고 했다. 다른 맥주가 없었던 것은 아니지만 쾰른의 맥주가 쾰슈인 데다 쾰슈의 신선함이 인상적이었다고. 200ml 잔에 쾰슈를 먹는데, 얇고 긴 이 잔을 내가 좋아할 것 같아 사 왔다고 했다. 역시 뭘 좀 알아서 내가 좋아하는 Q. 포장을 푸는 순간의 행복감에 대해 어떻게 말할 수 있을까? 200ml 전용 잔은 합정 식당에서 내가 마신 300ml 전용 잔보다 우월했다. 이렇게 아름다운 잔에 쾰슈를 마실 생각을 하니 마음이 부풀었다.

그 잔을 부르는 이름까지 따로 있었으니, '슈탕에Stange'다. 막대기나 기둥이라는 뜻의 독일어. 작은 내 손에도 쏙 들어오는 슈탕에를 쥐고 쾰슈 무드에 젖을 생각을 하니 어찌나 행복하던지요. 행복이 별건가 싶었다. 내가 좋아하는 술을 내가 좋아하는 잔에 마실 생각만으로도 이 정도로 좋다니. 이렇게 내용과 형식의 조화를 이룰 때 나는 지극히 행복해진다. 빈 슈탕에를 보니 역시 쾰슈 전용 잔답다고 생각할 수밖에 없는 날렵한 미감이 있었다. 작고 날씬한 막대기 같은 슈탕에의 가장 큰 매력은 역시나 아찔한 구연부다.

어느 노래를 떠올리며 특정 시절을 자동 재생하는 사람

들을 부러워했는데 나도 이제 비슷한 걸 할 수 있게 되었다. 어떤 술을 떠올리면 특정한 시기가 떠오르게 되었으니까. 좋아하지 않는 줄 알았던 맥주마저도 내 일상으로 들어와 특정한 맥주를 떠올리면 어느 시기가 떠오르게 되었다. 바이젠과 IPA와 고제로 상징되던 어느 시절을 지나 이제는 쾰슈의 시절을 살고 있다. 그렇게 더위와 습기 사이에 쾰슈를 끼워 넣는 일상을 보내는 중.

스몰 토킹 유니버스

원제가 'Paris Trance'인 제프 다이어의 소설 『내가 널 파리에서 사랑했을 때』를 읽다가 웃긴 장면을 봤다. 파리에 살러 온 런던 남자가 파티에서 처음 본 여자에게 브라질 분이냐고 묻는데 여자는 아니라고 한다. 여자는 남자에게 그러는 당신은 브라질 분이냐고 묻는데, 그도 아니라고 한다. 이 남자가 덧붙이는 말은 이랬다. 브라질 술은 참 좋아한다고. 그러면서 말하는 게 카이피리냐다.

아마도 카이피리냐를 아니까 웃음이 났겠지. 그게 전부는 아닌 것 같다. 미숙한 시절, 누군가에게 했던 바보 같은 말들이 떠올랐던 것이다. 내가 들었던 바보 같은 말들도. 나는 왜 그렇게 지적 수준이 의심될 만한 말을 했던 걸까. 그들은 왜 그렇게 한숨이 나올 정도로 한심한 말을 했던 걸까.

카이피리냐는 그 후로 등장하지 않는다. 남자는 이런저런 술을 많이 마시는데 카이피리냐는 마시지 않는다. 나는 생각했다. 브라질 술인 카이피리냐를 좋아한다는, 성의 없이 막 던진 듯이 들리는 저 말 대신 어떤 말을 했어야 할까라고. 진실된 말까지는 됐고 최소한의 위트와 교양, 공감력이 있어서 '스몰 토킹'을 할 만한 상대로 보일 만한. 축구를 안다면 네이마르나 펠레를 좋아한다고 말해도 좋았을 것이다. 나라면 어떻게 했을지 생각해 봤다. 브라질 여자의 환심을 사려는 런던 남자의 처지라면 어떤 말을 해야 했을까? 나라면 '브라질풍의 포르투갈어'를 좋아한다그 말했을 것이다. "에 빠우, 에 뻬드라, 에 우 삥 두 까밍유." 아니면 이렇게 보사노바의 앞 소절만 부른 후 남자를 봤을 것이다.

아니면 카이피리냐에 대한 이야기를 했다면 어땠을까? 칵테일 이름에는 웃긴 조어들이 많고, 웃긴 일화들이 많다. 진짜인지 가짜인지는 중요하지 않고, 그 이야기를 하면서 그 술을 마실 수 있다는 게 중요하다. 하나의 칵테일에 하나 이상의 이야기가 있는 것이다. 카이피리냐 이야기를 하면서 카이피리냐를 마시는 사람들이 전 세계에 있다는 게, 그들이 동 시간대에 존재한다는 게 재미있지 않나? 누군가에게는 조잡한 이름으로, 또 조잡한 이야기로 여겨질 수도 있는 게 어딘가에서는 스몰 토킹 유니버스를 잠식하고 있는 것이다. 상대적이고도 절대적인 인생의 신비여….

무슨 뜻인지 모르기에 그저 신비로운 카이피리냐Caipiriñha인데 알고 보면 '촌뜨기 아가씨'라는 뜻이다. 카이피라caipira에서 왔다고 한다. 카이피라를 포르투갈어 사전에서 찾으면 '미개간지의 주민, 시골뜨기, 촌뜨기' 등이 나온다. 여기에 소녀라는 의미의 어미를 붙여 카이피리냐가 되었다는 게 정설이다. 왜 구태여 소녀라는 뜻을 더해 '촌뜨기 소녀'를 칵테일 이름으로 했는지 의아하다. '촌뜨기'보다 '촌뜨기 소녀'가 뭔가 더 칵테일 이름 같긴 한데, 그래도 너무 조야하지 않나 싶다. '서양 약탈자 남성'의 시각에서 본 '남반구 피약탈자 여성'을 상기시키는 이름이라 찝찝한 면도 있다. '카이피리냐'라는 발성은 감미롭기는 하지만.

제프 다이어 소설의 저 대목이 카이피리냐를 둘러싼 이런 문화적 맥락 아래 쓰인 건지는 모르겠다. 그러니까 처음 본 브라질 여자에게 '촌뜨기 소녀'를 좋아한다고 말하는 런던 남자는 완전히 별로인 것이다. 나는 시대착오적이며 촌스러운 데다 사려 깊지 못한 사람이라고 밝히는 꼴이니까. 브라질 여자가 언어에 민감하지 않고 이런 맥락에 불쾌감을 느끼지 않는 사람이라면 뭐 할 말이 없지만.

칵테일 레시피라는 게 이래도 좋고 저래도 좋은 가변적인 룰이지만 카이피리냐를 제조하는 데 변하지 않는 법칙이 있다면 카샤사를 넣는다는 점이다. 카샤사와 라임, 설탕, 얼음. 이게 전부다. 카샤사가 없다면 카이피리냐를 만들 수 없다. 카샤사 대신에 럼을 넣은 것은 '카이피리시마Caipirissima', 보드카를 넣은 것은 '카이피로스카Caipiroska'라고 부르니까.

카샤사란 무엇인가. 럼과 비슷해서 브라질 럼'이라고 불리지만 럼은 아니다. 사탕수수를 원료로 한다는 것은 동일하지만 카샤사는 카샤사다. 둘은 주조 방법이 다르다. 럼은 사탕수수로 설탕을 만들고 남은 부산물인 당밀을 증류한 것이고, 카샤사는 사탕수수의 즙을 발효해 만든다. 재료도 비슷한 것 같지만 다르고, 주조법도 다르다.

브라질에서 가장 많이 먹는 술이 카샤사라는 걸 알고 나니 여기저기서 카샤사가 보였다. 앞에서 니가 환상 속에서 읊조린 앙토니우 카를루스 조빙의 노래 〈3월의 물〉에도 카샤사가 나온다. 그 부분만 가져오면 이렇다.

> 그것은 물고기, 그것은 제스처, 그것은 빛나는 은
> 그것은 아침의 빛, 그것은 날아 오고 있는 벽돌
> 그것은 장작, 그것은 낮, 그것은 좁은 길의 끝
> 그것은 카샤사 술병, 대로 위의 큰 조각

특유의 유음과 비음이 가득한 브라질풍의 포르투갈어로 부르는 이 노래는 소리만으로도 아름다운데, 번역한 것을 보면서 들으니 더 좋았다. 게다가 카샤사가 나오는 노래라니. 이 노래에서 '카샤사 술병'에 해당되는 가사는 '가하파지 까나garrafa de cana'다. 직역하면 '사탕수수 술병'이라는 뜻. 내가 오로지 카이피리냐를 만들기 위해서 산 카샤사 51에도 'Sugar Cane Spirit'이라고 쓰여 있다. 그러니까 '사탕수수 술'이라고.

내가 가진 카샤사 술병에는 카이피리냐 제조법이 쓰여 있다. 카샤사 50ml에 설탕 2티스푼, 라임 1개, 얼음이 재료의 전부다. 여덟 조각으로 자른 라임에 설탕을 넣고 짓이기다가(전문 용어로는 '머들링'이라고 한다) 술과 얼음을 부어주면 끝이다. 복잡한 재료도 없고, 복잡한 기술도 없다. 한국 술에 군이 비교하자면 설탕을 넣은 레몬 소주랄까. 카샤사와 소주는 다르고, 라임과 레몬의 맛도 다르지만.

쓰고 보니 좀 심했다는 생각이 든다. 칵테일과 비교하는 게 좋겠다. 모히토보다는 진하고, 다이키리보다 달다고 하면 적당할까? 모히토와 다이키리는 둘 다 럼을 기주로 하는 술로, 라임을 넣는다. 모히토에는 민트와 탄산수도 넣지만, 그럭저럭 이 셋이 비슷하다고 할 수 있다. 모히토와 카이피리냐는 잔 안에서 직접 머들링을 하고 다이키리는 셰이커에 얼음을 가득 채우고 흔든다는 것도 다르지만.

　비슷한 재료로 만들어 맛이 비슷할 것 같지만 카이피리냐와 모히토, 다이키리는 절대로 같지 않다. 민트를 넣거나, 머들링을 하거나, 셰이킹을 하는지에 따라서 달라진다. 어떻게 보면 아주 작은 차이나 변주에 의해서 완전히 다른 존재가 된다. 적절한 예인지는 모르겠으나 무를 예로 들어 보면, 넓적한 양배추용 채칼로 얇고 넓적하게 슬라이스한 무와 깍두기용으로 깍둑썰기한 무는 완전히 다른 존재이지 않나?

　나는 칵테일을 만들면서 아주 소박한 진실을 깨닫곤 한다. 뭔가를 더하거나 뭔가를 빼면 뭔가가 달라진다. 인생에 대한 비유로도 보이는데, 곤란한 것은 내 인생은 내가 볼 수 없다는 점이다. 상대적이고도 절대적인 인생의 신비여….

피노 푸들의 진심

고기 와인을 마셨다. '고기'라는 이름의 피노누아를. 'Gogi'라고 쓴다. 고기 와인을 가져오신 분이 고기와 먹는 와인이라는 설이 있다는 농담을 하셨지만 웃지 못했다. 농담을 전해 주신 분도 어불성설이라는 투로 피식 웃으면서 말씀하셨기에 더 그랬다.

게다가 고기 와인은 고기와 어울리는 와인은 아니었다. 스테이크나 불에 구운 고기처럼 강한 테스토스테론을 뿜어 내는 고기라면 말이다. 그보다 좀 더 섬세하고 자기주장이 그리 강하지 않은 음식과 마셔야 할 것 같았다. 사람으로 치자면, 자기를 뽐내기보다 남의 말을 듣는 데 더 관심이 많고 호기심이 많지만 좀 자제할 줄 아는 영특한 유형이랄지.

　이 미국 와인은 내가 아는 미국 와인과는 좀 달랐다. 투명함이 감도는 가넷빛을 띠었고 제비꽃과 장미꽃 향이 났으니까. 향을 맡으면서, 나는 "본 로마네 같은데요?"라고 했는데 맛마저도 부르고뉴의 본 로마네를 떠올리게 했다. 미국 와인을 마시면서 부르고뉴를, 부르고뉴 중에서도 본 로마네를 떠올린 것은 드문 일이라서 신기했다. 그런 일은 거의 일어나지 않는다. 부르고뉴 와인을 미국 와인으로 착각하거나 미국 와인을 부르고뉴로 착각한다든가 하는 일은. 계열이 달라서 그렇다. 미국 와인이 리치하다면 부르고뉴 와인은 델리케이트하달까. 특히나 본 로마네는 부르고뉴 중에서 가장 부르고뉴적인 와인이라서 더 그렇다. 부르고뉴의 정수랄지. 부르고뉴 와인에 그리 정통하지 못하지만 본 로마네를 마시는 순간 알았던 것이다. 아, 이 와인이 보여 주는 퍼포먼스가 부르고뉴 와인이 추구하는 정신이구나.

　부르고뉴의 샤르도네와 나파밸리의 샤도네이, 부르고뉴의 피노누아와 나파밸리의 피노누아는 같은 품종으로 만들지만 참으로 다른 뉘앙스를 가져서 어떻게 이럴 수 있는지 마실 때마다 놀란다. 유사한 DNA를 가졌지만 다른 환경에서 자라면서 완전히 다른 삶을 살게 되는 이란성 쌍둥이를 보는 느낌이랄지. 역시 와인은 포도의 품종보다는 밭과 기후가 결정적이라고 느끼면서 사람 또한 그렇겠다고 느낀다. 쌍둥이 조카가 생기면서 쌍둥이에게 환경과 기질이 어떻게 작용하는지 관심이 더 커지고 있는데, 와인보다 복잡한 사람은 오죽할까 싶은 생각이 든달까. 물론 환경만큼이나 중요한 것은 기질이고, 환경과 기질은 충돌할 수 있으며, 모든 사람에게 좋은 환경이란 없다는 것을 알기에 더 복잡한 문제….

　늘 미국 와인은 참으로 활달하다는 생각을 하곤 했다. 그런데 고기 와인에서는 내가 활달하다고 생각하던 미국 와인과는 좀 다른 뉘앙스가 느껴졌던 것이다. 이 와인은 발음 말고도 이야깃거리가 풍부한 와인이다. 배우 커트 러셀이 만든 와인이라서. 커트 러셀이 누구인가? 마초의 대명사 아닌가? 하지만 조롱당하고 징벌당하는 이상한 마초라 구시대 마초와는 달리 여전히 유효한 마초. 그가 어떤 사람인지는 모르겠으나 연기하는 배역과는 다른 이렇게 섬세한 와인을 만들었다는 것이 일단 놀라웠다. 자신이 만드는 와인에 직설적으로 코폴라라는 이름을 붙인 코폴라 감독과는 다르게 커트 러셀은 자기 이름을 쓰고 싶지 않았던 것 같다. 그래서 '러셀'이라는 이름 대신 한국어로 '고기'라고 발음되는 'Gogi'를 붙였다. 굳이 본인의 이름을 붙이지 않아도 이렇게 다 알려져 '커트 러셀 와인'이라고 불리지만 자기 이름을 브랜드로 쓰는 것과 안 쓰는 것 사이에는 차이가 없다고 할 수 없다.

그래서 'Gogi'가 무슨 뜻인지 알아내야 했다. 본인의 어
릴 적 별명에서 따왔다는 말뿐 어째서 'Gogi'인지는 알 수
없었고, 나 같은 사람은 이런 걸 알아내지 못하면 병이 난다.
그러다 마침내 알게 되었다. 미국 쇼 프로그램에 나온 커트
러셀이 자신의 미들 네임을 제대로 발음하지 못해 사람들에
게 'Gogo'라고 말했고, 이후 가족들이 그를 'Gogi'라고도 불
렀다고 한다. 그의 미들 네임은 'Vogel'인데 이게 발음하지
못할 정도인가 싶지만 알게 되어서 매우 기뻤다. 그의 누나
들은 그를 'Gogi, Goge, Gogo' 등으로 불렀다고 한다. 강아
지, 강지, 강쥐처럼 누군가를 귀여워하며 부르는 호칭이었
던 것이다.

그가 아직도 함께 살고 있는 골디 혼들 역시 배우였던
본인의 아버지에게 소개하던 날의 일화도 재미있다. 커트
러셀의 아버지가 아들을 'Gogo'라고 부르자 골디 혼이 깜짝
놀라며 "내가 Gogo인데?"라고 했다는 이야기. 그녀의 이름
은 골디니까 충분히 'Gogo'로 불렸을 법하다. 어쨌거나 둘
다 'Gogo'나 'Gogi'라는 아명으로 불린 시절이 있었다는 걸
확인한 두 연인이 서로를 더 운명이라고 생각했겠다 싶었다.

고기 와인은 참으로 인상적이었고, 그래서 커트 러셀이
궁금해진 나는 얼마 후 그가 주연으로 나온 영화 중에 쿠엔

틴 타란티노 감독의 2007년작 〈데쓰 프루프〉를 찾아보았다. 원제는 'Death-Proof'로, '죽음으로부터 안전한' 또는 '죽음을 막는'이라는 뜻이다. 워터 프루프water-proof는 방수, 불릿 프루프bullet-proof는 방탄이라면, 데쓰 프루프는 방사防死라고 해야 할까. 영화에서 그는 보닛에 '데쓰 프루프'라고 쓰인 차를 타고 다니며 아름다운 여자들을 차로 살해하는 역할이다. 요즘 영화에서는 잘 볼 수 없는 테스토스테론이 넘쳐나는 마초를 연기하는 그를 보며 저런 남자들이 추앙받는 시대가 있었다는 게 전생의 일처럼 느껴졌다. 영화에서 그는 많이 우스운 마초이긴 하지만. 비뚤어진 욕망을 실현한 대가로 중상을 입고 병원에 입원한 그를 보며 '본인만 데쓰 프루프'라는 걸 알 수 있었다.

　그런데 이게 웬일인가. 영화를 보고 나서 고기 와인 홈페이지에 갔다가 〈데쓰 프루프〉 때문에 고기 와인이 만들어졌다는 걸 알게 되었다. 샌타바버라 카운티 북부에 있는 샌타리타힐스에서 〈데쓰 프루프〉를 촬영하는 동안 그토록 사랑한 부르고뉴에 필적할 만한 와인을 만나게 되었다고 그는 쓰고 있었다. 샌타이네즈 언덕에서 만들어진 와인을 시음한 걸 그는 'sampling'이라고 적었다. 그러면서 샘플링은 버건디(부르고뉴의 미국식 이름)에 대해서는 가벼운 단어일 수 있다며 그 와인이 자신의 미각만 훔친 게 아니라 마음을 훔쳤

다고 썼다. 나만의 아름다운 와인을 만드는 것, 특히 피노누
아를 만드는 게 자신의 꿈이었다면서.

정리해 보자면 이런 이야기다. 우연히 영화를 찍으러
가게 된 장소에서 아마 피노누아였을 자기가 이상적으로 생
각하는 와인을 맛보고 이런 밭과 기후 조건을 가진 곳에서라
면 자기도 해 볼 수 있으리라고 생각한다 그는 골디 혼과 가
족들과 함께 프랑스와 이탈리아, 캘리포니아를 자전거로 여
행했던 적이 있다. 그때 마셨던 와인들 부르고뉴와 보르
도, 이탈리아의 토스카나와 미국의 나파밸리에서 와인 양조
자들과 했던 대화들이 마음속에 있다가 샌타리타힐스에서
터져 나왔던 거다.

커트 러셀은 친구로부터 샌타리타힐스에서 암펠로스
셀러라는 와인을 만드는 피터와 리베카 부부를 소개받고, 그
들의 인터뷰를 통과, 와인을 만들게 되었다. 2008년이 고기
와인의 첫 빈티지라니 정말 그는 영화를 찍고 나서 지체하지
않았던 거다. 피터와 리베카 부부의 도움을 받고 있지만 자
기도 직접 일을 한다며 포도 덩굴을 자르다가 손에 피가 났
는데 숨긴 일이 있었다고 쓴 걸 보며 〈데쓰 프루프〉에서 엄
살이라는 엄살은 다 떨고 있는 그가 떠올라 웃음이 터졌다.
〈데쓰 프루프〉 이야기로 고기 와인을 만들게 된 일을 말하고
있기에 그의 엄살 연기가 떠올랐고, 그래서 그가 웃으라고

일부러 썼을 거라는 혐의(?)를 품을 수밖에 없었다. 〈데쓰 프루프〉도 보았고, 고기 와인도 마셔 보고, 이 둘 사이의 관계를 파헤쳐 본 나 같은 사람들을 겨냥한 팬 서비스랄지.

자신과 와인과의 사랑의 여정을 밝히고 있는 「커트 레터」에서 유머인지 아닌지 헷갈리는 게 하나 있었다. 그렇게 해서 자신이 꿈꾸던 와인을 만들게 되었다며 또 다른 '라 타슈La Tache'를 만들겠다고 한 거다. 돈이 있어도 구하기 어려운 것으로 이름난 로마네콩티가 부르고뉴 와인 중에서 가장 유명한 와인이라면, 그다음으로 꼽는 게 라 타슈다. 본 로마네의 심장부에 로마네콩티가, 로마네콩티의 위로 리슈부르가, 아래로 라 타슈가 있다. 그리고 로마네콩티의 생산자가 라 타슈의 생산자라서, 라 타슈를 '또 다른 로마네콩티'라고 부르기도 한다. 그렇다면 커트 러셀의 이 말, '또 다른 라 타슈'라는 말은 '또 다른 로마네콩티'라고도 볼 수 있는 것이다.

아마도 머리숱이 많고 더부룩해서 그럴 텐데 스스로를 '피노 푸들'이라고 칭하는 커트 러셀이 피노누아에 미친 강아지라는 것은 확실히 알겠다. 또 다른 라 타슈를 만들겠다는 건 진심이라고 생각한다.

유머이거나 기믹이거나

변관식이 1934년에 그렸다는 〈수촌水村〉이라는 그림을 보는데, 아티초크가 있었다. 그림의 오른쪽 부분에 있는 주먹을 쥔 것처럼 이색적으로 솟은 암석은 아구래도 아티초크처럼 생겼다. 아티초크를 손질해 보면 안다. 거대해 보여도 먹을 부분은 얼마 안 된다는 걸. 두툼한 껍질을 벗겨 내고 안에 있는 '하트'라는 부분을 먹는데 어찌나 허무하던지.

그림을 본 날 다른 데서 아가베의 하트도 보았기에 심상치 않았다. '너는 곧 하트로 된 뭔가를 마실 것이다'라는 계시로 느껴졌달까. 아가베의 하트는 '피냐'라고 불렀다. 파인애플도, 파인애플류의 속도 '피냐'라고 한다고. 화면 속의

남자들은 아가베를 마체테라는 손도끼로 잘라 피냐를 추출한 뒤 그걸 불구덩이로 던졌다. 잘린 단면이 불구덩이 쪽을 향해야 한다고. 이렇게 태운 아가베의 피냐로 메스칼을 증류한다고 했다. 오! 메스칼에서 나던 스모키함의 정체가 이거였다. 불과 연기.

역시 멕시코. 숯불로 굽는 요리가 발달한 나라다웠다. 불에 구운 요리에 불에 구운 술이라니 이건 뭐. 멕시코에서 불어오는 연기가 비강에 달라붙는 기분을 느꼈다. 불에 구운 피냐를 기다리고 있는 것은 당나귀였다. 구워진 피냐를 아래에 깐 후 둥글넓적하고 거대한 돌을 서로로 세우고, 그 돌에 묶인 당나귀가 빙빙 돌았다. 당나귀의 힘이 돌을 돌리고, 돌은 피냐를 으깨는 고전적인 시스템이었다.

한국에도 저것과 비슷한 게 있다는 게 떠올랐다. 직접 본 적은 없지만 동화책이나 역사 박물관 같은 데서 봤다는 생각이. 저 도구, 뭐지? 뭘까? 하며 중얼거리다 결국 생각해냈다. 당나귀와 함께 돌던 그것은 연자방아였다. 저것이 연자방아의 원리로구나 생각하며 조용히 기뻐했다.

하루에 두 시간만 일하고 나머지 시간은 쉬는 행복한 당나귀라고 했던가? 저기요, 그거 조삼모사 아닌가요. 두 시간 동안 얼마나 힘들었으면 다른 시간에는 아무것도 못 할까요? 행복한 당나귀라는 말은 너무 잔인하네요. 보고 있던 영상 속으로 들어가 이렇게 말하고 싶었다. 하지만 내가 그 프로에 출연할 수 있냐를 떠나 이렇게 말한다고 해도 편집돼 버릴 것이다. 이거 동불복지권 침해 아닌가요?까지 말한다면 희곡 대본으로 쓰여야 할 것이고.

내가 본 영상은 미국 남자가 멕시코 오악사카주에 가서 식도락 탐방을 하는 것인데, 아가베로 메스칼을 만드는 장면도 나왔던 것이다. 멕시코 하면 메스칼이고 메스칼의 고향은 오악사카라서 나올 거라 예상하긴 했지만 이렇게 만드는 줄은 몰랐다. 손도끼와 불과 당나귀라니. 무슨 청동기 시대로부터 철기 시대로의 이행기에 올라탔다는 생각이 들었다.

그러니 어쩔 수 없었다. 술꽂이에 꽂혀 있던 메스칼을 꺼내 왔다. 몇 년 전, 멕시코의 전통 명절인 망자의 날에 마시려고 샀었다. 이날 멕시코 사람들은 죽은 자에 대한 시를 지어 읊고, 공동묘지를 찾아 묘석을 꼭 껴안기도 한다고 들었다. 물론 메스칼을 마시고서. 메스칼은 유사 테킬라라고 할 수 있다. 테킬라가 메스칼의 일종이라고 보는 견해도 있고, 메스칼의 세련된 버전이 테킬라라고 보는 관점도 있다. 둘 다 아가베, 그러니까 용설란을 증류해서 만들기 때문에.

지금은 달라졌는지 모르겠는데, 당시 국내에서 구할 수 있는 유일한 메스칼이 몬테알반이었다. 몬테알반은 오악사카에 있던 고대 도시로 도시 이름이 술의 상표가 된 것이다.

그러니까 '가야'나 '발해' 같은 지명이 술 이름인 셈. 옛 지명이나 옛 인명을 전통주 이름으로 붙이면 좋겠다는 생각도 잠시 해 보았다. 유명한 화랑의 이름도 좋고, 술을 사랑한 군주의 이름도 좋고, 문명이 융성했던 고대 도시의 이름도 좋고. 이사금이니 석탈해니 처용이니, 이런 술 이름이 있으면 스토리텔링은 그냥 나오는 것이니….

아가베와 전갈, 신전과 피라미드, 추상 문자 등등이 새겨진 병에는 멕시코에서 병입되었다는 라벨이 붙어 있다. '100% 아가베'니 '오악사카 지역'이니 하는 것도 크게 쓰여 있다. 병목에는 '메스칼의 신비'라는 제돌을 붙인 미니어처 팸플릿이 달려 있다. 내용은 이렇다. "이 술은 멕시코의 석양 같아서 부드럽고 그윽한smooth and mellow 맛을 느끼실 텐데 그게 다가 아니에요. 겉으로는 부드럽겠지만 안에는 강인한 스페인 전사가 있거든요. 수백 년에 걸쳐 이어지는 신비로움이랍니다." 다소 과장 섞인 호들갑과 귀여운 거짓말을 땅콩 믹스처럼 섞은 홍보 글에 웃음이 터졌다

저만 그런가요? 그런데 코웃음을 치고 나서 생각해 보니 그럴듯한 면이 있었다. 일단 석양이 다른 나라와는 다를 것 같다는 생각이 들었다. 멕시코가 적도에 가까운 나라이니 석양에 특별한 요소가 있을 것이다. 얼마나 멕시코의 하늘이 남달랐으면 테킬라 선라이즈 같은 이름의 칵테일도 있

나 싫었고. 테킬라 선셋이 있다는 것도 떠올랐다. 아래가 빨강, 위가 오렌지색이면 테킬라 선라이즈고 아래가 오렌지, 위가 빨강이면 테킬라 선셋이다. 스페인 전사가 나오는 이유는 이렇다. 16세기 중반 멕시코에 들어온 스페인 사람들이 럼을 다 마시고 대체할 걸 찾다가 만들게 된 술이 메스칼이라서. 멕시코 사람들은 아가베를 발효해 풀케를 만들었는데 풀케는 잘 상했다. 풀케보다 센 술을 찾으려고 실험해 메스칼을 만들게 되었다는 것을 '스페인 전사의 강인함'이라는 말로 표현한 거다.

무엇보다 웃긴 점은 이 술에 든 벌레가 진짜 메스칼이라는 징표라고 말한다는 거다. 그렇다. 이 술에는 벌레가 들어 있다. 영어로는 '아가베 웜'이라고 하고, 스페인어로는 '구사노gusano'라고 하는. 몬테알반이라는 상표 다음으로 크게 쓰인 게 'MEZCAL CON GUSANO'인데 'with worm'이라는 뜻이다. 그러니까 벌레가 든 메스칼. 팸플릿은 이 벌레가 열쇠라고 한다. 어디의 열쇠냐면, 놀라운 세계로 들어가는 문의 열쇠란다. 그 문을 열쇠로 열고 들어가면(그러니까 아가베 웜을 먹으면) 영혼을 풀어놓게 한다나?

유머인 걸까 기믹인 걸까. 몬테알반 병을 따를 때마다 3.5cm 정도 되는 아가베 웜도 함께 출렁거리긴 하지만 먹고 싶진 않다. 음주 게임을 해서 진 사람이 이 아가베 웜을 먹는다는 도시 전설 같은 걸 들은 적이 있긴 하지만 나와는 먼 세계의 일 같고. 누가 이걸 자발적으로 먹겠나 싶다. 이 세상 어딘가에는 집에서 담근 전갈주 같은 것도 있고, 그걸 영혼의 메신저로 생각하는 사람도 있겠지만.

메스칼을 그냥 먹기는 그래서 칵테일을 만들기로 했다. 내가 가진 다수의 칵테일 책에는 메스칼로 만드는 레시피는 전혀 없어서 유튜브로 찾았다. 그렇게 만들기로 한 게 팔로마Paloma다. 페드로 알모도바르 감독의 영화 〈그녀에게〉에 나오는 음악 〈쿠쿠루쿠쿠 팔로마〉의 그 팔로마. 스페인어도 비둘기라는 뜻인데, 왜 칵테일 이름이 팔로마인지는 알 수 없다. 팔로마는 테킬라에 자몽과 라임즙을 넣는 롱드링크 스타일의 칵테일이다. 하나는 테킬라로, 하나는 메스칼로 만들기로 했다.

자몽즙 3, 테킬라(또는 메스칼) 1.5, 라임즙 1, 아가베 시럽 0.5의 비율로 탄 뒤 얼음을 넣고 뒤섞었다. 마르가리타처럼 잔에 소금을 묻히는 것도 차용해 잔에 미리 소금을 묻혀 두었다. 라임즙을 바른 잔 테두리에 칠리 라임 소금을 묻히면서 얼마나 기분이 좋던지. 테킬라 팔로마와 메스칼 팔로마를 한 모금씩 마시는데… 게임이 안 됐다. 메스칼의 매캐한 맛이 훅 치고 올라오면서 자몽의 비터스윗한 맛과 라임의 산미와 섞이는데, 이것이죠. 메스칼의 완승이었다.

아, 다시 아가베 웜 기믹으로 돌아와서. '아가베 웜 열쇠설'을 주창하신 스토리텔러님께서 적으신 하이라이트 부분을 소개하고 싶다. 이 열쇠는 다양한 사람을 위한 다양한 열쇠라고 했다. (혹시… 마스터키?) 그러면서 하시는 말씀은 이러하였다. 이 열쇠가 어떤 문을 열 것인지 알려면 일단 (아가베 웜을) 먹어 봐야 할걸요? 나는 이렇게 말씀드리고 싶다. 저는 괜찮습니다.

지공다스 속에 살고 있는 남자

술을 마실 만큼 마셨으면 그만 마시는 때도 와야 하지 않겠느냐고 쓴 적이 있다. 인간관계에도 만남과 이별이 있듯이 술과의 관계도 그렇지 않겠느냐고. 거창하게도 '애별리고'라는 말까지 가져와 썼었다.

문장은 이렇게 이어진다. "'사랑하는 사람과 헤어져야 하는 괴로움'이라는 뜻의 애별리고는 누구에게나 어쩔 수 없는 것 아닌가. 한 병의 술에 끝이 있듯이 삶에도 끝이 있고, 한 사람과의 관계에도 끝이 있듯이 술과의 관계에도 끝이 있는 것 아닌가. 그래, 그편이 더 자연스러워. (⋯) 생로병사의 시간처럼, 술의 시간도 태어나 자라고 늙다가 결국 죽는 게 아닌가 하는 생각까지 하게 되었다."(「다자이 오사무처럼 마시기」, 『영롱보다 몽롱』, 을유문화사, 2021)

　이렇게 썼던 것을 정정하고 싶어졌다. 내가 술을 마시지 못하게 되는 순간이 오더라도 누군가 나를 기억하며 내가 좋아하는 술을 마셔 준다면, 나를 대신해 마셔 준다면, 내가 술을 마시지 않는다고 할 수 있나? 직접 마시지 못하더라도 그건 이별이 아니다. 술을 마시지 않는 게 아니다. 누군가의 기억 속에 술을 마시는 내가 있고, 그는 술을 마시는 나와 함께 술을 마시는데, 어찌 마시지 않는다고 할 수 있겠나? 그건 그의 기억에 대한 모독이 아닌가?

　한 편의 시를 읽었기 때문이다. 이런 시다. 8년 전에 죽은 친구가 어젯밤 꿈에 나타난다. 글을 읽었단 말과 함께 친구는 지공다스 한 병을 내민다. 마스크를 쓰지 않은 채로. 친구의 이름은 김치수. 황동규 시인이 발표한 「코로나 파편들」이라는 시다. 이 시를 읽고서 지공다스 와인을 한 병 사러 갔다. 전에 마셔 본 적이 있는지 없는지 모르겠지만 이름은 익숙한 프랑스 론 지방의 와인을. 술을 책으로 배운 자로서 지공다스가 나오는 시를 읽고 지공다스를 마시지 않을 수 없었다.

　울컥하기도 했다. 여러 가지 이유에서. 죽음에 가까워지는 날들에 대한 시를 발표하고 있는 노년의 시인이 8년 전

죽은 친구가 나오는 시를 썼다는 것. "글 읽었어!"라는 글 쓰는 사람들끼리의 인사를 나눴다는 것. 친구 생전에도 둘 사이의 인사는 그랬으리라는 것. 8년 전에 죽어서 그런지 꿈이라 그런지 친구는 마스크를 쓰지 않았다는 것. 지공다스는 친구에게 각별한 술이었을 거라는 것. 그래서 시인은 친구가 지공다스를 좋아한다는 걸 알고 있다는 것. 둘이 지공다스를 마시기도 했을 거라는 것. 친구 없이 지공다스를 마실 때 친구 생각을 했을 거라는 것 등등이 순식간에 몰려왔기 때문에.

'지공다스'에는 이런 각주가 달려 있다. 비평가 김치수가 유학한 프랑스 론 지방의 특산 와인으로, 대체로 가성비가 높다는. 이 각주를 보면서 많은 생각이 들었다. 가성비라는 말은 언제부터 생겨난 걸까, 이 말을 처음 쓴 사람은 누구였을까, 부터 그가 프랑스에서 자주 지공다스를 마셨을 거라는 생각까지. 1940년생이니 아마도 1960년대부터 1970년대까지 프랑스에 머물렀을 그가 프랑스에서 마시던 '동네 와인'을 한국에 돌아와서도 마셨구나라는 생각이 들었다. 정겹고도 쓸쓸하구나라는 생각도.

김치수는 프로방스대학에서 학위를 받았다. 지공다스는 론 와인이니까 엄밀히 말해 '김치수가 유학한 론 지방 와인'은 아닌 것이다. 다만 론이 프로방스 옆 동네니까 프로방스에 비교적 론 와인이 흔했으리라는 짐작을 할 수 있었다. 값이 나가는 편인 부르고뉴 와인보다는 편하게 마셨을 거라는 생각도. 론에도 샤토뇌프 뒤 파프나 콩드리외 같은 고가의 와인이 있기는 하지만 말이다.

김치수는 프랑스에서는 한국을 그리워했을 것이고, 한국에서는 프랑스를 그리워했을 것이다. 그리움이란 필연적으로 거리가 발생해야 생겨나는 감정이기 때문이다. 옆에 있는 사람이 그리울 수도 있지만 떨어진 거리의 사람을 그리워하는 것과는 또 다른 감정이라. 이런 생각을 하면서 와인앤모어에서 사 온 지공다스를 땄다. 색에 대해 먼저 이야기해야지. 내가 좋아하는 피노누아보다는 짙었고, 쉬라즈보다는 옅었다. 중간 정도의 색조. 향을 먼저 맡았다. 달콤한 과일 냄새가 났다. 베리류 과일이 농익어서 나는 그런 냄새가. 마셨더니 그리 달지 않았다. 탄닌이 느껴지는 편이었고 산미는 그다지 없었지만 아예 없는 건 아니었고, 드라이했다. 그리고 스파이시했다.

일단 지공다스를 열어서 한 잔 마신 후 나는 불고기를 만들기 시작했다. 불고기와 잘 어울릴 것 같다는 생각이 들어서. 일단 불고깃감을 한 장씩 뗀 후 지공다스를 뿌려 두었다. 이럴 때 상당히 기쁘다. 그러니까 술을 음식에 자유자재로 사용하는 순간이 말이다. 크림소스에 셰리주가 어울리고, 닭고기에 쿠앵트로를 뿌리면 기가 막히고, 기름기가 있는 돼지고기에는 소흥주를 뿌리면 어울린다는 걸 체득하고 난 뒤 자유도가 훨씬 높아졌다. 예전에는 레스토랑에서 먹어 본 대로 하거나 요리책에서 본 대로 했다면 이제는 나의 지식과 상상에 의거, 술을 콸콸 붓고 있다.

지공다스에 마리네이드한 불고기여서일까. 지공다스와 불고기를 먹는데 이보다 불고기에 잘 어울리는 레드 와인이 있을까 싶었다. 진판델이나 클라렛 같은 좀 무겁고 달콤한 레드와 불고기를 먹었었는데 그보다 지공다스가 좋았다. 좀 더 가볍고 달콤함은 거의 없는 이 와인이. 은근한 품위가 느껴지는 이 와인이.

나는 김치수가 번역한 책 중에 르네 지라르의 『낭만적 거짓과 소설적 진실』과 마르트 로베르의 『기원의 소설, 소설의 기원』을 갖고 있다. 그는 이 책들의 역자 후기를 쓰면서 지공다스를 마셨을까? 마셨을 거야. 오랜 고생을 끝냈으니 꼭 지공다스가 아니라도 뭐라도 마셨겠지. 나만 해도 원고를 넘기거나 책이 나오면 꼭 하는 게 술을 마시는 일이므로. 역자 후기에는 이런 대목이 있다. "독자들의 질정이 있기를 기대하며, 이 책이 문학을 공부하는 많은 사람들에게 문학에 대한 흥미를 돋워 주고 소설을 읽는 것이 단순히 시간을 죽이는 것은 아니라는 점을 아는 데 도움이 되기를 바란다."

지공다스 시가 쓰이게 할 정도로 술을 좋아하시는 분 같은데 여기에 지공다스를 마셨다거나 하는 말은 없다.

　그르나슈와 쉬라즈, 무르베드르 품종을 섞어서 지공다스를 만든다고 한다. 이번에 알게 되었는데, 지공다스는 라틴어로부터 왔다. 조쿤디타스Jocunditas. 커다란 쾌락과 즐거움이라는 뜻이라고. 이런 이름이 붙은 이유는 지공다스가 심긴 포도밭에 로마 2군단 병사들을 위한 위락 시설이 있었기 때문이라고 한다. 어떤 종류의 '위로'와 '안락'을 위한 시설이었는지는 모르겠으나 와인 저장고와 온천이 있었다고 전해진다. 그리고 조쿤디타스는 마음과 정신의 즐거움에 가까운 즐거움이라고. "우정 없는 삶에는 기쁨도 없다"고 키케로가 『우정에 대하여』에서 썼는데 이때 '기쁨'으로 쓴 단어가 조쿤디타스다. 시를 읽다가, 지공다스를 마시다가, 지공다스가 조쿤디타스에서 왔다는 것까지 알게 되자 지공다스의 맛에도 깊이감이 생기는 기분이다. 뭐랄까. 과하지 않다. 달지도 않고 산미도 약하고 탄닌이 느껴지는데, 텁텁하지가 않았다. 조야하지 않은 맛이랄까?

　지공다스를 야금야금 마시면서 죽음과 삶에 대하여 생각한 며칠이었다. 내가 이 세상에 없을 때 누군가 나를 떠올리며 내가 좋아한 술을 기억해 줄까라고 생각하니, 아득하다. 내가 알 수 없는 일일 테고 내가 어쩔 수 없는 일일 테다.

기억한다는 것은 기억하는 사람 고유의 권능이므로. 내가 할 수 있는 일은 오로지 내가 기억하고 싶은 것을 기억하는 것이다. 내가 좋아하는 누군가를 떠올리며 그 사람이 좋아하는 술을 떠올려 본다. 그 사람이 먼저 떠나게 되면 그이가 좋아하는 술을 마셔야 하니까.

사람은 두 번 죽는다고 생각했다. 눈을 감을 때 한 번, 사람들의 기억 속에서 사라질 때 또 한 번. 그는 아직 누군가의 기억 속에서 이렇게 살고 있는 것이다. 지공다스 와인과 함께.

C L O U D Y   B A Y

NEW ZEALAND

구름의 왕자가 되어

어제까지도 나는 알바트로스가 전설 속의 새인 줄 알았다. 이카로스나 다이달로스처럼 '스'자 돌림이라 그런지 이름이 주는 어감도 너무 신화적이라. 그래서 유니콘이나 파랑새 같은 건 아니더라도 지금은 존재하지 않는 새라고 여겨 왔다. 멸종해서 이름만 남은 도도새처럼 말이다. 커다란 날개를 가진 비극적이고 우스꽝스러운 새─ 알바트로스라며 보들레르가 동명의 제목의 시를 써서 더 그럴 것이다. 보들레르는 알바트로스를 구름의 왕자라고 했다. 당연히 나는 현실 속에서는 볼 수 없다고 생각했던 것이다. 구름의 왕자니까!

그런데 뉴질랜드 여행기를 보는데 때로 널브러져 있는 새 사진이 있는 게 아닌가? 갈매기의 한 종류인가 싶었는데 알바트로스(표준 표기로는 '앨버트로스')라고 해서 깜짝 놀랐다. 얼마나 굼뜬지 아이들에게도 잡힐 정도로 '바보 새'라고 한다. 그래서 멸종 위기라는 이야기를 보는데 한숨이 나왔다. 가련한 구름의 왕자랄까. 뱃사람들이 알바트로스를 잡는 장난을 친다는 이야기를 보들레르의 시에서 보고 그들은 역시 노련(?)하다고 생각했는데 아니었던 것이다. 뱃사람 특유의 술수로 알바트로스를 잡았던 게 아니라 아이에게 잡힐 정도라니. 구름의 왕자 이미지에 먹구름이 끼었달까.

덩치도 크고 날개도 커서 땅에서는 유난히 뒤뚱거리는 이 새는 하늘에서는 다른 존재가 된다. 폭풍이 밀려오면 몸을 피하는 다른 새들과 달리 알바트로스는 폭풍 속으로 날아오른다. 6일 동안 한 번의 날갯짓도 없이 날 수 있다고 한다. 활공滑空이다. 활공! 빈 공간으로 미끄러진다는, 극적이고도 신비로운 이 단어의 뜻만 알았지 이렇게 적어 보는 건 처음이다. 날갯짓을 하지 않고 그저 활짝 펼친 날개만으로 6일 동안 바람을 타는 것이다. 활공이라고 적는 것만으로도 마음에 바람이 부는데 6일 내내 활공이라니. 이렇게 이 새는 두 달 동안 지구를 한 바퀴 돈다.

뉴질랜드 여행을 한 적이 있다. 실제는 아니고 가상 여

행이었다. 아는 분이 여러 병의 뉴질랜드 와인을 꺼내며 달
씀하셨던 것이다. 자, 오늘은 뉴질랜드로 여행을 떠나 보겠
습니다, 라고. 그때만 해도 나는 뉴질랜드에 대해 별다른 생
각이 없었다. 남반구니까 북반구가 여름이면 겨울이겠지 정
도와 커피를 롱블랙과 숏블랙으로 먹는 나라라는 정도. 이
제는 빙하 트레킹으로 유명하다는 것과 남극에 가려면 거칠
수밖에 없는 관문이라는 것도 알지만. 그래서 뉴질랜드는
언젠가 가고 싶은 나라의 후보군에 합류했다. 이건 상당히
이례적인 일이다. 나는 대도시에서 한 달 정도 지내는 여행
을 선호하는 사람인지라 버스와 지하철이 어디든 닿는 곳이
아닌 데는 가고자 한 적이 없다. 다른 걸 좀 포기하더라도 신
비로운 자연 현상만으로 가고 싶다는 생각이 든 나라는 아이
슬란드 말고는 뉴질랜드가 처음이다.

내가 뉴질랜드라는 나라에 관심을 갖게 한 S 이야기를
할 수밖에 없다. 그 이야기를 하지 않으면 성립이 되지 않는
이야기라서. S는 와인 애호가로 스스로를 '중증'이라고 진
단 내리신 분이다(참고로 직업은 의사). 늘 낚시 가방처럼 생
긴 거대한 가방에 여섯 병 정도의 와인을 들고 S가 등장하시
면 모임이 시작된다. 나는 어쩌다 끼어서 그분과 와인 모임
을 하고 있는데, 이름조차 없는 이 모임에 딱 하나 규칙이 있
다. '와인은 모두 S가'라는 것이다. 이야기한 적은 없고 저

절로 알게 되었다. 어쩌다 다른 분이 와인을 가져온 적이 있는데 반기지 않는 S를 보며 난 확실히 알았다. S가 예술가라는 것을. 와인들 사이의 질서와 순서, 리듬과 강약을 고려해 S가 구성한 흐름이 깨지는 걸 나도 못 보겠어서 절대 와인을 가져가지 않기로 결심했다. 대신 우리는 돌아가며 밥값과 콜키지 비용을 내며 이렇게 황송한 와인 투어를 하고 있다. 인솔자가 운전도 하고 와인도 주고 설명도 해 주는 투어를.

늘 그러하듯이 그날도 S는 우리를 인솔했다. "자, 남섬으로 갑니다"라는 말과 함께 투어가 시작되었다. S가 처음으로 꺼낸 술은 우리 모두가 너무 잘 아는 와인이었다. 클라우디 베이Cloudy Bay. 뉴질랜드의 소비뇽 블랑을 세계적으로 유명해지게 한 대표적인 술이 클라우디 베이라는 걸 이제는 알지만 예전에도(와인을 잘 모를 때도) 클라우디 베이는 맛있는 화이트 와인의 대명사였다. 클라우디 베이를 마시며 연애했다. 클라우디 베이를 마시며 소개팅을 했다. 클라우디 베이를 사 들고 집에 온 분도 여럿이다. 그래서 클라우디 베이를 보자마자 만감이 교차했다. 좋아해서 많이 마셨고, 그래서 더 이상 마시지 않는 이 와인을 여기서 보다니.

첫 번째 여행지는 남섬의 북동쪽 말버러였다. 말버러의 클라우디 베이가 그날의 첫 번째 와인이 된 것은 소비뇽 블랑 하면 클라우디 베이, 클라우디 베이 하면 소비뇽 블랑이기 때문에 그런 것 같았다. 지금의 소비뇽 블랑을 있게 한 곳이 말버러라고 하며 S는 클라우디 베이에서 나는 이 냄새가 무엇 같냐고 우리에게 퀴즈를 냈다. 시큼하고 산뜻해 침샘이 자극되는 그 냄새를 맡고 나는 "레몬"이라고 했다. 100% 확률의 레몬은 아니라서 "아니면 신맛이 나는 베리요?"라는 말을 덧붙였다. 기다림에도 원하는 답이 나오지 않아 S가 말할 수밖에 없었다. "패션프루트." 아! 모두가 격하게 공감했다. 그 말을 듣는 순간 '클라우디 베이는 패션프루트'라는 게 각인되었다.

말버러 와이너리에 갔을 때 계절이 환상적이었다며, S는 시계초 꽃이 만발했고 패션프루트가 탐스럽게 열린 풍경에 대해 묘사했다. 자기도 모르게 패션프루트 열매를 따 먹었는데 몸서리쳐질 정도의 맛이었다고도. 그러고서 클라우디 베이를 시음하는데 패션프루트일 수밖에 없는 냄새에 놀랐다는 이야기를 하는데, 내가 그 자리에서 패션프루트를 따 먹고 클라우디 베이를 마신 느낌이 들었다. 술과 이야기의 힘이란…. 한 번도 패션프루트 생과를 먹어 본 적도 없고 먹을 생각도 해 보지 못했는데 왜 아는 맛이라는 기분이 들었을까? 그 이야기를 듣고 있으니 입가에 묻은 패션프루트즙을 닦아야 할 것 같았다.

두 번째로는 북섬으로 올라갔다. 북섬의 남동쪽 해안에

접한 호크스베이로 가며 제임스 쿡 선장이 그의 남태평양 탐험의 열렬한 지지자였던 에드워드 호크 제독의 이름을 따서 이 지명을 붙였다는 이야기를 들었다. 호크스베이의 와인은 테 마타 콜레인이었다. 이제는 테 마타 콜레인이 수입되는 것 같지만 그때만 해도 시중에는 없었다. S가 결혼식에 가서 답례품으로 받은 덕에 테 마타 콜레인이 그날의 투어에 끼어들었다. 보르도 스타일로 양조한다는 이 와인을 마실 때는 몰랐는데 지금은 호크스베이를 부르던 마오리어를 따서 '테 마타'라고 부른다는 걸 알게 되었다.

그러고는 다시 남섬으로 내려가 센트럴오타고로 갔다. 말버러가 소비뇽 블랑의 산지이듯 센트럴오타고는 좋은 피노누아를 만드는 곳이라는 이야기를 들으며 우리는 리폰의 피노누아를 마셨고, 피노누아를 좋아하는 내 입맛에도 리폰 피노누아는 좋았고, 앞으로 사서 마셔야겠다고 생각하며 S를 따라 그날의 여행은 계속되었는데….

가장 강렬하게 남은 이날의 와인은 클라우디 베이였다. 너무 많이 마셔서 더 마실 일은 없을 거라고 생각했던 와인, 클라우디 베이인지 클라우드 베이인지 영원히 나를 헷갈리게 할 와인. 너무 익숙하다고 생각하던 이 와인의 새로운 얼굴을 발견한 날이어서 그랬겠지. 그래서 남반구의 온후한 공기를 느끼며 뉴질랜드를 걷고 또 걷고 싶다고 생각한 날에 클라우디 베이를 사 왔다. 클라우디 베이 병에 있는 산이 리치먼드 산맥임을 알게 되니 클라우디 베이가 한 뼘 더 가까워졌다. 그래서 지금 내 옆에는 클라우디 베이가 있고, 그러므로 나는 뉴질랜드에 있다. 구름의 왕가가 되어 날개만 편 채로 구름 낀 리치먼드 산맥을 나는 기분이랄까.

그리고 이 글을 쓰다가 깨달았는데 으리 와인 모임에 이름이 있었다. 잘 부르지 않을 뿐. 멤버의 성과 닉네임을 조합해 만든 이름이다. 모든 사람의 요소가 들어가지는 않는다는 것을 말해 두고. 와인 모임 이름은 '무심한'이다. 무심한 모임 좋지 않나요? 무심한 모임답게 자주 모이지도 않고, '우리 무심한 모임 해야죠'라고도 말하지 않는다. 그리고 아마도 '무심한 모임'이라는 걸 아예 모르시는 분들도 있을 것 같다는 생각. 스님 이름 같기도 하고 구름 이름 같기도 해서 좋다는 생각.

초현실주의자의 술

1930년대 파리, 블랑슈 광장의 한 카페에서 사람들이 파란색 술을 마시며 떠들고 있다. 파란색 술의 이름은 망다랭 쿠라사오. 떠드는 사람들은 앙드레 브르통과 브르통의 아이들. 그러니까 초현실주의자 그룹이다. 책을 읽다가 "브르통이 먼저 말하고 다른 이들이 이어 갔다. 모두들 화이트 와인 혹은 망다랭 쿠라사오에 취해 마치 어린 학생들처럼 마음대로 얘기했다"라는 문장을 보는데 초현실주의자들의 웅성거림이 들렸다.

망다랭 쿠라사오? 처음 들어 보는 이 술은 뭘까 싶으면서도 어딘지 낯익은 느낌이 들었는데 각주를 읽으니 알겠다.

"밀감으로 만든 식전주 '망다랭'에 카리브해의 쿠라사오섬에서 자라는 밀감으로 만든 리큐어를 첨가해 만든 음료"라는 말을 들으니. 만다린 퀴라소를 프랑스식으로 '망다랭 쿠라사오'로 읽은 것임을 알 수 있었다. 마셔 본 적은 없다. 하지만 힌트를 들으니 어떤 맛일지 느낌이 왔다.

망다랭은 만다린, 쿠라사오는 퀴라소였다. 만다린은 밀감의 한 종류고, 퀴라소는 블루 퀴라소의 그 퀴라소 아닌가. 블루 퀴라소라고 부르는 리큐르답게 블루 퀴라소를 넣은 칵테일은 푸른빛이었다. 푸른빛이지만 오렌지 맛이 나는 게 특이하다고만 생각했지, 퀴라소는 퀴라소라고만 생각했지, 카리브해에 쿠라사오라는 섬이 있는지 몰랐다. 블루 퀴라소의 '블루'는 카리브해에 대한 모방임도 알겠다. '망다랭 쿠라사오'가 나오는 문장과 각주를 읽었을 뿐인데 많은 것이 딸려 올라왔다.

『에르메스 수첩의 비밀』(브리지트 밴케문 지음, 윤진 옮김, 복복서가, 2022)이라는 책이다. 미지의 인물이 썼던 에르메스 수첩이 저널리스트인 이 책의 저자 손에 들어가는데, 알고 보니 그 수첩이 초현실주의자들의 이름으로 가득한 노다지여서, 이니셜이나 별명으로 되어 있는 이름들과 날짜들로 단서를 유추, 사실 관계를 밝히려 애쓰는 이야기다. 알고 보니 수첩의 주인인 그 '미지의 인물'은 그 시대 미술에 조예가 깊은 화상畵商이라서 더 흥미진진. 참고로 소설이 아니라 논픽션 에세이다. 실제 일어난 일이라는 말이다. 단서들을 모르는 사람에게는 아무것도 아닌 이야기겠으나 그 시대와 화가와 작품을 아는 사람이라면 도저히 파 보지 않을 수 없는 이야기 아니겠는가! 어느 날 내 손에 식민지 시대의 누군가가 쓰던 수첩이 들어왔는데, 임화나 김남천, 안석주 같은 이름이 나오면 흥분하지 않을 도리가 없는 것이다. 그들이 어느 다방에서 차를 마시고, 어느 비어홀에서 술을 마시고, 또 어떤 커피 취향을 가졌으며, 그들이 좋아했던 시나 소설은 어떤 것이었는지 무척 궁금하니까.

책에는 그런 말이 없지만 나는 망다랭 쿠라사오가 푸른빛이라고 생각하고 있다. 짐작하는 바가 있어서다. 물론 푸른빛인 블루 퀴라소와 달리 망다랭 쿠라사오는 오렌지빛이거나 오렌지 계열 리큐르인 쿠앵트로처럼 무색일 수도 있지만… 아무래도 망다랭 쿠라사오는 푸른빛일 것 같다. 나는 왜 망다랭 쿠라사오가 푸른빛일 거라고 주장하는가? 인상파 화가들이 압생트의 초록색에 홀려서 '초록 요정'이라고까지 했던 걸 알기 때문이다. 인상파의 '그린'이 초현실주의자에게는 '블루'가 아니었을까 생각하는 것이다. "너네가 그린이면 우리는 블루야", 이런 식이 아니었을까라고. 온갖 엄격한 강령을 공유했던 집단답게 푸른색 술을 마시며 모임을 갖는 게 초현실주의자들의 리추얼이 아니었을까라고도. 푸른 술은 어딘지 초현실주의자들과 어울리기도 하고.

그들이 모인 블랑슈 광장의 카페는 시라노Cyrano였을 것이다. 몽마르트르에 살았던 브르통이 모임 장소로 애용하던 곳이 시라노라. 시라노에 대해 찾다가 시라노의 위치를 표시한 파리 지도와 시라노에 대한 설명을 발견했다. 한때 이 자리에 시라노가 있었다며 초현실주의자들의 모임 장소라고 되어 있다. 나를 의아하게 한 건 "그들은 망다랭 쿠라사오를 마셨다"라는 다음 말이었다. 아니, 어떤 날은 다른 음료나 술을 먹을 수도 있지 않나? 그리고 어떻게 모두가 한마음 한뜻으로 매일같이 망다랭 쿠라사오를 마시나? 다른 걸 마시는 건 마치 대오에서 이탈해 배신하는 일이라는 식이 아닌가? 나도 『에르메스 수첩의 비밀』의 저자처럼 몇 가지 단서로 그들의 과거를 쫓고 있다.

그런데 함께 제시된 시라노 사진을 보고 깜짝 놀랐다. 물랭루즈Moulin Rouge 바로 옆이었기 때문이다. 몽마르트르의 상징이 '붉은 풍차'라는 뜻의 물랭루즈라는 클럽인데 시라노는 한 건물에 있었던 것이다. 여기가 정기 모임 장소였다고 하니 느낌이 색다르다. 내가 이렇게 말할 수 있는 것은 물랭루즈에 간 적이 있어서다. 몽마르트르에 갔다가 어쩌다 지나친 게 아니라 물랭루즈에 가기 위해 그곳에 갔었다. 내가 몽마르트르에서 갔던 곳도 물랭루즈가 유일하다.

베를린에 몇 달 머물던 당시 3박 4일 일정으로 파리에 갔을 때였다. 나는 시각예술가 K가 머무는 레지던스에서 지냈는데 우리는 각자의 일정대로 움직였다. 전에 파리에서 한 달 지낼 때 휴관이어서 못 갔던 피카소 미술관에 간다거나 퐁피두에서 비트 세대 예술가들의 전시를 본다거나 하는 게 나의 느슨한 일정이었다. 파리에서 열리고 있던 그룹전에 참여한 K의 전시를 보는 것 말고 우리가 같이 무언가를 한 건 물랭루즈에 간 것뿐이다. 우리는 카바레 쇼를 관람했다. 꽤나 비쌌던 것으로 기억한다. 오페라 가르니에에서 모차르트의 오페라 〈이도메네오〉를 보는 것보다 비쌌다. 하지만 무척 만족스러웠다. 카바레 쇼를 처음 봐서 그런지 몰라도 신선했고, 즐거웠고, 기억에 남았다. 얼마나 즐거웠으면 흥이 그다지 없는 나도 그날 본 춤을 추고 싶었고, 그래서 췄다. 용기가 없는지라 방에서 혼자 출 수밖에 없었는데 이제는 시간이 꽤나 흘러 한 동작도 기억나지 않는다.

카바레 쇼란 무엇인가. 아름다운 무희들이 떼로 나와 사람들의 정신을 빼놓는 쇼라고 해야겠다. 그걸 보면서 술이나 음식을 먹는 게 카바레 쇼라는 장르인 듯하다. 피겨스케이팅이나 리듬체조 종목에서 입을 법한 옷을 입거나 반나체로 춤을 추는데, 거기에 외설이나 퇴폐의 기운은 없었다.

질척거리거나 습기 따위는 없이 뽀송뽀송하달까. 그래서 명
랑하고 또 명랑하다. K와 나는 왜 저런 미인들이 반나체로
춤을 추는데 유혹적이거나 야하지 않은가라는 주제로 한참
을 이야기했는데, 그녀들이 인간적이지 않아서 그렇다는 결
론을 내렸다. 구등신 가까이 되는 비율의 몸은 CG로 보정한
것처럼 늘씬하고 가늘어서 인간이라는 생각이 들지 않았다.
게다가 강인한 근육으로 덮여 있기에 노출을 한다고 해도 출
렁거리지 않으니 마치 갑옷을 입은 느낌마저 들었다. 이런
완벽한 그녀들이 입을 찢을 듯 활짝 웃으며 다리를 번쩍 들
어 올리거나 점프하는 장면이 빠르게 이어지는 걸 보면서 감
탄하다 보니 쇼가 끝나 있었다.

　　물랭루즈에서 카바레 쇼를 볼 때만 해드 어떤 여성들이
저 일을 하는지까지는 생각하지 못했다. 그런데 초현실주의
자의 일원 중 한 명이 카바레 쇼의 누드 댄서였다는 걸 이제
는 안다. 브르통과 사랑했고, 아이도 낳은 자클린 랑바라는
화가다. "그녀는 활달하고, 기운차고, 성깔 있고, 불같다고
묘사되었다. 또 지적이면서 풍부한 독서량을 자랑했다. 그
림만 그려서는 먹고살 수가 없었기에, 그녀는 물랭루즈 카
바레에서 누드 댄서로 일해서 돈을 벌고 있었다"라고 묘사
되는 문장을 읽었기 때문이다. 이건 『초현실주의자들의 은
밀한 매력』(데즈먼드 모리스 지음, 이한음 옮김, 을유문화사,

2021)이라는 책에서였다. 나는 내가 점으로 알던 것들이 어느 날 우연히 이렇게 다른 책으로 인해 연결될 때 깊은 쾌감을 느낀다.

이 묘사를 읽다가 우리가 잠시 속해 있던 물랭루즈의 밤이 떠올랐던 것이다. 이 모두 '망다랭 쿠라사오'라는 이미지에 심취해서 일어난 이야기. 다시 물랭루즈에 간다면 망다랭 쿠라사오를 마셔야겠다고 생각한다. 카페 시라노의 역사를 공유하는 곳이니 망다랭 쿠라사오가 있지 않을까 싶기에.

민트 줄렙의 톤앤매너

영화 〈켄터키 프라이드〉를 보다가 참을 수 없이 민트 줄렙이 마시고 싶어졌다. 민트 줄렙이 나와서가 아니라 나와야 할 것 같은데 안 나와서. 〈켄터키 프라이드〉는 켄터키 더비Kentucky Derby가 나오는 영화고. 민트 줄렙은 켄터키 더비의 공식 술인데 민트 줄렙이 나오지 않았던 것이다. 알고 보니 민트 줄렙이 켄터키 더비의 공식 술로 지정(?)된 게 1938년이라는데 영화는 1925년작이었다. 물론 내가 부주의해서 놓쳤을 수도 있지만 말이다.

켄터키 더비는 켄터키 루이빌의 처칠다운스에서 열리는 경마 대회다. 매해 5월의 첫 번째 토요일에 열린다. 17만

명이 운집한다고 하니 켄터키주를 넘어 미국의 빅 이벤트라고 할 수 있겠다. 매해 켄터키 더비를 구경하는 게 기쁨이라고 말씀하시는 뉴욕에 사는 분을 만난 적이 있다. 잠시 이야기했을 뿐인데 그 순간 켄터키 더비라는 세계가 들어왔다. 햇살에 반짝거리는 끝없는 초록 아래 곱게 빗질된 명마名馬, 한껏 차리고 각양각색의 모자를 쓴 사람들, 또 그들의 손에 들린 민트 줄렙도.

술 관련 이야기들이란 도시 전설이거나 허무 개그 같아서 유래를 따지기 어려운 면이 있다. 술 중에서도 칵테일은 더하다. 엄밀하다거나 적확하다거나 이런 건 거의 없다고 봐야 한다. 이를테면 켄터키 더비의 공식 음료(?)가 어쩌다가 민트 줄렙이 되었는가 같은 거 말이다. 칵테일 세계의 톤 앤매너를 이어받아 내 나름대로 사정을 억측해 보자면 이렇지 않나 싶다. 켄터키 하면 버번의 고장 아니겠는가? 켄터키 최대의 축제인 켄터키 더비에서 켄터키 버번을 대대적으로 소비해야 하지 않겠느냐는 범지역적 공감대가 형성되었을 거라고 생각한다.

〈켄터키 프라이드〉가 만들어진 1925년에 나온 소설 『위대한 개츠비』에도 민트 줄렙이 나온다. 켄터키 루이빌 출신으로 나오는 데이지와 베이커가 즉각적으로 떠올리며 만들어 마시자고 하는 술이 민트 줄렙이다. 술을 꽤나 잘 알고 소설도 꽤나 잘 쓰시는 분인 피츠제럴드가 민트 줄렙을, 그리고 루이빌을 괜히 썼을 리 없다. 데이지와 베이커에게 '루이빌 출신'이라는 정체성을 부여하기 위해 민트 줄렙을 등장시켰다고 본다. 이런 걸 보면 켄터키 더비의 공식 음료로 지정되기 전부터 '켄터키의 술은 민트 줄렙'이었던 것 같다.

처음에는 이런 맥락을 알지 못했다. 루이빌에 대해, 켄터키 더비에 대해, 민트 줄렙에 대해 알게 되자 이 부분이 다시 읽혔다. 술은 그저 술이 아니라 문화이기도 하고 지역이기도 하고 역사이기도 해서 술을 마시는 일은 이 모든 걸 마시는 일이기도 하다. 물론 이런 걸 모르고 마셔도 무방하다. 하지만 알고 마시면 더 맛있다. 민트 줄렙은 너무 그렇다. 세상에는 분명히 그런 것들이 존재한다. 알면 보이는 것들이 있고, 그것들은 인생을 즐겁게 사는 데 도움을 준다. 어찌 보면 무용한 일일 수도 있겠다. 대단한 이익 같은 건 없고 술값이나 더 쓰게 되니 말이다. 하지만 이런 순간들을 좋아한다. 책과 술을 좋아하기에 이렇게 책과 술이 포개질 때 술이 더 맛있다. 술을 마시는데 책을 마시기도 하는 초현실적인 기분이랄지요.

〈켄터키 프라이드〉는 존 포드 감독의 초기작으로 닭튀김은 전혀 나오지 않는다. 원제가 'Kentucky Fried'인 줄 알았을 때는 미국 음식에 대한 영화인 줄 알고 보려 했는데

'Kentucky Pride'라는 걸 알고 나서는 '켄터키의 자긍심'이라는 이름의 경주마가 나와 결국 우승하는 영화인가 싶었고, 그렇기에 꼭 봐야 했다. 말을 좋아해서 말과 관련된 것에 관심이 있다. 그래서 켄터키 더비 이야기도 인상 깊게 남았겠지.

언젠가 인사동을 걷다가 '한국 경마 100년' 전시에 나도 모르게 빨려 들어간 적이 있다. 주로 관계자로 보이는 분들의 친목회스러운 전시회였는데 나는 굴하지 않고 꽤나 흥미롭게 보았다. 스냅 사진이나 고색창연한 트로피 같은 것도 좋았지만 가장 흥미로웠던 것은 말 이름이었다. 아리랑, 연안부두, 천마총, 당대불패…. 전시에서 본 한국 경마사에 이름을 남긴 말들의 이름이다. 참고로 〈켄터키 프라이드〉의 주인공 말 이름은 '버지니아의 미래'다. 딸의 이름인 '버지니아'를 따서 마주馬主는 '버지니아의 미래'라는 이름을 짓는다.

특이하게도 이 영화의 주인공도 말, 화자도 말이다. 그러니까 버지니아의 미래의 관점에서 진행되는 영화다. 버지니아의 미래가 이런저런 간난신고를 겪고 사랑하는 말을 만나게 되는데, 초목을 엄청 활기차게 뛰어다니는 것으로 존포드는 그녀의 사랑을 표현했다. 인간으로 치자면 환호작약하는 몸동작이랄까. 그러고는 버지니아의 미래는 신혼을 보내게 되는데 이해할 수 없는 단어가 나왔다. 블루 그래스. 정확히 기억은 안 나는데 '신혼은 블루그래스에서 보내길 추천해요'와 비슷한 톤이었다.

블루 그래스? 신선한 풀을 말하는 걸까? 아니면 블루그래스라는 지명이 있는 걸까? 아니면 풀의 이름일까? 놀랍게도 블루 그래스는 한 단어였다. 블루그래스Bluegrass. '켄터키 블루그래스'라고 부르기도 하는 잔디 이름이며, 목초지를 가리키기도 한다. 아예 켄터키를 블루그래스라고도 하며 블루그래스라는 밴드도 있었다. 또 블루그래스 밴드와 비슷한 음악을 통칭해 블루그래스라고도 했다. 상당히 복잡한 것 같지만 블루그래스가 곧 켄터키 그 자체라는 걸 알 수 있었다. 켄터키 하면 버번이며 민트 줄렙이듯이 또한 블루그래스이기도 하다고 말이다. 켄터키 말은 켄터키 블루그래스를 먹고 자라며, 그래서 더 우월하다는 의견도 보았다. 버번과 말이 켄터키 경제를 떠받치고 있는 줄 알았는데 블루그래스도 한몫하고 있다는 걸 알 수 있었다.

하, 여기까지 쓰니 더 민트 줄렙이 마시고 싶다. 버번과 민트, 설탕, 약간의 물과 얼음만 있다면 민트 줄렙을 만들 수 있다. 은잔이거나 은잔을 모사한 스테인리스 잔에 마시면 더 그럴듯하겠지만 유리잔에 만들어도 나쁘지 않다. 어쨌거나 나는 지금 완벽한 민트 줄렙 한 잔이 마시고 싶을 뿐인데 집에는 버번이 없다. 어떤 버번을 써야 입맛에 맞을지도 모르겠다. 지금 떠오르는 묘안은 이렇다. 칵테일 바에 가서 민트 줄렙 플라이트를 요청하는 것이다. 네 종의 버번으로 만든 네 종의 민트 줄렙을 마시고 싶다면서.

블루그래스를 먹고 자라는 켄터키 말처럼 민트 잎에 코를 박고 넉 잔의 민트 줄렙을 마시고 싶다는 나름의 포부.

어른의 웃음을 닮은 술

아는 분 중에 바텐더 자격증을 따신 분들이 있다. 생업은 따로 있고 모두 부업으로 따신 분들이다. 그분들의 이야기로 시작해 본다.

일단 A. 한때 그는 열렬한 단골이 있는 바를 운영했다. 바의 이름도 근사한데 무려 '단편선'이다. 그의 요즘 취미는 바 호핑 bar hopping 이라고 했다. 바가 모여 있는 을지로 같은 데가 바 호핑하기 좋다며 하루에 세 군데가 딱이라고 하셨다. 원칙이랄 것까지야 없지만 한 바에서 한 잔을 마시고, 30분을 머문다. 둘이 다니는 것도 좋지만 혼자가 더 좋다는 이야기를 듣고 따라 하고 싶어졌다. 혼자 술을 마신 적은 많아도 혼자 바 호핑을 한 적은 없어서. '깡충깡충 뛰어다니다'라는 의미의 홉hop으로부터 유래한 '바 호핑'이라는 단어가 경쾌한 A의 입에서 나오니 무슨 재즈 댄스의 한 동작처럼 느껴졌던 것이다. A가 빵집과 에어비앤비가 함께 있는 자신의 건물을 깡충깡충 뛰어다니며 오르락내리락하는 걸 봐서 그럴지도 모르겠지만. 그 이야기를 A가 운영하는 에어비앤비에서 A네 가족이 만든 빵을 먹으며 들었다. 참고로 빵집 이름은 마사마드레. B는 일본에서 바텐더 자격증을 땄다. 현재 그는 뉴욕에 산다. 한국에는 오뉴월에 방문한다. A와 달리 칵테일에 관한 B의 이야기는 비어 있다. 그래서 이렇게 비중의 비대칭이 일어나는데 앞으로 할 이야기는 B와 겪은 이야기다. 얼마 전에 그와 함께 칵테일 바에 갔었기에.

이런 분들을 만날 때 나는 매우 겸손해진다. 비단 칵테일만이 아니라 재야의 고수들은 어느 분야에나 계시고, 그들 앞에서는 나도 모르게 저절로 양손을 모으게 된다. 이런 일들을 겪으며 잘난 척을 하는 사람에 대해서도 넘어갈 수 있게 되었다. 고수를 만난 적이 없거나 느끼는 바가 부족한 사람이겠거니 생각하며. 그래서 B와 칵테일 바에 갔던 날 나는 특히 겸손했다. 나도 칵테일에 대한 나름의 견해와 주장이라는 게 있지만 잠시 접기로 했다. 그러고는… 권위자께서 추천하거나 주문해 주시는 걸 마셨다. 평소의 내가 같이 간 사람들에게 골라 주는 역할이었다는 건 잊고서. 칵테일 바에 가면 이런 걸 마셔야지라며 계획했던 것도 생각나지 않았다. 권위자가 구성한 그날의 라인업이 더 궁금했기에. 나는 술에 관한 나의 의견을 펼치기보다 남이 말하는 이론을 듣는 게 좋다.

호스넥, 스푸모니, 민트 줄렙. B의 라인업은 이렇게 세 잔이었다. 세 명이 한입씩 맛보고 원하는 걸 고르자는 게 B의 제안이었다. 나는 호스넥을 골랐다. 가장 입맛에 맞는 것은 스푸모니였지만 말이다. 일차에서 다른 술을 마시고 와서 스푸모니는 좀 약했고, 민트 줄렙은 익숙하기에, 이름만 알고 마셔 본 적은 없던 호스넥을 골랐던 것이다. 브랜디나 버번에 진저에일을 타서 만드는 이 칵테일은 간단한 동시에 호사로운 느낌이 있다. 레몬 하나의 껍질을(그것도 통째로!) 구불구불하게 칼로 오려 내어 콜린스 잔 밖까지 늘어뜨리며 '말의 목'처럼 연출하는 칵테일이라서다. 그렇기에 나 하나 먹자고 레몬 껍질을 정성스럽게 오리며 호스넥horse's neck을 연출할 것 같지는 않았다. 내가 생각하기에 호스넥은 레몬 껍질을 길고도 얇게, 우아한 선으로 오려 내는 데 승패가 달려 있기 때문이다. 발레리나의 목덜미처럼 섬려한 선으로 말이다.

그러니 나 같은 사람이 집에서 하기 버겁다. '나 같은 사람'이라는 말에는 나의 실력과 성격에 대한 비애(?)가 깃들어 있다. 음식은 좀 하는 편이지만 칵테일에 대해서는 그렇지 못하다. 음식을 하는 것처럼 자연스럽게 이어지지 않고 어딘가 뚝뚝 끊긴다. 부자연스러운 흐름은 맛에도 표현되어 먹을 만하지만 좋지는 않다.

이상하게도 그렇다. 세상에는 좋아질 때까지 계속 시도하는 사람들이 있는데 나는 그런 사람이 아니다. 잘하지 못하는 걸 붙들고 있을 만한 이유를 찾지 못하겠다. 그래서 내가 이렇게 자질이 부족한 사람인지 모르고 사 두었던 이런저런 리큐르들이 소진되지 않고 있다. 야심 차게 장만한 셰이커도 그대로 있다. 흔드는 것은 부담스러워서 웬만해선 하지 않게 된다.

그 밤, 스푸모니가 마음에 남았다. 나도 할 수 있을 것 같다는 인상을 받았기에. 흔들어 만드는 칵테일이라거나 달걀 흰자가 들어간다거나 했더라면(전문 용어로는 '번잡스러움') 할 생각조차 하지 않았을 것이다. 하지만 저어서 만드는 칵테일은 다르다. 기교가 필요 없다고 해도 되겠다. 술 관련 만화나 전문서를 보면 얼음 모서리의 예리함이 없어질 때까지만 저으라거나 네 번인가 다섯 번만 저으라고 하는데, 나는 그냥 적당히 한다.

하지만 아무리 쉽다고 해도 끌리는 맛이 아니었다면 나

와 관계없는 일이었을 것이다. 스푸모니는 내가 좋아하는 네그로니와 솔티독을 절묘하게 혼합한 맛이었다. 그럴 수밖에. 네그로니의 육체인 캄파리와 솔티독의 정신인 자몽주스를 더한 게 스푸모니 아닌가. 쌉쌀하고 진지한 네그로니보다 산뜻하고, 명랑하며 예민한 솔티독보다 내밀하다고 해야 하나.

언제부턴가 사람의 성격을 파악하는 것만큼이나 음식이나 술의 성격을 알아 가는 일을 좋아하게 되었다. 이런 건 내게 상당히 도움이 된다. 내가 끌리는 사람이나 술을 단번에 알아볼 수 있으며 그렇기에 나의 열정을 쓸데없이 소진할 일이 없다. 모든 사람과 두루두루 잘 지내는 게 목표가 아니듯이 모든 술과 잘 어울리고 싶지 않다. 나를 알아봐 주는 사람처럼 나를 알아봐 주는 술과 있으면 그만이다.

그래서 술꽂이 구석에 처박혀 있던 캄파리를 꺼내 먼지를 털었다. 따 놓은 캄파리가 두 병 있다는 것도 알게 되었다. 만드는 법은 정말 간단하다. 굵은 실린더처럼 생긴 콜린스 잔에 얼음을 넣고 캄파리 30ml, 자몽주스 45ml를 붓는다. 자몽 조각을 더해도 좋고 더하지 않아도 좋다. 그리고 손을 심장 가까이 들어 올려 진저에일을 붓는다. 콸콸콸. 이탈리아어로 거품이라는 뜻의 스푸모니Spumoni에 걸맞게 거품을 만들어 주기 위해서다. 낙하 에너지를 크게 만들어야 거품이 잘 이는 법이니까.

아름답다. 역시 칵테일은 눈으로 마시는 술이다. 누군가에게는 눈으로도 마시는 술이겠지만 내게는 눈으로 마시는 술이 칵테일이다. 맛이나 향기보다도 색채다. 취하자고 먹는 술이 아니라 즐겁자고 먹는 술이 칵테일인데 눈이 즐겁지 않으면 즐거울 수가 없다는 게 나의 생각이다. 캄파리를 좋아하지만 캄파리 소다와 가리발디(오렌지주스를 탄 캄파리)를 좋아할 수 없었던 것은 색 때문이었다. 캄파리는 너무 붉고, 오렌지주스를 탄 캄파리는 탁했다. 내 눈에는 그랬다.

내가 만든 가정용 스푸모니는 며칠 전 바에서 마셨던 것과 크게 다르지 않았다. 자몽 조각을 더했기에 더 나아진 면도 있다. 스푸모니는 아름답고도 맛있다. 우아한 이름만큼 맛도 우아하다. 가볍지만 경박하지 않고, 산뜻하지만 무게가 없진 않다. 공작 깃털 세 개의 무게랄지. 가장 좋은 건 쓴맛의 레이어다. 캄파리의 어른스러운 쓴맛에 자몽의 쓴맛이 더해져 쓴맛의 권역이 풍부해졌다. 이 얼마나 적절한 맛인가. 네그로니보다 부드럽고 캄파리 소다보다 우아하며 가리발디보다 섬세하고 아페롤 스프리츠보다 어른스럽다.

아, 이런 건 치아를 드러내지 않고 웃는 어른의 웃음이다. 더 미묘할 수 있지만 구태여 그렇게 복잡한 사람임을 드러내려 하지 않는 가벼운 웃음. 스푸모니에서는 그런 자몽색 웃음의 맛이 났다.

고요한 애정과 낙관으로

《플라이트 투 덴마크Flight to Denmark》를 들으며 덴마크를 떠올린 시절이 있다. 눈으로 온통 하얗게 된 숲에 무채색 옷을 입은 남자가 서 있는 앨범 재킷을 보면서. 이 남자가 아마 앨범의 연주자인 듀크 조던일 텐데 정결한 재킷에서도, 청아한 사운드에서도 덴마크를 애정하는 마음이 전해졌다. 호들갑스러운 열광이 아니라는 게 좋았다. 이렇게 고요한 애정이라니.

그 사람의 마음으로부터 울려 퍼지는 서정적이면서 몽환적인 타건을 들으면서 덴마크가 어떤 곳이길래 저러나 싶었다. 내가 "너무 좋아!"라며 소리를 내지르는 사람보다

"좋았지"라며 희미한 미소를 띠는 사람에게 마음이 기우는 사람이라 그럴 것이다. 나는 사람을 꽤나 가리는 편이고 시간이 지난다고 해도 가까워지는 편이 아니다. 누군가가 말을 시키면 말을 하겠지만 내가 먼저 말을 걸지는 않는다. 그런 나도 가끔 누군가에게 말을 걸 때가 있는데 정말이지 딱 이런 사람에게 말을 건다는 걸 지금 이 순간 깨달았다. 그러니까 희미한 미소를 띠는 사람. 몹시 내성적인데 눈은 반짝거리는 사람. 비밀스러운 기쁨이 광대뼈와 수줍은 입술 위로 비치는 사람.

여기까지 쓰고 보니 듀크 조던의 이 앨범을 듣자마자 느꼈던 친밀감의 정체를 이제야 알겠다. 그리고 이 앨범이 이렇게 잔잔한 기쁨으로 충만한 이유도 이제는 안다. 덴마크를 방문했다가 운명이 바뀐 남자가 덴마크를 생각하며 연주하는 음악이기 때문이다. 이런 이야기다. 재즈의 부흥기가 지난 미국에서 이 남자는 택시 운전으로 생계를 이어 나가고 있었다. 그런 그에게, 꼼짝없이 택시에 앉아 하루를 보내던 이 남자에게 어느 날 이국으로부터 초대장이 날아온다. 초대장의 발신인은 덴마크의 재즈 애호가들. 그렇게 갔던 덴마크에서 인생이 바뀐다. 6주간의 유럽 순회공연을 하고, 인기를 얻고, 앨범을 발매한다. 끝난 줄 알았던 음악적 커리어가 덴마크에서 다시 시작된 것이다.

동화 같은 이야기다. 그 여파로 나까지 듣게 된 것이니. 나는 어떤 사람인가 하면, 음악 애호가와는 거리가 멀다. 그런 내가 이런저런 경로로 접하게 될 정도로 이 앨범은 유명해진 것이다. 그러니 덴마크란 그에게 얼마나 놀라운 단어일지. 덴마크에 가 본 적이 없을뿐더러 덴마크에 대해서도 거의 아는 게 없는 내게 덴마크 하면 가장 먼저 떠오르는 게 이 앨범이라는 것도 놀랍다.

그래서 덴마크 맥주인 칼스버그를 마실 때도 듀크 조던에 대해 생각한다. 덴마크에서 태어난 소설가 이자크 디네센이나 은세공 장인 조지 젠슨에 대해서도 생각하지만 어쩐 일인지 미국인인 그가 먼저 떠오르는 것이다. 이래서 고유 명사가 무서운 것이다. 어느 영화나 음악 속에 담긴 고유 명사가 마음에 들어오면, 그 고유 명사가 속해 있는 전체를 고유 명사가 뒤덮어 버리게 되니까. 뭐 이런 것이다. 나는 오르한 파묵을 지겨워하는 편이라(팬분들께는 죄송하다) 그의 나라인 튀르키예에는 가고 싶지가 않다. 물론 그 나라가 얼마나 유구한 문명을 지녔던 땅인지도 알고 심지어 그가 자기 나라에서 박해받고 있는 것도 알고, 이게 얼마나 유아적인 생각인지도 알지만 특정 고유 명사로 인해 생긴 편견은 걷어내기가 힘들다.

예술가와 예술은 완벽히 일치한다고 생각하지 않지만

그래도 예술가의 심성이 느껴지는 예술이 있다. 이를테면 듀크 조던의 저 앨범의 소리가 그렇다. 그는 뭐랄까, 심성이 곱고 모나지 않았다. 곱고 모나지 않아서 좋다는 게 아니라 나름의 고생을 했는데 그런 고움을 잃지 않은 게 신기하다. 상당히 강인한 사람이라는 생각이 든다. 그래서 택시 운전을 하던 시절의 그가 궁금하다. 머릿속에 재즈의 프리한 선율이 재생되고 있었을, 매캐한 담배 냄새로 가득한 클럽의 공기를 그리워했을 그 시절의 그가. 분명한 것 하나는 그가 원한 가득한 마음으로 하루를 보냈을 것 같지 않다는 거.

거의 매일 칼스버그를 마시고 있다. 한동안은 IPA였는데 요즘은 칼스버그를 마신다. 그러니까 요즘 우리 집의 공식 주류라고 해도, 주력 테이블 맥주라고 해도 되겠다. 그럴 때마다 듀크 조던의 《플라이트 투 덴마크》가 떠오르는 건 내가 덴마크에 대해 아는 게 별로 없어서겠지. 어쨌거나 칼스버그의 투명함? 청량감? 가벼움? 이런 미덕이 좋아졌다고 해야 하나. IPA의 쓰고 진한 맛도 여전히 좋지만 가벼운 맥주들이 새롭게 느껴진달까. 여름이라서, 이제는 동남아 같은 기후로 바뀐 후덥지근한 여름이라서 그런지도 모르겠다. 이길 수 없다면 날려 버리자. 마셔서 날려 버리자. 한없는 가벼움으로 이 텁텁함을 마셔서 없애 버리자. 이런 자기 최면일지도.

덴마크 발음으로는 '칼스버그'가 아니라 '카를스베르'에 가깝다고 한다. 조지 젠슨Georg Jensen은 사실 영어식 발음이고 원래는 '게오르그 엔센'으로 발음해야 하는 것처럼, 칼스버그도 카를스베르인 것이다. 하지만 칼스버그는 칼스버그여서 세계적으로 유명해지지 않았나 싶다. 북유럽 이름답지 않게 간명하게 들리는 이 단어는 듣자마자 귀에 꽂히는 미덕이 있다.

코펜하겐 근처 어느 마을의 이름인가 싶었던 칼스버그가 사실은 창업자 아들의 이름에서 따왔다는 이야기를 들었다. 아들 이름이 칼Carl. 여기에 공장이 위치한 언덕이라는 의미의 'berg'를 붙여 '칼스버그Carlsberg'가 되었다. 덴마크어에서는 소유격을 만들 때 아포스트로피 없이 그냥 's'를 붙인다고. 칼의 아버지가 아들의 이름을 따서 칼스버그를 만든건 아들이 다섯 살 때의 일이다. 여기서 끝난다면 단조로운이야기가 되었을 것이다. 하지만 칼스버그 이야기에는 반전이 있다.

아버지와 아들의 관계가 틀어진 것이다. 어떻게 보면매우 흔한 이야기일 수도. 애틋했던 부자간이 틀어지는 일은 많고도 많으니까. 이 집도 그랬다. 얼마나 아들이 소중했으면 맥주에까지 아들 이름을 붙였던 아버지는 훗날 후회하게 된다. 사업에 참여하게 된 아들이 아버지와 끊임없이 충

돌했기 때문이다. 해외에서 공부하고 돌아온 아들은 아버지
와 맞는 게 없다. 아버지 본인은 라거를, 아들은 포터나 에일
을 만들었으면 하지만 아들도 라거를 만들겠다고 한다거나.
아버지는 연간 생산량을 제한하려고 하는데 아들은 대량 생
산을 주장한다거나. 부자의 마음이 맞지 않는다. 여기에 예
술품에 대한 견해 차이도 있었다. 프랑스 현대 조각을 수집
하며 헛돈(아버지 입장에서) 쓰는 아들을 아버지는 한심하게
여겼다.

　　그들의 싸움은 쉽게 끝나지 않는다. 일단 아버지는 이
름을 못 쓰게 한다. 칼의 이름을 따서 만든 칼스버그를 정작
칼은 쓰지 못하게 된 것이다. 칼은 '뉴칼스버그'라는 상표로
맥주를 만든다. 그리고 칼스버그와 뉴칼스버그는 싸운다.
상대를 압도하기 위해 표지판을 점점 크게 만드는 유치찬란
한 일을 계속하며. 법정 싸움까지 갔던 부자는 6년에 걸친
소송 끝에 화해한다. 6년이나 법정에서 싸웠으면서 대체 어
떻게 화해한 건지가 가장 궁금한데, 이 '어떻게'에 대한 이
야기는 들을 수 없었다. 어쨌거나 화해의 결과로 칼스버그
와 뉴칼스버그는 하나의 칼스버그가 되었다고.

　　그리고 이야기는 계속된다. 아버지에게 심미안을 의심
받았던 아들의 컬렉션은 결국 미술관으로까지 이어진다. 그
미술관은 글립토테크 미술관으로 로댕의 조각이 로댕의 본

국인 프랑스보다 많은 곳으로 유명하다. 해마다 40만 명이 찾는 코펜하겐의 명소라고 한다. '글립토테크Glyptotek'란 그리스어로 '조각관'이라는 뜻. 입체로 만들어진 예술이 인간과 가장 가깝다고 믿어 칼은 조각에 매료되었다. 덴마크의 그 유명한 인어 공주 동상도 이분께서 조각가에게 제작을 의뢰해 나라에 기증했다고 한다.

이 글을 쓰게 한 모든 시작은 파리 7구에 있는 로댕 미술관에서였다. 어떻게 조각이 살아 움직이는 느낌이 들지? 로댕이 만든 인간의 몸을 보면서 화르륵 쿨타 버릴 것 같은 기분을 느꼈다. 살아 움직이다 못해 숨결까지 느껴지는 로댕의 작품을 보고 받은 충격이 덴마크의 글립토테크 미술관을 알게 했다. 로댕의 작품이 가장 많은 곳이 프랑스가 아니라 바로 그곳, 글립토테크라는 것도. 그 이유는 칼의 집요함 덕이라는 것도. 대체 왜 코펜하겐에 로댕 작품이 가장 많은지 궁금해하다가 칼스버그 가문 이야기를 알게 되었다. 로댕에 대한 관심이 글립토테크 미술관으로, 칼로, 칼스버그로 이어진 것이다. 로댕 미술관에서 받은 충격이 이 글로 이어지기까지 20년이 걸렸다는 것도 밝혀 둔다.

칼스버그는 그냥 마셔도 좋지만 칵테일을 만들어 마셔도 좋다. 맥주로 만드는 칵테일 중에 샌디 개프라는 게 있다. 샌디 개프를 만들기에 칼스버그가 가장 최적화된 맥주라고 생각한다. 진저에일 반, 맥주 반을 섞어 만드는 게 샌디 개프다. 진저에일의 생강 맛과 맥주의 약한 단맛, 쓴맛의 조화가 상당하다. 맥주를 먼저 붓고 진저에일을 나중에 부어 주기만 하면 된다. 독일에 라들러가 있다면 미국에는 샌디 개프가 있달까. 영국에서는 비터 샌디라고 한다는데, 둘 다 어감이 좋다.

　　듀크 조던은 칼스버그를 많이 마셨겠지. 그렇게 생각하며 칼스버그를 마시는 지금《플라이트 투 덴마크》를 듣고 있다. 인생을 낙관하는 여유의 저 터치가, 나는 좋다.

취생몽사

취한 듯 살고 꿈꾸듯 죽는다

적나라한 꽃 냄새가 나는 고독

잘 지내고 계시나요? 좋아하는 사람의 드러난 목덜미를 가만히 응시하고 싶어지는 계절입니다.

오늘 저는 백년고독이 들어왔다는 이야기를 듣고 급히 다녀왔습니다. 찬바람을 뚫고서. 찬바람이라고는 하지만 입동立冬과 소설小雪 사이의 찬바람이라 어딘지 설레는 바람이었습니다. 제가 겨울을 좋아하고, 초겨울의 알싸함을 좋아해서 그럴 것입니다. 또 11월 7일과 11월 22일 사이 일어난 일들을 좋아합니다. 라흐마니노프가 피아노협주곡 제2번을 초연했고, 베를린 장벽이 붕괴됐고, 제가 좋아하는 사람이 태어났습니다. 제 생일도 그 사이에 있습니다. 가장 좋아하는 단어가 소설인지라 제 생일이 소설 즈음이라는 게 운명적으로 느껴졌다는 것까지 말해 두고 싶습니다.

소파에 늘어져 있다가 마음이 급해져 벌떡 일어났습니다. 가는 동안, 다 팔렸을지도 모른다는 초조함과 어쩌면 나를 위한 마지막 한 병이 남아 있을지도 모른다는 기대감이 수시로 교차했고요. 불안과 희망이 들숨과 날숨처럼 왔다 갔다 했습니다.

술꾼들에게는 전설 속의 술이라 그렇습니다. 그렇습니다. 백년고독은 술입니다. 백년고독이라니. 백년고독이 술 이름이라니. 이 글을 읽는 당신께서 술을 좀 알고 글도 좀 아는 분이라면, 그래서 백년이라는 말에 담긴 아득함과 고독이라는 단어 깊이 잠복한 희미함에 대해서 느끼는 분이라면 마음이 좀 저릴지도 모르겠습니다. 고독 따위는 나와 관계없는 일이라고 여기는 분이시라면 그냥 지나쳐 주시길 바랍니다. 하지만… 고독이라는 말은 위험합니다. 당신을 끌어당길지도 몰라요. 그래서 고독하다고 생각한 적이 없는 분일지라도 고독이라는 말이 당신도 모르게 가졌던 어두움을 길어 올릴지도 모르겠습니다.

제가 그렇거든요. 그래서 이렇게 평소와 다르게 경어체로 이 글을 쓰고 있습니다. 그런 단어나 사람이 있습니다. 그 앞에서 저절로 양손을 모으게 하는. 백년고독에 대해 처음으로 들은 것은 술에 대한 책에서였습니다. 술과 사람이 함께 흐르는 그 책을 읽으며 저는 많은 술을 알게 되었고, 좋은 사람들과 함께하는 그분의 술자리를 부러워했었는데요. 시간이 꽤나 흐른 지금 저는 미지였던 그 술들을 여럿 만났고, 또 좋은 사람들과 함께 그 술들을 마시고 있습니다.

신기할 따름입니다. 하늘 아래 저 혼자인 것만 같고, 함께할 사람이 없어서 고독하기 그지없었을 때도 있었는데요. 지금은 그렇지 않습니다. 더 신기한 일은요, 술에 대한 그 책을 쓰신 분을 어느 날 만나게 되었다는 것입니다. 제주에 갔을 때였어요. 커다란 나무와 가지런한 가게들이 있는 동네의 한 카페에서였습니다. 구옥을 살려서 만든 창과 들보 같은 것에 감탄하며 시간을 보내다가 그 책을 발견했습니다. 쇼케이스 옆에 단 한 권의 책이 놓여 있었는데 바로 그 책이었어요. 제가 부러워했던 술과의 사연을 엮은 그 책이요. 저도 모르게 이렇게 말했습니다. "이 책이 왜 여기 있어요?" 카운터에 계신 분이 말했습니다. "제가 쓴 책인데요."

이제는 그분과 술을 함께 마시기도 하고, 그분이 직접 빚으신 술을 보내 주시기도 합니다. 아, 그 책에서 백년고독은 이렇게 등장합니다.

이름만으로 이미 사람을 취하게 하는 술이 있다. 백년고독! (…) 중국 백주 중에 '백년고독'이라는 술의 존재를 알고 몇 번을 마시려 했으나, 아직 마시지 못했다. (…) 마셔보지 못하고, 상상만 하는 술이기에 백년고독은 소맥과 고량으로 빚어지는 것이 아니라, '기꺼이 고독하라!'는 문구처럼 스스로가 선택한 유배와 단절, 침묵으로 빚어진다. 십 년, 이십 년, 삼십 년… 백 년, 아주 오랜 시간 수많은 감정과 언어, 삶으로 빚어진다.

이러니 제가 마시고 싶지 않을 도리가 없지 않았겠습니까? 『술 마시고 우리가 하는 말』(한유석 지음, 달, 2015)이라는 책입니다. 이 글을 읽다가 알았습니다. 백주는 소맥과 고량으로 빚어진다는 것을요. 소맥은 소주와 맥주를 섞은 걸지칭하는 게 아니라 밀이고, 고량은 수수라는 것을요. 중국어로 대맥은 보리라는 것도 알게 되었습니다. 이 책의 작가처럼 생각하게 되었습니다. 마셔도 좋겠지만 마시지 않아도 좋겠다고. 백년고독이라는 술이 이 세상 어딘가에 있다는 것을 알고 있는 것만으로도 좋겠다고요.

왕가위의 영화 〈동사서독〉에 나오는 술 취생몽사처럼요. '취한 상태로 살다가 꿈꾸듯 죽는다'라는 뜻이 아니라지난 일을 잊게 해 준다는 영화 속 술의 이름입니다. 저는 이런 분들이 참 부럽습니다. 술의 이름이나 향수의 이름을 짓는 분들, 그리고 술과 향수에 대한 테이스팅 노트를 적는 분들. 눈에는 보이지 않고, 공중에 잠시 퍼질 뿐인 향기를 붙잡으려고 시도하는 그분들의 일이 경이롭게 느껴지기 때문입니다.

백년고독이 떨어질까 봐 다급히 달려간 그곳에는 다행히 백년고독이 있었습니다. 백년하고도 그독이 보존되어 있다는 생각에 기분이 이상해졌습니다. 그저 술 이름일 뿐인데, 백년과 고독을 붙여 놓으니 자못 센티멘털해지는 것입니다. 저는 감상적인 사람이 좀 힘든데, 저런 걸 보고 있자니, 술병 안에 백년의 고독이 든 것 같고, 그래서 마치 대단한 인생의 비기를 받아 든 것 같다는 생각에 빠져들었습니다.

그런데요, 제가 산 술은 백년고독이 아니었습니다. 백년의고독百年の孤獨이었습니다. 햐쿠넨노고도쿠. 백주가 아니라 일본 소주였습니다. 쇼추라고도 하는. 소맥과 고량이 아닌 보리와 보리누룩으로 만든 술이라고 타벨에 써 있었습니다. 대맥을 증류해 만든 고독이었습니다. 이상한 일은요, 중국의 백주인 백년고독과 일본의 소주인 백년의고독이 비슷하게 생겼다는 것입니다. 둘 다 베이지색 종이로 술병이 싸여 있고, 라벨은 조니워커처럼 사선으로 붙어 있습니다. 백년짜리 고독은 이렇게 생겨야 한다는 무의식적 공감대가 있었던 걸까요? 눈앞에 백년의고독을 둔 채로 스마트폰으로

백년고독을 찾아보고 있으려니 기분이 이상합니다.

저처럼 백년과 고독이라는 단어에 홀린 이들의 후기를 읽었습니다. 백년과 고독의 맛을 궁금해하는 이들의 후기를요. 어딘지 상기되어서 이 술을 먹어 본 적이 있느냐고 묻고, 또 먹어 본 후에 이 술의 맛에 대해 서술하는 분들의 글을 읽으면 미소가 지어집니다. 귀여우신 분들. 그렇습니다. 우리는 모두가 고독한 것입니다. 모두가 견디고 있는 것입니다. 각자에게 주어진 무게와 각자의 시간을. 그러니까 이 술을 그토록 마시고 싶어 하는 것 아니겠습니까.

백년의고독은 마르케스의 소설 『백년의 고독』에서 이름을 따왔다고 합니다. 이 소설이 일본에 번역되어 출판된 게 1985년이고, 그해가 백년의고독을 만든 해이고, 또 양조장 구로키혼텐이 100주년 된 해이기도 해서 그렇다고요. 술이 오크통 속에 갇혀 숙성되는 시간이 고독하게 느껴진다는 의미도 담았다면서요. 중국의 백주인 백년고독도 이 소설에서 이름을 따왔을지 모르겠다는 생각이 들었습니다.

이 고독을 글렌캐런 글라스에 따랐습니다. 위스키와 양조 기법이 비슷해 보여서 위스키 잔이 어울릴 것 같았기 때문입니다. 일본 소주를 '화이트 스피릿'이라고도 하는데, 이 술은 '옐로 스피릿'이라고 해야 할 듯합니다. 오크통에 오래 담겨 있어서 그런지 옅은 나무색이 돌았거든요. 처음에는 스트레이트로, 다음에는 물을 살짝 타 풀어지게 해서, 그다음에는 물을 반쯤 타서 미즈와리로 마셨습니다.

그리고 향에 대하여. 말려서 더 진해지고 적나라해진 꽃 냄새가 났습니다. 맛은, 너무 달콤해서 놀랐습니다. 쓴맛은 전혀 없이 진득한, 시간이 증류되어 만들어 낸 달콤한 이 술을 마시면서 생각했습니다. 이런 초현실적인 달콤함은 백년의 고독 이후에 오는 안식일까라고요. 인생이 써야 술이 더 단 거 아니겠습니까.

고독은 이왕이면 진한 게 좋은 듯합니다. 스트레이트로 마실 때 가장 좋았습니다. 고독의 농도는 100%가 적당합니다.

아름답고 명랑한 뮈스카

그런 걸 뭐라고 불러야 하는지 모르겠는데 나에게는 병이 있다. 책 속에서 본 술과 요리는 먹어 봐야 하는 병. 먹지 않으면 끙끙 앓는다, 정도까지는 아니어도 자꾸 눈앞에 아른거리기에 어떻게든 해결하는 게 좋다. 여기서 내가 말하는 책이란 소설이나 소설가가 쓴 산문집이다. 음식 이야기가 나온 후 조리법은 슬쩍 등장하거나 아예 나오지 않기에 오히려 여백을 마음대로 채워 넣을 수 있어 더 좋다. 여기에 술까지 페어링하는 게 나의 확장형 독서다.

무라카미 류가 일본의 요리 프로에 나와 망고 카레 레시피를 소개했다는 요시모토 바나나의 에세이를 읽고 따라 한 적이 있다. 무라카미 류가 망고를 발가락만 한 크기로 자르라고 했다고 요시모토 바나나가 말한 게 전부. 나는 그걸 하지 않을 수 없었다(손가락만 한 크기로 자르라고 했다면 했을 것 같지 않다). 또 루쉰의 단편 「쿵이지」에서 양념한 콩과 사오싱주(소흥주)를 마시는 걸 보고서 '항저우식'으로 콩을 즈리해 사오싱주와 마시기도 했다. 물론 항저우식이라는 것은 내가 책에서 얻은 항저우에 대한 인상을 토대로 변주한 항저우식이었고….

　　나처럼 음식을 좋아하는 사람을 푸디foodie라고 한다는데, 푸디적 성향에 말[言]에 미치는 성향이 더해져 그렇게 되는 것 같다. 참고로 미식가나 탐식가, 식도락가 같은 말은 어딘가 으스대는 게 느껴져서 선호하지 않는데 나만 그런가 싶기도. 음식이 먼저인지 책이 먼저인지 모를 정도로 음식과 책이 완강하게 결합된 어린 시절을 보냈다. 나의 집은 먹는 일에 가치를 부여하는 정도가 높은 집이라 늘 먹으면서도 다음에 먹을 거나 '세상에 이런 먹거리가' 같은 유의 이야기를 했다. 나는 그런 걸 좀 지겹게 생각하는 편이라 가족들의 대화에 끼어들지 않았으나 먹고 마시는 이야기가 나오는 책이라면 미쳤다. 지금 와서 생각해 보면 내 식대로의 음식 대화를 했던 것이다. 책에 나오는 세계의 온갖 음식 이름을 기억하며 어른이 되면 반드시 먹겠노라고 다짐했는데 상당 부분

이루었다. 책에 나오는 음식을 내 식대로 요리하는 일이란 문학을 좋아하고 음식도 좋아하는 이가 할 수 있는 명랑한 도락이라고 할 것이다. 여기에 술까지 더하니 금 위에 꽃을 더하는 것과도 같다.

최근에는 김환기 산문집을 보다가 순대 튀김이라는 걸 따라 해 보았다. 감자 퓌레를 깐 후 버터에 튀긴 순대를 얹는 요리다. 제목조차 '순대 튀김'인 글에서 선생은 이렇게 말씀 하신다. 껍질을 벗겨 삶은 감자를 절구로 짓이긴 후 버터와 우유를 듬뿍 쳐서 또 5분간 짓이기라고. 그러면 무른 찰떡같 이 된다는 말에 느낌이 왔다. '무른 찰떡'이란 말에 어느 레 시피보다 신뢰가 갔기에 그 질감을 구현하고자 절굿공이로 짓이겼다. 과연! 버터의 유지방과 감자의 전분질이 섞여 만 들어 내는, 대지로부터 기원한 유백색의 감자 퓌레는 아름 다웠을뿐더러 버터와 우유가 감자와 함께 섞이며 나는 냄새 란…. 고소하고 달콤하고 평온한데 '니끼함'('느끼함'으로는 전달이 안 되어 이렇게)이 한 점도 없는 냄새라 고질적인 불면 증을 앓고 있는 환자라도 회복시킬 만한 치유계의 냄새였다.

이건 뭐. 먹기 전부터 좋았다. 음식이 아니라 시각과 후 각을 보필하는 뭔가를 만들고 있는 느낌이라서. 이 감자 퓌 레를 버터나이프로 접시에 펼치는 동작도 그렇다. 캔버스에 유백색 물감을 두껍게 바르는 일을 상상하게 되는 것이다.

순대 튀김을 놓는 것은 또 어떤가? 나는 감자 퓌레 위에 순대를 어떻게 배치할지 꽤나 진지하게 고민했다. 그러니 이 김환기식 순대 튀김을 그냥 먹을 수 없지 않나? 술이 있어야 비로소 완성되는 음식이 있고, 이 음식이 그런 계열이라고 확신했기에 술을 골라야 했다. 선생께서는 순대 튀김이 본인이 할 수 있는 유일한 노르망디식 요리라며 여기에 강한 술보다 컬컬한 우리 약주와 먹을 것을 권하셨지만 내 생각은 달랐다. 김환기 선생도 꽤나 음식을 좋아하고 나와 음식 취향이 겹치는 면도 있지만 이 분야는 내가 그보다 잘 알기에 선생의 제안을 물리치기로 했던 것이다.

하지만 뭘 마셔야 할까? 단번에 떠오르지는 않았다. 약주가 아니라는 것만 알았다. 버터 때문이다. '버터에 굴린 음식은 약주와 어울리지 않는다'라고 나의 경험들이 경고했다. 로제 와인도 어울릴 듯하고, 버번위스키도 좋을 것 같고, 칼바도스도 안전할 것 같았다. 하지만 내가 준비한 것은 뮈스카였다. 특별히 뮈스카를 좋아해서는 아니고, 선생의 산문집 『어디서 무엇이 되어 다시 만나랴』(환기미술관, 2024)를 보다 뮈스카를 먹지 않으면 안 된다는 생각이 들어서. 뮈스카 찬양이 한두 번도 아니고 여러 번 나올뿐더러, 심지어 뮈스카를 그리워하다 뮈스카 씨를 받아 와 마당에 심었다는 이야기도 나온다. 물을 주며 조석으로 들여다보아도 싹이 오르지 않는다며 슬퍼하는 이야기는 귀여운 느낌마저 든다. 선생은 뮈스카를 뮤스카로 적고 있음을 말해야겠다.

한 알씩 따 먹는 걸로는 안 되고 송이째 들고 왕창 뜯어서 볼이 미어지도록 먹어야 한다고 선생은 적고 있다. 그러면서 뮤스카란 술에 대한 찬양을 이어 간다. 식전주인 이 술은 생포도 뮤스카의 맛과 향기를 그대로 지니면서 그보다 더 높고 깊은 농도로 사람에게 환희를 가져온다고. 이건 아무 논리적 근거 없는 나의 추측이기는 하지만, 김환기 선생이 그토록이나 뮈스카를 찬양하는 것은 플랑드르파 화가들이 그린 정물화 때문이라고 생각한다. 꽃과 과일로 현세의 행복과 인생의 덧없음을 함께 표현했다는 그 그림들 말이다. 거기에는 꼭 청포도가 늘어져 있다. 청포도의 얇은 껍질은 촛불로 불을 밝히던 중세의 빛을 반사해 내고 있고….

이러니 뮈스카를 준비하게 되었다. 'muscat'라고 쓰고, 선생 말대로 포도 품종이기도 하고 와인 이름이기도 하다. 한국에서 몇 년 전만 해도 귀한 대접을 받다가 이제는 아주 흔해진 샤인 머스캣도 'muscat'이라고 쓴다. 뮈스카는 불어식으로 머스캣은 영어식으로 읽은 건데, 뮈스카를 만드는 뮈스카 포도와 샤인 머스캣 사이에 어떤 연관이 있는지는 모르겠다. 나는 샤인 머스캣 같은 달기만 한 음식을 좋아하지 않는데 술은 좀 다르다. 단 술에만 있는 어떤 정서라는 게 있다.

잊지 못하는 단 술에 대한 추억이 있다. 오후 4시쯤, 상사가 불러 갔더니 아이스 바인과 에클레어가 준비되어 있었다. 그것을 사 가지고 온 손님과 상사가 그것을 먹으려다가 무슨 이유에서인지 나를 부른 것이었다. 편할 수 없는 자리였다. 아이스 바인을 마시고 에클레어를 한입 먹는 순간, 나는 알았던 것 같다. 이 순간을 영원히 기억하게 될 거라고. 10년도 더 된 일인데 아직도 그때의 기분 좋은 충격이 남아 있다.

그 후, 이런저런 '단 술'을 마셔 보았다. 포트 와인으로 시작해 마데이라, 올로로소, 아몬티야도, 피노, 소테른, 바르삭, 파시토, 마르살라, 봄 드 브니즈…. 디저트 와인이나 주정강화 와인이라고 부르는 그 술들을 말이다. 내가 준비한 뮈스카는 봄 드 브니즈Beaumes De Venise였다. 봄 드 브니즈는 프랑스 남동부 론 지방의 마을 이름으로, 뱅 두 나튀렐vin doux naturel 타입의 스위트 와인을 만든다. 내가 뮈스카 봄 드 브니즈를 순대 튀김에 곁들여 마시려고 한 것은 소테른에 푸아그라가 공식이라고 하는 이야기(대표적으로 앤서니 보데인)를 많이도 들어와서다. 소테른과 봄 드 브니즈가, 푸아그라와 피순대가 맛과 질감의 유사성이 있다고 생각해서 이렇게 페어링하기로 했다.

좋았다. 감자와 버터와 우유를, 피순대에 들었을 찹쌀

과 배추와 선지를, 살구와 캐러멜 맛이 나는 뮈스카가 감싸 안는 느낌이 들었달까. 뮈스카의 단맛 끝에 어리는 씁쓸함 도 적절했고. 김환기식 순대 튀김은 쉽게 말해 검은 소시지 요리인 부댕 누아boudain noir와 비슷하다. 부댕 누아에 살구나 사과가 함께 나왔던 것도 떠오르며 이렇게 마시길 잘했다고 생각했다. '역시 블러드 소시지에는 사과와 살구군'이라고 조용히 감탄도 하며.

오래전 김환기의 푸른색 점화를 보고 마음이 시큰해 캔 버스 앞에서 한참을 서 있던 기억이 있다. 뭐라 말할 수 없을 만큼 아름다운데 왜 이렇게 서러운 느낌이 드나 생각했었다. 서러운 생각으로 그리지만 결과는 아름답고 명랑한 그림이 되기를 바란다는, 점화에 대해 선생이 쓰신 문장을 보고 점 화 앞에서 떠나지 못하던 그때가 떠올랐다. 친구 김광섭이 죽었다는 이야기를 듣고 그린 그림이다. 김광섭이 죽기 전 에 쓴 시의 구절은 김환기 그림의 제목이 되었다. 그런데 김 광섭은 죽지 않았다. 김광섭이 죽었다는 말은 오보였던 것 이다. 이 그림을 그리고 나서 4년 후 김환기가 죽는다. 김광 섭은 김환기가 죽고 나서 3년을 더 살다 죽는다.

시의 마지막 구절이자 그림의 제목은 〈어디서 무엇이 되어 다시 만나랴〉. 인생의 유한함과 덧없음을 느끼며 그림 을 그리고 시를 썼을 것이다. 김환기가 김광섭에게 자신의 작품을 표지로 한 호화판 시집을 내주겠다고 했다는 이야기를 좋아한다. 이런 이야기를 들으면 검은색 표지에 은색 띠를 둘러 김기림의 『기상도』를 꾸며 주었던 이상이 떠오르면서 나도 모르게 미소가 지어진다.

　마음에 들지 않는 현실 속에 있을 때와 달리 그림과 시속에 있을 때는 풍요로웠을 것이다. 그렇게 취한 듯 살고 꿈꾸듯 죽었을 것이다. 삶과 죽음과 김환기의 서러움을 생각하며 론의 뜨거운 태양에 달궈진 아름답고 명랑한 뮈스카를 마셨다.

화산을 마시기

한날한시에 죽은 부부가 있다. 함께 어딘가로 뛰어내리거나 약을 먹은 건 아니다. 화산을 열렬히 사랑해 전 세계 화산을 보러 다니는 게 일이었던 화산학자 부부는 일본 운젠 화산이 폭발해 죽었다. 낭만적이면서도 파괴적이다. 화산만큼이나 그렇다.

카티아 크라프트와 모리스 크라프트 부부 이야기다. 화산에 대한 저술과 연구와 영상을 남긴 부부는 죽기 전까지 화산이 분화하는 장면을 찍었고, 그래서 자신들의 죽음도 남겼다. 운젠 화산을 포함해 부부가 남긴 화산 탐방 영상을 토대로 만든 다큐멘터리를 보면서 나는 화이트 와인을 마시고 있었다. 이 와인이 화산 와인이면 좋겠다고 생각하면서.

그렇다. 세상에는 '화산 와인'이라는 게 있다. 스페인과 이탈리아의 화산 토양에서 재배된 포도로 만들었다는 와인을 마시며 이 세상에 화산 와인이라는 게 있다는 걸 알게 되었다. 화산의 검은 토양에서 난 포도로 만든 와인이 화산 와인이다. 이 검은 화산 토양은 유난히 비옥하다고 한다. 토양만 남다른 게 아니라 화산도 산인지라 땅의 경사도도 달라진다. 평지가 아닌 테라스식으로 개간한 밭에 포도를 심어야 하고, 고도가 올라갈수록 강우량이 많아진다. 또 일교차도 커지는데 모두 좋은 와인을 만들기 위한 조건에 해당된다. 재배하는 사람에게는 가혹하지만 키워지는 포도 입장에서는 좋은 일인 것이다.

나는 검은 토양을 신뢰하는 사람이다. 제주 당근을 먹고 그렇게 되었다. 당근은 제주 당근과 비제주 당근으로 나눠야 한다고 주장하고 싶을 만큼 제주 당근은 압도적으로 맛있다. 제주의 검은 흙에 심긴 당근이라 그런 맛이 난다고 들었다. 제주에 간다면 한라봉 주스 대신 구좌 당근 주스를 마셔야 한다는 이야기를 들은 적이 있는데 이제는 내가 그 말을 하는 사람이 되었다. 그렇기에 화산 와인의 검은 토양 이야기를 듣고 바로 이해할 수 있었다.

하지만 처음 화산 와인을 마셨을 때 나는 좀 어리둥절했다. 토양이 남다른 것은 알겠는데, 당시 내가 생각하기에 그건 내 이해 영역 밖의 와인이었기 때문이다. 적도에 가까운 위도대에서 어떻게 이런 산미가 좋으면서 미네랄리티가 있는 와인이 나오나 싶어서. 와인을 좀 드시는 분들이 좋아하는 특정 위도대가 있다고 말씀하시는 것을 이해할 만큼 나도 적도와 상당히 떨어진 위도대, 하지만 북극으로는 너무 가깝지 않은 위도대의 와인을 골라 마셨었다. 그런데 그날 내가 마셨던 적도와 가까운 편인 화산 와인은 내가 선호하는 위도대의 섬세한 맛이 났던 것이다.

그 비밀을 나중에야 알게 되었다. 위도의 부족함을 고도가 상쇄하기도 한다는 것을. 그런 와인이 있다는 것을 말이다. 위도가 낮을수록 고도가 중요하다는 것을 말이다. 제주처럼 화산섬인 시칠리아 와인이 명성을 얻은 비밀은 고도에 있다고 했다. 시칠리아의 62%가 언덕이고 24%가 산이다. 화산 와인의 본산지인 에트나는 시칠리아에서 가장 높은 산이며 전 세계에서 가장 활발한 움직임이 있는 곳이다. 그걸 알고 나서 에트나 와인을 찾아 마시기 시작했다.

화산 하면 에트나고, 에트나의 와인이 좋아서다. '에트나'라고 할 때의 울림도 좋다. 개인적인 아쉬움이 있는 곳이기도 하다. 이탈리아로 한 달 여행을 간 적이 있는데 그때 가려다 못 간 곳이 에트나다. 화쇄류가 쌓인 검은 산이 보고 싶었다. 내가 밟아 본 산과는 다른 질감일 그곳을 발로 느끼고 싶었다. 냄새도 궁금했다. 그래서 어딘가에 남아 있을 유황 냄새를 맡으며 검은 산을 트래킹하고 싶다고 생각했었다. 화산 와인이라는 장르를 알았다면 반드시 에트나의 검은 산을 걷고 나서 에트나 와인을 마셨을 텐데 그때는 화산 와인의 존재를 알지 못했다.

　고대 그리스인은 에트나의 화산 활동이 불의 신 헤파이스토스가 신들의 무기를 만들기 때문에 일어난다고 생각했다. 로마 사람은 그 산을 불카누스Vulcanus라고 불렀고, 영어에서 화산이라는 뜻의 볼케이노volcano의 유래다. 로마 사람은 지금의 화산을 '에트나'로 불렀다. 에트나는 시칠리아의 북동쪽에 위치한 산이며 동시에 화산을 뜻하는, 그러니까 고유 명사이자 동시에 보통 명사였던 것이다. 내가 이래서 에트나 와인을 마신다. 에트나 와인을 마시는 것은 곧 화산을 마시는 것이라서. 고대 그리스인과 로마인이 화산이라는 뜻으로 쓰던 단어를 마시는 것이기도 해서.

　내가 본 화산학자 부부의 다큐멘터리 제목은 〈화산만큼 사랑해〉다. 보기 전에는 'Fire of Love'라는 원제를 너무 바꾼 게 아닌가 싶었지만 보고 나서는 충분히 납득이 되었다. 아무래도 카메라 앞이니 평소보다 과장되었을 가능성도 있지만 이 부부는 화산을 열렬히 사랑하고 삶 또한 열렬히 사랑하는 것으로 보였는데, 무엇보다 서로를 가장 사랑하는 것 같았다. 서로를 보는 얼굴에 시종 미소가 떠나지 않아 의아할 지경이었다. 화산 다큐를 보겠다고 그걸 보던 나는 어쩌다 보니 부부애를 다룬 다큐도 보게 되었던 것이다.

화산이 분화하는 걸 보면서 카티아가 가장 많이 하는 이야기가 먹는 이야기라는 걸 보고 난 크게 웃었다. 40kg도 안 되어 보이는 깡마른 여자는 식욕이 없어 보여서 더 그랬다. 아니면 먹는 이야기만 하고 먹지는 않는 건가도 싶었고. 카티아가 프랑스인답게 와인도 좋아하는지 궁금했다. 그가 와인을 좋아한다면 분명히 에트나산에 올라 에트나 와인을 마셨을 텐데라는 생각을 하며.

하지만 아쉽게도 그랬을 것 같진 않다. 카티아와 모리스가 운젠 화산에서 죽은 해가 1991년인데 에트나 와인이 생산되기 시작한 게 1990년대라서다. 그리고 화산 와인이라는 게 있다고, 에트나 와인이라는 게 있다고 알려지기 시작한 시점이 2000년대라고 하니 말이다. 그러니까 '화산 와인'이라는 개념은 부부가 죽고 나서 2000년대에 생긴 것이다. 화산 와인은 너무 늦게 이 세상에 왔다. 너무 아쉽다는 생각. 지나가 버린 일들을 생각하다 이렇게 타이밍이 맞지 않을 때는 좀 속이 상한다. 내게 일어난 일들보다 역사적 사건 속에서 일어난 일들 중에 '아, 그 사람과 그 사람이 그렇게 엇갈리지 않았더라면'이라며 애석해하는 편이다.

화산의 위험과 함께 화산 토양의 잠재력을 널리 알린 부부가 그 잠재력을 존중해 만든 와인을 마셔 보지 않았다는 것도 매우 애석하다. 마셨다면 세상에서 화산 와인의 맛을 가장 깊이 느꼈을 사람들인데. 나만 해도 에트나 와인이 맛있는 건 이런저런 맥락이 더해져서인데 그들이 마셨다면 어땠을까. 그들이 화산 옆에서 화산 와인을 마시며 화산과 화산 와인에 대한 이야기를 하는 걸 상상하니 숨이 가빠 온다.

화산의 연기가 떠올라서다. 또 헤파이스토스가 떠올라서다. 에트나라는 불구덩이에서 신의 무기를 담금질하고 있을 헤파이스토스를 떠올리면 쩡쩡하는 굉음이 들리며 에트나 와인의 맛이 더 각별해지는 것인데. 그들의 혀끝으로는 얼마나 광대한 것들이 지나갔을지!

귀하게 썩을지어다

소테른 와인을 어떤 음식과 함께 먹으면 좋을까 묻는 분의 질문에 무조건 푸아그라죠라고 대답한 적이 있다. 푸아그라에 소테른을 즐겨서 그런 것은 당연히 아니고 소테른이 나올 때마다 푸아그라나 테린이 따라 나오기 때문이다. 책에서든 영화에서든 말이다. 그래서 나도 모르게 '무조건 푸아그라'가 튀어나왔다. 그분들은 말씀하신다. 그게 아니라면 로크포르 같은 블루치즈와 먹으라고.

정작 나는 그렇게 먹어 본 적이 없다. 소테른을 마셔 본 적도 있고 로크포르를 먹어 본 적도 있는데. 소테른을 로크포르나 소테른에 가장 잘 어울린다고 하는 음식들과 먹어 본 적은 없다. 하지만 뭐 그런대로 좋았다. 소테른의 꿀 같은 농밀함이 너무 비현실적이라 기분이 둥둥 떴으니까.

얼마 전에 독일식 소테른이라고 할 수 있는 베렌아우스레제를 한 모금 마시고서 얼굴을 찌푸렸다. 이 술이 정말 맛있어서. 금방 얼굴을 환히 펴고 '아, 맛있어!'라고 끝낼 종류의 맛이 아니었다. 얼굴을 구긴 채로 한동안 있을 만한 심각한 맛이랄까. 다시 이 초월적인 기분에 대해 생각했다. 포도에서 이런 단맛이 난다고? 포도 말고는 어떤 것도 첨가하지 않았는데? 한동안 멀리했던 디저트 와인의 세계에 다시 퐁당… 빠지고야 말았다.

특별한 이유가 있어서 멀리했던 것은 아니고 세상에는 먹어야 할 술이 많으니까. 내가 소테른을, 뮈스카 봄 드 브니즈를, 포트를, 셰리를, 마데이라를 얼마나 사랑했었는지 깨달았다. 아, 또 비스코티 쿠키를 적셔 먹는 빈 산토도. 볼로냐인가 토리노에서 후식으로 나온 단 술과 비스코티의 조합에 반해서 한국으로 돌아올 때 단 술과 비스코티를 잔뜩 사왔었는데, 그 술이 바로 빈 산토다.

'메인' 술보다도 식후주에 열광했던 시절이다. 식후주가 있는데 왜 후식으로 에스프레소나 아이스크림을 먹어야 하느냐며 마음속으로 항변했었다. 이탈리아 후유증이라고 불러도 좋겠다. 한 달 동안 이탈리아를 여행하면서 동네가

바뀔 때마다 달라지는 와인을 마시는 재미도 누렸지만 동네
마다 관습에 따라 바뀌는 식후주의 다채로움에 홀렸었다.

그런데 베렌아우스레제는 처음이었다. 리슬링 품종으
로 만드는 베렌아우스레제Beerenauslese는 일일이 '한 알 한 알
골라낸' 포도라는 뜻이라고, 이 귀한 와인을 가져오신 분께
서 말씀하셨다. 10년에 두세 번 정도밖에 만들지 않는다고
도. 베렌아우스레제가 공기 중으로 퍼지는 것을 느끼며 나는
로크포르나 테린이 없는 것을 아쉬워했다. 그렇다. 이날도
역시 디저트 와인에 어울리는 최상의 안주는 없었던 것이다.

냄새부터 대단한 술이었다. 리치와 복숭아에 꿀 향, 그
리고 과일이 농후하게 발효되었을 때 나는 화학적인 물질의
냄새가 났다. 안 좋은 의미에서가 아니라 좋은 의미에서. 그
걸 무슨 냄새라고 하는지 생각하다가 떠올랐다. 페트롤! 흔
히들 석유 냄새라고 하는 페트롤 냄새가 바로 방금 내가 현
혹된 이 냄새 같았다. 이럴 때 몹시 기분이 좋다. 단어로만
알던 걸 현실에서 마주하거나 그 속성을 마침내 내 감각 기
관으로 확인했을 때 그 단어는 냄새도 나고, 맛볼 수도 있는
물질이 되기 때문이다. 페트롤 냄새는 뫼르소에서 나는 고
사리 냄새나 주브레 샹베르탱 같은 올(드)빈(티지) 피노누
아에서 나는 가죽 냄새 못지않게 강렬했다.

이런 석유 냄새를 와인에서 느낀 적이 없었기에 더 놀라

웠다. 리슬링을 마셔 본 적도 있고, 리슬링으로 만든 디저트 와인을 마셔 본 적도 있지만 이런 와인은 처음이었다. 석유 냄새가 나는 와인이 있다고 들은 것도 같지만 경험한 적 없기에 그 와인은 세상에 없는 것이었다. 하지만 그 순간을 기점으로 석유 냄새가 나는 와인은 세상에 있게 되었다. 리슬링을 좋아하게 된 순간이기도 했다. 와인 전문가들은 샤르도네 못지않게 리슬링을 꼽는다고 하는데, 그건 전문가의 이야기고, 나는 리슬링이 늘 그저 그랬다. 그런데 이런 리슬링이라면!

그날 마신 베렌아우스레제는 1993년산이었다. 30년 동안 잠들어 있던 와인을 깨운 것이었다. 장기 숙성이 가능한 화이트 와인으로 부르고뉴 샤르도네와 보르도의 화이트 와인 정도만 생각했는데, 베렌아우스레제 같은 고급 리슬링도 좋겠다는 생각이 들었다. 내가 마셨던 디저트 와인 중에서 손에 꼽을 만한 맛이었기 때문이다.

이 술이 아무 의도 없이, 아무 의미 없이 그냥 열리게 된 것은 아니다. 30년간의 인연을 기념한 술이었음을 여기에 적어 두고 싶다. 긴 이야기라 어디서부터 시작해야 할지 모르겠는데… S와 L과 M은 30년 가까이 만나는 사이로, 함께 술을 마시거나 공연을 보거나 골프를 친다고. 자주 볼 때는 일주일에 한 번, 자주 못 볼 때는 한 달에 한 번 정도 만난다고 하니 만남의 횟수로만 친소 관계를 따진다면 최하 베프이상이다. 내가 들은 일정은 크래프트 맥주를 마시거나 바로크 음악을 들으러 가는 것이었다. 한 사람은 의사, 한 사람은 공무원, 한 사람은 엔지니어로 직업군이 다르고, 사는 동네도 다르고, 나이 차도 꽤 난다. 이런 셋을 삼총사로 엮어준 것은 시와 그림과 음악과 술 등등이다. 처음 만난 곳은 당시 있던 한 개인 홈페이지였다. PC통신에서 인터넷으로 넘어가던 시절, 인터넷 게시판이라는 것도 거의 없던 시절에만들어진 그 홈페이지 게시판에서 그들은 만났다. 그 홈페이지는 2003년쯤 문을 닫았는데, 내가 그 홈페이지가 닫히기 전 거의 마지막으로 가입한 회원이었다. 아마 최연소로추정.

　나는 홈페이지 주인인 D를 오프 모임에서 만났다. 그러니까 2003년의 일. D와 나는 전시도 보고, 영화도 보고, 술도 마시고, 해외여행도 함께 가는 사이가 되었다. D로부터종종 삼총사의 안부를 듣곤 했다. L과 M은 본 적은 있는 사이, S는 본 적 없는 사이였으나 수십 년에 걸쳐 이야기를 들으며 S를 떠올려 보곤 했다. 그러다가 결국 삼총사와 주인장과 나까지 함께 술을 마시게 되었다. 이 술자리는 몇 년째 서너 달에 한 번씩 열리고 있고, 이날도 그날 중 하루였다. 와인 수집가인 S는 그래서 30년 묵은 베렌아우스레제를 가져왔다고 했다. 우리의 30년 된 인연을 기념하기 위해. 소중한 친구 L과 M을 만나게 해 준 D에게 감사의 마음으로 그 술을 열기 위해서. 멋진 이야기 아닙니까?

베렌아우스레제를 마시고 나니 마시지 못했던 디저트 와인도 하나둘 마셔 봐야겠다는 생각이 들었다. 보르도의 바르삭, 헝가리의 토카이, 루아르의 부브레를. 또 소테른을 좀 더. 슈냉 블랑으로 만드는 부브레는 이름이 풍선처럼 귀엽고, 소테른과 토카이는 귀부 와인이라 마음이 간다. 무엇보다 '귀부 와인'이라는 말이 좋기 때문이다.

'귀하고 부유하다는 건가?'라고 생각하실 수도 있겠지만 그런 게 아니다. 귀부貴腐, '귀하게 썩었다'는 뜻이다. 곰팡이균이 생겨 썩은 포도로 만든 술이 귀부 와인이다. 곰팡이균이 생기면 포도를 못 쓰게 되는 게 아니라 수분은 날아가고 당도는 응축되면서 건포도화된다고. 이 포도로 와인을 만들어 장기 숙성하면 대단한 잠재력을 갖추게 된다. 이건 어쩌면 사람에 대한 이야기 같지 아니한가? 마음고생을 하지 않고 단번에 뭔가를 이룬 사람과 마음이 썩어 가며 시간을 버틴 사람 사이에는 건널 수 없는 벽이 있다고 생각한다. 그런데 마음고생을 하지 않고 단번에 뭔가를 이룬 사람이 있기나 할까? 원래 남의 성공은 쉬워 보이고 나의 실패는 골이 깊어 보이는 것인지라.

망한 게 망한 게 아닐 수도 있다. 와인을 둘러싼 이야기를 듣다 보면 그런 생각이 들기도 하는 것이다. 아주 힘든 빈티지였던 해를 보내고 난 다음 해가 사상 최고의 빈티지가 된다든가, 또 포도가 어는 바람에 망한 줄 알았는데 당도 높은 아이스 바인이 된다거나, 포도가 곰팡이균에 감염되었는데 단맛이 증폭해 최고의 스위트 와인이 만들어지게 되었다는 그런 이야기들 말이다. 이런 이야기를 들으면 마음이 간질간질해진다. 나는 낙관론보다 비관론에 마음이 기우는 사람이지만, 가끔은 희망 쪽에 걸어 보기도 하니까.

포도도 아닌 사람이 귀하게 썩는 방법이 있는지 모르겠지만 덜 힘들게 썩는 방법은 알겠다. 귀하게 썩은 와인을 묵혀 두고 20년이 되었든 30년이 되었든 무언가에 몰두하는 시간을 보내는 것. 일단 썩힐 와인을 살지어다. 그리고 귀하게 썩을지어다.

생빈을 아십니까?

헤밍웨이와 하루키의 공통점은 안 가 본 데가 없고 가 본 여기저기에 대해 썼다는 것이다. 글의 톤은 두 분이 상당히 다른데, 헤밍웨이가 허장성세과라면 하루키는 담백과다. '이런 걸로 나대면 보기 안 좋다'는 겸양이 수맥처럼 흐른달까.

언제부터였는지 모르겠지만 '아시아/여성'이라는 정체성을 의식하게 되었다. 눈동자 색이나 부모를 바꾸는 것보다 내가 나고 자란 아시아적 풍토를 없애는 게 더 어렵다는 것도. 이를테면 혼자 있을 때라도 조심해야 한다는 '신독愼獨' 같은 덕목들을 배웠고, 이런 것들이 알게 모르게 나를 조종한다는 생각이다.

그런 나의 눈에는 하루키의 글에 내면화된 동아시아적 정서가 보인다. 가 본 데도 많고 본 것도 많고 먹은 것도 많지만 자랑하지 않는다. 그래서 위화감이 없다. '평범한 보통 사람'처럼 보이기도 한다. 레이먼드 챈들러와 달리기와 두부와 맥주를 좋아한다는 말은 그렇게 보일 수도 있다. 하루키의 스탠더드한 평범함이 좋다거나 날 서 있지 않은 단정함이 좋다는 분들을 만나면 이렇게 말하고 싶어진다. 속고 계시는 거예요. 이 얼마나 고수의 기술인가. 평범함이라는 가면 뒤에 숨어서 하고 싶은 이야기를 착착 할 수 있다니.

평범함에 대해 말하고 있으려니 '보통 사람'이라고 주장하던 그분에 대해 말하지 않을 수 없다. '보통 사람'이라며 눈을 가늘게 뜨고 잔잔하게 손을 흔들던, 카리스마는 좀 약하다고 평해지던 전직 대통령 말이다. 대통령 유품을 전시해 놓은 곳에 갔다가 그분이 아버지가 남긴 유품인 퉁소를 잘 불었다는 이야기를 듣고 인간적인 궁금함이 생겼다. 바이올린이나 플루트가 아니라 퉁소인 것이다! 퉁소를 불면서 아버지를 그리워하는 자신을 '보통 사람'이라고 칭하는 사람이 보통 사람이라고 생각되진 않는다.

다시 하루키로 돌아와서. 하루키가 평범함을 제대로 연기하고 있는 줄 알았지만 '이건 좀 얄밉네?' 하는 일이 있었다. 보스턴과 아이슬란드, 미코노스섬 등을 여행하고 쓴 글을 모아 만든 『라오스에 대체 뭐가 있는데요?』(이영미 옮김, 문학동네, 2016)라는 책을 읽다가 발견했다. 로마에 살 때 잡무를 떨쳐 내고 소설에 집중할 수 있었다며, 특히나 주말이면 차를 타고 토스카나 와이너리를 돌아다니다 트렁크에 가득 싣고 돌아왔던 와인 덕을 봤다는 이야기다. 로마와 소설, 토스카나와 와인을 횡단하는 게 루틴인 삶이라…. 더군다나 1980년대 후반의 일이다.

이야기도 참 그렇지만 더 그런 건 다음에 오는 문장이다. "멋진 삶이다 싶죠? 음, 확실히 멋진 삶이었다"라고 약을 올리지 않는 듯 약을 올리더니만 이탈리아에서의 현실적인 문제들을 살짝 써 주고, 그래도 일본에서와는 달리 자유로움을 흠뻑 맛볼 수 있어 좋았다고 적는다. 현실을 떠나고 싶지 않은 자가 어디 있나요? 이래 주시니, '아, 나도 자유롭고 싶다'라는 데로 관점이 이동하면서 얄미움의 감정은 스르르 사라지고 만다.

하지만 곧 다시 토스카나 와인 이야기를 하시는데 이 부분이 앞에서 말한 하루키스러움의 절정을 이룬다. 나는 생빈 이야기를 이렇게 아무렇지도 않게 하는 사람은 처음 봤다. '생빈'이란 무엇인가. 생년 빈티지의 줄임말이 생빈이다. 그러니까 내가 태어난 해에 태어난 와인이어야 생빈이 될 수 있다.

와인 좀 드시는 분들 사이에 '생빈'이라는 오묘한 세계가 있다는 걸 알게 되었다. 수십 년 전에 생산된 와인이면서 수십 년을 너끈히 버틸 수 있는 체격이 출중한 와인이어야 하므로 값도 상당하다. 수십 년 전의 것이므로 돈이 있다고 해도 구하기 힘들다. 그럼에도 불구하고 생빈을 구해 드시는 분들이 있다. 어느 세계에나 고수들은 계시니까.

본인의 생빈을 구하지 못한 사람들은 어떻게 하는지도 보았다. 자식의 생빈이나 손녀의 생빈을 구한다. 갓 태어난 손녀가 성인이 되거나, 아니면 좋은 일이 있을 때 딸 수 있게 생빈을 준비해 두었다는 분을 만난 적이 있다. 라벨에 손녀의 이름까지 인쇄해서 개별 주문한 특별한 생빈을 구했으나 배송 착오로 못 받게 된 이야기도 들었다.

이런 이야기를 들을 때 무덤덤했다. 그런 세계가 있구나 정도의 느낌. 그런데 어느새 생빈이라는 개념이 대중화됐는지 친구도, 동생도 생빈에 대해 말하기 시작했다. 친구는 딸이 태어난 해의 생빈을 위스키로 샀다. 친구는 와인보다 위스키파이고, 와인보다 위스키가 수십 년 넘게 보관하기도 쉽다며. 술을 좋아하는 동생은 갓 태어난 40일 된 아기를 품에 안은 채 생빈 이야기를 했다. 2025년성인 조카의 생빈을 구했는지 구하려고 하는지는 알 수 없으나 동생은 생빈이 무엇인지 알고 있었다. 수십 년 보관하려면 아무 와인이어서는 안 되고, 보관도 빈티지 못지않게 중요해서 온습도 관리를 해 주어야 한다는 것 등등.

의도치 않게 생빈 이야기에 지속적으로 노출되다 보니 차츰 뭔가가 일어났다. 사람이 태어난 해의 와인이란 그해의 공기와 기후를 머금을 수밖에 없는 물질이라는 데 생각이 미쳤다. 환상의 빈티지가 만들어진 해와 그다지 축복받지 못한 해, 어느 해에 태어나든 그건 태어나는 자의 의지와 무관한 일일 것이다. 그러나 환상의 해와 그저 그런 해에 만들어진 빈티지라고 해서 모두 좋지도 모두 나쁘지도 않을 것이다. 축복받은 유전자를 가지고 태어난 인간이라고 해서(무엇이 축복받은 유전자인지에 대해서는 사람마다 견해가 다르겠지만) 반드시 축복받은 인생을 살아가리라는 보장도 없다. 그렇다면 와인도 어느 정도는 그렇지 않을까라는 데 생각이 미쳤다. '셀러링'을 잘한다면, '에이징'을 잘하고 있는 인간만큼이나 견실한 미래를 얻게 되지 않을까라고도. 사람이 익어 가는 동안 와인도 셀러에서 익어 가면서 함께 열릴 순간을 기다린다는 게 오묘하게 느껴졌다. 제대로 익은 두 개의 같은 빈티지가 만나는 순간이 온다는 것이.

하루키의 생빈 이야기는 이렇다. 토스카나 북서부 루카가 배경인 소설을 쓰면서 1983년산 콜티부오노 레드를 마시는 장면을 넣었다고 한다. 원래는 고유 명사를 안 넣는데 토스카나에서 즐겨 마시던 와인이라 넣었다고. 이 책이 이탈리아에도 번역되면서 콜티부오노 와인을 만드는 분이 읽게 되었고, 도쿄의 하루키에게 1983년산 콜티부오노를 보내 주었다. 1983년은 최고까지는 아니어도 양호한 축에 드는 해라는 말도 하루키는 잊지 않는다. 하루키가 다시 토스카나에 가게 되어 콜티부오노 와이너리에 묵게 되는데, 주인이 1949년산 빈티지를 선물해 주었다는 이야기. 1949년은 하루키가 태어난 해다. 그러니까 생빈.

"기쁜 동시에 이렇게 귀한 와인을 대체 언제 어떤 상황에서 따면 좋을지 꽤 심각하게 고민된다. 뭐, 그거야 천천히 생각해 보죠. 분명히 조만간 멋진 기회가 찾아올 것이다." 마법처럼 생빈을 얻은 이야기를 하신 후 이런 말을 덧붙인다. 그렇게 얻은 1949년산 생빈의 사진도 실려 있는데, 먼지와 곰팡이로 뒤덮여 라벨이 전혀 보이지 않는다. 오래 살아남는다는 것은 와인에게나 인간에게나 만만치 않은 일이라는 생각이 들었다.

예전에 이 책을 볼 때는 아무 느낌이 없었는데(생빈에 대해 몰랐기에) 이제는 완전히 다른 관점으로 읽을 수 있었다. 애써 구할 것까지야 없지만 어쩌다 생빈이 생긴다면 나름의 계획을 세울 수밖에 없을 것 같다. 이 와인을 아무 때나 딸 수는 없으므로 생빈을 딸 수 있는 멋진 기회를 갖기 위해,

그 기회가 조만간 찾아오게 하기 위한 '동기 부여 토템'으로 쓸 수 있을지도. 그리고 나의 생빈을 나눠 마실 사람이 서너 명쯤 있다면 더 기쁠 것이다. 기쁘고 좋은 술을 나누는 것이 나누는 사람에게 가장 좋은 일이니. 그렇다면 매그넘이나 제로보암 사이즈로 구해야 하나? 매그넘은 1.5리터, 제로보암은 3리터로 일반적인 와인 두 병이 매그넘, 네 병이 제로보암이다.

그런데 역시 나는 태어난 해에 별 감흥이 없다. 탄생에는 내 의지가 전혀 개입되지 않아 그런가도 싶고. 차라리 내게 의미 있는 해를 정하고 기념하는 게 낫겠다는 생각이다. 문제는 아직 그렇게까지 기념할 만한 해가 없다는 것이다. 두고두고 기억할 만한 해를 만들고, 그해의 생빈을 산다는 게 현재로서의 계획이다. 정말로 태어났다는 기분이 드는 해일 것이다.

선데이 브레드 클럽

한낮의 경기장에서 맥주를 마시는 기쁨을 알게 되었다. 선데이 브레드 클럽 멤버 P님 덕분이다. 선데이와 브레드는 무슨 메타포가 아니다. 말 그대로 '일요일'과 '빵'을 가리킨다. 그러니까 일요일에 빵을 먹는 모임이다. 내게는 매우 느슨한 모임이 몇 개 있는데 그중 하나가 바로 이거다. 느슨하다고 해서 애정의 강도도 느슨한 것은 아니다. 나는 이 모임에 매우 애착을 갖고 있다. '저는 꽤나 애착을 갖고 있어요'라는 마음을 드러내지 않기 위해 자제할 뿐.

'자, 우리 오늘부터 일요일에 만나 빵을 먹읍시다!' 이렇게 누군가가 목적을 설파하고 누군가가 그러자고 찬동해서 조직된 건 당연히 아니고, "언젠가 빵 투어를 하고 싶다"라고 혼자만의 바람을 혼잣말처럼 말했더니 마침 옆에 계시던 두 분이 "저도요"라고 해서 그렇게 되었다. 이 모임의 이름이 '선데이 브레드 클럽'이다. 우리는 선브클이라고 부르고 있다.

선데이 브레드 클럽의 조직원은 나까지 총 세 명으로, 이름 그대로 일요일에 모여 빵을 먹고 있다. 빵을 먹기 위해 일요일에 모인다는 게 더 맞을 수도 있겠다. 11시나 12시쯤 빵집에서 만나 빵 먹기. 이게 우리 빵 모임의 유일한 목적이다. 지금까지 두 번 모임을 했는데 어쩌다 보니 둘 다 일요일이어서 조직원 중 한 분께서 '선데이 브레드 클럽'이라고 명명해 주셨다.

일요일에 모여 빵을 먹는 모임이라니 꽤나 청량하지 않나요? 정말 그렇다. 일단 남의 욕을 하거나 심각한 이야기를 하지 않는다. 우리가 남다르게 청정한 사람이라서 그런 건 아니고, 같은 분야에 속하지 않고, 나이대도 다르고, 이해관계에 얽혀 있지 않아서 그럴 수 있다. 또 비싼 데를 가지 않는다. 호텔 브런치를 먹거나 인당 3만 원이 넘는, 인테리어와 풍경이 그럴싸한 데를 가지 않는다는 말이다.

딱히 셋이 잘 아는 사이도 아니다. 어쩌다 만나서 어쩌다 연결된 사이일 뿐. 전화를 걸기보다는 DM을 보내는 게 편하고, 셋이 대화할 때는 아이메시지 방을 쓴다. 둘은 사교적이고 쾌활하지만 한 사람(나)은 그렇지 않고, 둘은 운동을 하지만 한 사람(나)은 하지 않는다. 그래도 셋이 만나 빵을 먹으면서 하는 이야기가 즐겁다. 빵을 뜨고 나서는 뭔가 소소한 활동을 도모하는데, 첫 번째 만남에서는 미술관에 갔고 두 번째에는 테니스 경기를 보러 갔다.

두 번째 선데이 브레드 클럽을 앞두고 P님이 아이메시지 방에 제안하셨다. 11시에 간단히 빵을 먹고 코리아오픈 결승을 보러 가는 게 어떠냐고. "날씨 좋은 날 공 팡팡 튀는 소리 듣는 거 너무 좋지 않을까요?"라면서. 나는 무척 좋아한다. 이렇게 내가 잘 모르고 익숙하지 않은 세계로 인도해 주시는 분을. 공 팡팡 튀는 소리도 물론 좋아한다. 예전에 살던 동네에서 매번 같은 경로로 산책을 했는데, 그 경로로 가야 테니스공 팡팡 튀는 소리를 들을 수 있었기 때문이다. 테니스 규칙도 모르고, 라켓도 잡아 본 적이 없는 사람의 귀에도 그 소리가 좋았다. 밤에 조명을 켜 놓은 채로 공을 팡팡 치던 사람이 내는 효과음을 좋아했다. 그가 누리고 있는 정갈한 고독도.

그렇게 난생처음으로 테니스 결승전에 가게 되었다. 복식은 12시 반부터, 단식은 오후 3시부턴데 적당할 때 들어가서 보고 싶은 만큼 보고 나오자고 P님이 말했다. 우리는 복식 경기 중에 들어갔다. 일단 나는 테니스 경기장이 그렇게 컬러풀한 공간인 줄 몰랐다. 테니스코트는 파란색, 코트의 바깥면은 초록색, 그리고 가을 하늘은 가을 하늘색. 구름도 적당히 있는 가을 하늘까지 더해져 컬러 테라피를 받는 느낌이었달까. 복식에서 뛰는 네 명의 선수가 뿜어내는 열기와 현란한 풋워크로부터 전해지는 에너지까지 더해져 마음의 어딘가가 차올랐다. 전문 용어로 하면 '고양'. 햇볕도 좋고, 구름도 좋고, 기온도 좋고, 바람도 좋던 시월의 어느 날이었다.

볼보이에 대해서도 이야기해야 한다. 공이 코트 위로 흐르면 후루루 달려 나와 재빨리 공을 수거해 가는 볼보이와 볼걸들의 절도 있는 몸놀림을 보면서 여러 번 경탄했다. 열중쉬어 자세로 흐트러짐 없이 대기하다가 어쩜 저렇게 스텝이 엉키는 일 없이 효율적으로 볼을 수거할 수 있는지 말이다. 프로 세계의 테니스 경기를 처음으로 봤으니 프로 세계의 볼보이도 처음으로 본 것인데, 역시 프로 세계의 일답게 아무나 볼보이를 할 수 있는 게 아니라는 깨달음을 얻었다. 그리고 말로만 듣던 '볼보이'의 세계를 처음으로 목격했다는 감격도 약간.

복식이 끝나고 단식이 시작되기 전의 코트 바깥에 대해서도 할 말이 있다. 운동으로 다져진 데다 좋아하는 테니스를 보고 흥분해 있던 관중들로부터 전해지던 그 생명력이란…. 자연광이 아닌 형광등 불빛으로 태닝하시는 허약한 분들만 봐 와서 그런지 관중들이 집단적으로 발산하는 건강미는 낯설고도 부러웠다. 나도 저렇게 살아야겠다며 미루고 미루던 운동을 정말 시작해야겠다는 각오를 품고 걷는데 먹주 부스가 보이는 게 아닌가. 대오각성의 순간에 나타나 주신 느낌표랄지요.

에일과 라거, 두 가지 맥주가 있었다. 판매원이 직접 따라 주는 생맥주였다. 청포도와 유자, 제피의 풍미가 조화로운 스파클링 에일이라는 테이스팅 노트를 코고 에일 쪽으로 마음이 기울었다. 샴페인 효모를 사용해 쿠드럽고 섬세한 탄산감과 프루티함과 시트러스함을 지닌 거 특징이라는 말도 있었다. 과연! 맛있는 에일이었다. 뚜껑이 있는 플라스틱 잔에 든 맥주를 들고 선데이 브레드 클럽 멤버 셋은 맥주 부스 앞에서 건배했다. 하지만 한 모금 마시고는 황급히 뚜껑을 덮어야 했다. 곧 단식 결승전이 시작할 시간이었기 때문이다.

테니스코트를 보면서 맥주를 마셨다. 테니스코트에는 결승전을 치르는 두 선수가 있었고, 테니스코트와 선수를 배경으로 미세먼지 없는 가을 하늘이 펼쳐져 있었고, 가끔 바람이 불었다. 그야말로 완벽한 날이었다. 사는 동안 이런 날

은 얼마 되지 않을 것인데 그날이 바로 오늘이라는 감격을 나는 조용히 누렸던 것이다. 자연과 나를 일치시키고, 자연과 일치된 나에 맥주까지 일치시켰으니 같이다. 몇 겹의 물아일체를 이룬 날이었다. 그래서일까. 햇볕 아래서 이렇게 맛있게 맥주를 마신 적이 있었나 싶었다. 온도가 완벽하지는 않지만 다른 것들이 완벽한 상황 속에서 맥주를 마신 일이 말이다. 이렇게, 이런 종류의 기쁨이 있는지 모르던 사람의 인생 속으로 '경기장의 맥주'라는 장르가 들어왔다.

테니스코트는 아니었지만 경기장에서, 지붕이 없는 경기장에서 맥주를 마신 적은 있다. 야구장에서였다. 잠실이라는 건 기억하지만, 엘지트윈스와 어디가 경기를 했는지는 전혀 기억에 없다. 응원하는 팀도 없고 응원하는 선수도 없는 사람은 이렇다. 그저 누군가의 제안에 다라 야구장에 갔고 맥주를 마셨을 뿐이다. 분명히 기억나는 하나는 지독히도 맛이 없는 맥주였다는 것이다. 거품이 하나도 없는 데다 시원하기는커녕 상온에 가까운 온도의 맥주였다. 톡 쏘다 못해 찌르는 말솜씨를 구사하는 나의 모친 박모 씨라면 '말 오줌 맛'이라고 표현할 만한 그런 맛. 테니스코트를 보며 맥주를 마시면서 그 옛날 야구장의 형편없던 맥주가 떠올랐다. 요즘 야구장에서 마시는 맥주는 어떨지 궁금해졌다. 여전히 하이트나 카스만 팔지, 아니면 IPA나 에일 같은 맥주도 팔지 말이다.

 윔블던 경기 영상을 보다가 관중들 손에 들린 칵테일이 뭔지 궁금해했던 일이 떠올랐다. 옅은 빨간색 음료 안에 과일 조각이 들어 있었다. '핌스'였다. 진을 베이스로 한 리큐르 중에 핌스라는 게 있는데, 그걸 잔에 붓고 과일과 야채를 넣는 칵테일도 핌스라고 하는 것 같다. 영국식 상그리아라고도 할 수 있는데 윔블던의 상징이 되어서 경기장에서 모두 이걸 들고 있다고 한다. 생크림과 딸기, 그리고 핌스를 먹으면서 윔블던 경기를 보는 게 윔블던을 즐기는 재미 중의 하나라는 말을 들으니 핌스를 만들어 주는 바를 찾아내고 싶어졌다. 선데이 브레드 클럽 멤버들과 빵을 먹고 가려면 일찍 여는 곳이라야 하는데. 핌스를 마시며 윔블던 이야기를 하기만 해도 팡팡 공 튀기는 소리가 들려올 것 같다.

더없이 격렬한 앤절스 셰어

　지중해풍 음식을 하는 식당에 갔다가 뱅쇼를 만들어야 겠다고 생각했다. 뱅쇼를 마시고서였다. '차가운' 뱅쇼였다. 뱅쇼를 많이 먹어 보지는 않았지만 이런 건 처음이었다. 차가운 뱅쇼라니. 프랑스어로 'vin'은 '와인', 'chaud'는 '따뜻한'이라는 뜻이라 말 그대로 따뜻한 와인이 뱅쇼인데 말이다. 나는 이런 의미의 전도를 좋아한다. 따뜻한 아(이스)아(메리카노) 같은 건가? 누군가 내게 따뜻한 아아 같다고 했던 말이 떠올랐다. 자기가 가는 단골 카페의 아아는 크림을 두껍게 올려 주는데 크림의 온기가 기분 좋다면서, 내가 차가운 사람인 줄 알았지만 알고 보면 온기가 있다고 했었나.

나는 주문한 음식과 함께 뱅쇼와 올리브오일이 병에 담겨 나온 걸 보고 어리둥절했다. 주문한 게 아닌 데다 '차가운 뱅쇼'였기 때문이다. 올리브오일은 뭘까 싶었다. 그때 주인으로 보이는 분이 오시더니 작은 고블릿 잔에 뱅쇼를 따른 후 올리브오일을 부었다. 뱅쇼가 5, 올리브오일이 1의 비율로 담긴 고블릿 잔의 단면은 상당히 생소했다. 무지개떡의 단면처럼 색이 다른 술을 층층이 쌓아 만드는 칵테일처럼 보였는데 정작 그런 칵테일을 마셔 본 적도 없고 이름도 모르기 때문이다.

잔에서 섞지 말고 입에서 섞으라며, 주인분은 입술을 오물오물하며 오일 풀링하는 입 모양을 보여 주었다. 좀 요란하게 와인 테이스팅하는 모습일 수도 있겠다. 처음 먹는 음식에 거부감이 거의 없고 색다른 조합도 환영하는 나지만 당황했다. 베를린에서 야생 동물 간肝으로 만든 경단이 가득 든 맑은 수프를 마주했을 때만큼은 아니지만 말이다. 베를린에서의 나는 '이건 간으로 만든 옹심이로군'이라고 생각하며 간이 오그라들었다. 올리브오일을 얹은 차가운 뱅쇼는 의외로 맛있었다. 여기서 '의외로'란 '조금'이란 뜻이 아니라 '뜻밖의 맛'이라는 뜻이다. 주인분보다는 소극적으로 입을 오물오물했는데도 그랬다.

뱅쇼를 만들어 본 적은 없다. 밖에서 여러 번 마시기는 했지만 그다지 인상적이지 않아서 그랬을 거다. 와인을 그냥 마셔도 좋은데 왜 굳이 설탕과 과일을 넣고 끓여야 하나 싶었고, 끓이면 알코올이 휘발된다는 것도 못마땅했던 듯하다. 알코올도 날아가고, 술 양도 줄어드니 나 같은 사람에게는 그다지 유리한 느낌이 아니었다. 게다가 뱅쇼란 술은 너게는 지나치게 달기도 했다. 디저트도 그렇지만 술이 단 건 특히 사절이다. '입에서 달다'라고 할 때의 그 단맛은 좋지만 당도가 높아 단 술은 맛있는지 모르겠다.

그랬었는데 말입니다. 차가운 뱅쇼를 걱고 돌아와 뱅쇼를 만들어야겠다고 생각했다. 산뜻한 맛을 다시 느끼고 싶었기 때문이다. 이 정도면 상당한 전환이 일어난 거다. 연말에 만들어 보고자 뱅쇼 키트를 사 두기는 했었지만 내가 만들 것 같지는 않았다. 연말은 어느새 지나 버렸고, 뱅쇼 키트에도 관심이 식었다. 레드 와인으로 할지 화이트 와인으로 할지 고민하기는 했었다. '정통의 레드'냐 아니면 '참신한 화이트'냐를 두고 머뭇거렸다.

음식을 만들 때 늘 갈등하는 문제이기도 하다. 오리지널 레시피를 따를 것이냐 내 식대로 변형할 것이냐의 갈등이다. 안전과 모험 중에서 고민하다가 70%의 확률로 모험을 택하는 편이다. 그런데 차가운 뱅쇼를 마시는 바람에 나도 모르게 결정이 이루어졌다. 레드 와인으로 만들어 차갑게 마시겠다는 것으로. 추운 날에 따뜻한 뱅쇼를 마시는 것처럼 더운 날에는 차가운 뱅쇼를 마시는 것도 정취 있는 일이라는 생각이 들었고.

나는 차갑게 마시는 레드 와인을 좋아하는 것 같다. 맥주 정도의 차가움은 아니고 12도 정도의 차가움이라고 하면 느낌이 오시려나요? 차갑게 먹는 레드 와인은 좀 이색적이다. 볼로냐에서 며칠 지내며 매일같이 마셨던 람브루스코와의 만남이 강렬해서 그럴 수도 있지만. 람브루스코는 살짝 차게 마시는 레드다. 기포가 있어서 그러는지 모르겠지만 온도를 낮춰야 기포가 탱글탱글해진달까.

최근에 시칠리아 레드 와인 중에 차갑게 먹는다는 품종을 마시면서 람브루스코 생각을 했다. 기포가 있는 레드 와인인 람브루스코를. 단 것도 있지만 달지 않은 람브루스코도 있다. 그 와인을 처음 마실 때 따라 주시는 분이 잔이 넘치도록 콸콸 따르면서 "람브루스코"라고 하셔서 "투토 베네"와 비슷한 결의 행복을 축원하는 볼로냐의 인사말인 줄 알았다. 차가운 레드도 좋았지만 볼로냐의 목소리, 원기가 흘러넘쳤던 그 목소리가 떠올라 차가운 뱅쇼가 좋았을 수도 있겠다는 생각이 들었다.

뱅쇼를 만들지 않았던 또 하나의 이유가 떠올랐다. 어느 레시피를 채택해야 할지 몰랐다. 정보가 넘쳐나는 이 시대에 뭔가를 선택하는 것도 에너지가 드는 일이라 대충 하기보다는 아예 하지 않는 편이다. 중학교 때 샀던 요리책(내가산 최초의 요리책이다)의 저자 C가 뱅쇼 키트를 판매하는 걸발견하지 않았더라면 사지 않았을 수 있다. 그 후로 무수한요리책을 사면서 나는 C의 내공이 어마어마하다는 것을 알게 되었다. C가 적은 레시피는 어딘가 달랐고, 뾰족함이 있었다. 뱅쇼를 만들고 싶었다기보다는 C의 레시피로 된 뱅쇼를 만들고 싶었다고 해야겠다.

스타아니스와 정향, 카다멈, 시나몬, 그랑 마니에르에절인 오렌지 껍질, 비정제 각설탕 열한 알, 바닐라빈으로 이루어진 키트였다. 그리고 티백 주머니가 있었다. 좋은 품질의 향신료였고, 그랑 마니에르에 절인 오렌지 껍질이 그녀의한끝이라는 게 느껴졌다. 나는 그제야 C가 적어 둔 뱅쇼의레시피를 보기 시작했다. 설탕과 바닐라빈을 제외한 모든걸 티백 주머니에 넣으라고 했다. 750ml 레드 와인 한 병과오렌지나 오렌지 주스를 준비해야 했다. 생오렌지즙을 짜도좋고, 오렌지 주스 150ml도 좋다고 C는 설명했다. 뚜껑을열고 끓여야 하고 가장 중요한 건 불 조절이었다.

1. 티백에 설탕과 바닐라빈을 제외한 재료를 넣는다. 2.와인 750ml와 설탕, 바닐라빈, 티백을 넣고 센 불로 끓인다. 3. 끓으면 중약불로 줄여 5분 더 끓인다. 4. 오렌지즙이나

오렌지 주스와 그랑 마니에르에 절인 오렌지 껍질을 넣는다. 5. 약불로 30분 더 끓인다. 6. 체에 거른다. 7. 밀폐 용기에 넣는다. 하루 정도 숙성하면 더 좋다는 말이 있었다. 나는 모든 과정과 세부 사항을 충실히 따랐는데, 따르지 않은 건 하나였다. "따뜻하게 데워 드세요"라는 말. 나는 차가운 뱅쇼로 먹기 위해 뱅쇼를 만들었으니까. 막 만들었을 때, 그리고 중간중간 맛을 볼 때는 따뜻하게 마셨지만 말이다.

체에 거른 뱅쇼를 병에 담다 알게 된 사실은 엄청나게 양이 줄어든다는 것이다. 와인이 750ml, 오렌지 주스가 150ml, 다 해서 900ml였던 냄비 속의 액체는 700ml로 줄어들어 있었다. 40분쯤 되는 시간에 200ml가 증발했다니 어디서도 본 적이 없는 앤절스 셰어Angel's Share 아닌가. 무자비하게 세금을 징수하는 앤절스 셰어랄까.

위스키를 증류할 때 1년에 2% 정도 증발되는데, 그걸 '천사의 몫'이라는 의미의 앤절스 셰어라고 한다. 40분간 냄비 안에서 10년치 이상의 앤절스 셰어가 격렬하게 일어났다고 생각하니 뱅쇼가 심오하게 느껴졌다. 증발된 200ml는 집 안에 냄새로 스며들었다. 나의 집 전체가 뱅쇼를 머금었다고 해야 할지.

베토벤 현악 4중주와 프루스트

마르셀 프루스트는 침대에 누운 채로 베토벤 현악 4중주를 듣곤 했다고 한다. 그의 특별한 요청을 받아들여 프루스트의 집에 방문한 네 명의 연주자가 단 한 명의 청중인 그를 위해 연주하는 실황으로. 이 이야기를 듣고 나서 프루스트에 대해 생각하면 나는 마들렌 냄새보다 침대에 누워 연주를 듣는 그가 떠오르는데, 어떤 표정이었을지는 모르겠다. 감격스러운 마음을 표정으로 드러냈을지, 그런 건 부끄러워서 있는 힘을 다해 자제했을지 감을 못 잡겠다.

이런 음악 애호를 넘어선 프루스트에 대해 누군가는 음악을 듣는 게 아니라 마신다고 했었다. 콩드리외를 마시다가 '지금 나는 음악을 마시고 있군'이라고 생각했다. 아르페지오나 셈프레 같은 음악 용어처럼 콩드리외라는 이름도 유음으로 되어서 그런가. 프루스트에 대해 누군가 말했던 '음악을 마신다'라는 표현이 어딘가에 잠복해 있다가 튀어나왔다. 프루스트가 마신 건 음악이고 내가 마신 건 와인이라는 차이가 있지만 그 와인은 음악 같았다. 음악을 그다지 좋아하지 않는 내 입에서 '음악 같다'라는 말이 나온 게 어리둥절하지만 정말로.

나는 그가 콩드리외도 좋아했을 거라고 생각한다. 내가 음악 같다고 비유한 그 술은 마음을 어딘가로 흐르게 했기에. 현실에 없는 아름답고, 감각적이고, 오렌지빛 광선이 있는 세계로 그의 마음도 흘렀을 거라고 말이다. 그는 레드보다는 화이트, 화이트 중에서도 부르고뉴보다 루아르의 푸이퓌메 또는 론의 에르미타주나 콩드리외 같은 다소 보편적이지 않은 화이트를 좋아했을 거라고 생각한다.

베토벤 현악 4중주 같은 것이다. 프루스트가 연주자들을 집으로 모셔서 연주를 들었던 시절만 해도 이 음악은 거의 알려지지 않았다. 프루스트가 아무리 좋아했다고 해도 이 음악이 지금처럼 상당히 유명했다면 그가 연주자들을 집으로 부르지 않았을 거라고 생각한다. 그런 마음이 들 때 있지 않나. 내가 좋아하던 무언가를 좋아하는 사람이 많아지

면 슬며시 발을 빼고 아직 다른 사람이 므르는 세계를 찾고
싶은 마음. 세상에는 은밀하거나 조용히 좋아하고 싶은 것
들이 존재한다.

　모임에 갔다가 마신 캘리포니아 비오니에가 맛있어서
집에 콩드리외가 있다는 게 떠올랐다. 콩드리외도 비오니에
품종으로 만드는데, 비오니에 중에서 콩드리외가 최상이라
는 이야기를 듣고 산 술이었다. 나파밸리 샤르도네는 오크
냄새가 강하고 단 편이라 그다지 끌리지 않았는데 그날 마신
캘리포니아 비오니에는 다시 마시고 싶다는 생각이 들었다.
처음 만난 자리에서 어쩐지 친밀하게 다가오는 사람이 연상
되는 느낌이랄까. 왜 그런 거 있지 않나. 너 팔짱을 끼고 다
정하게 말하는데 밀어내고 싶지 않은 기분. 목소리가 좀 크
더라도 참아 줄 수 있을 것 같고.

　그 콩드리외는 아는 레스토랑이 문을 닫으면서 재고 정
리할 때 사게 된 와인이었다. 매입한 금액으로 주겠다며 원
하는 와인이 있으면 말하라고 레스토랑의 사장님으로부터
연락이 왔다. 사업가답게 사장님은 포도 품종, 원산지, 빈티
지, 입고 가격, 매장 가격 등이 정리된, 레스토랑에서 재고
관리할 때 썼던 것으로 보이는 문서를 함께 보내셨다. 내가
선호하는 품종의 와인이 있어서 몇 병을 샀다. 콩드리외는
그때 내가 산 와인 중에 가장 비싼 술이었다. 마셔 본 적은

없었다. 콩드리외는 말만 들어 봤지 잘 볼 수 있는 술은 아닌
데다 콩드리외를 마실 거라면 좋은 걸 마시고 싶었기에.

그렇게 산 콩드리외가 도멘 조르주 베르네Domaine Georg-
es Vernay의 테라스 드 랑피르Terrasses de l'Empire다. 빈티지는
2017년. 누군가는 미디엄 바디라고 했고 또 누군가는 풀 바
디라고 했다. 풀 바디면 장기 숙성에 유리하고 미디엄 바디
면 오래 두는 게 좋지 않다. 부르고뉴 화이트 중에 풀 바디가
많다. 그러다 테라스 드 랑피르는 7년 정도에 마시면 좋다는
걸 어디선가 보았다. 며칠 전에 이만하면 적기라며 코르크
를 열었다.

어… 이 술은 뭐지? 복숭아와 살구 냄새가 나는데 리슬
링에서 나는 복숭아나 살구와 다르다. 리슬링의 복숭아가
황도라면 비오니에는 백도랄까. 소박한 깨달음이 왔다. 촉
감과 색 때문에 백도를 좋아하는 줄 알았는데 향기를 간과했
다는 걸. 내가 좋아하는 것은 복숭아 냄새가 아니라 백도 냄
새라는 걸 자각하게 된 순간이었다. 그리고 달콤한 냄새가
서서히 진해졌는데 꿀은 아니었다. 꿀보다는 꿀을 품은 밀
원 식물에서 나는 프루티하고 생동력 있는 냄새였다. 이마
에 주름을 잡으며 한참 생각했다. 뭐지?

인동덩굴 냄새였다. '이건 인동덩굴이다. 허니서클이
야. 포크너의 『소리와 분노』를 냄새로 휘감던 그 인동덩굴이

겠어'라는 목소리가 내 내부에서 아우성쳤다. 누군가를 납득시킬 수는 없어도 나를 굴복시키기에는 충분한 목소리였다.

본 적은 없지만 뭔지 알 것 같은 느낌이 드는 것들이 있다. 실제로는 보지 못했지만 책에서 본 것이다. 이 책에서 묘사된 것들은 어딘가에 잠복해 있다가 뛰쳐나와 저게 바로 나라고 외친다. 그럴 때면 뇌에 혈류가 좌악 쏠려서 어지럽기도 한 가운데 나의 머리는 정말 어지러운지 노이즈인지 해독하기 위해 더 어지러워진다. 놀라운 것은 이렇게 종종 무언가를 알아낸다는 점이다. 처음 생과를 먹고 '이게 대추야자군'이라는 확신이 들었을 때처럼 이번에도 그랬다. 뭔지 알 것 같았다.

여러 가지로 이상한 책이라 좋아한다고 할 수는 없지만 인동덩굴에 대한 묘사만은 피부에 달라붙어 있다. 소리와 냄새로 모든 걸 파악하는 백치인 벤지는 밤다다 집 밖으로 뛰쳐나가는데 그의 마음을 헤집는 냄새 때문이다. 달콤하고 은밀하게, 말하지 못하는 벤지의 마음을 여는 냄새가 인동덩굴이다. 인동덩굴에 달린 꽃에서 나는 향기는 사람의 마음을 뒤집어 놓는 종류의 달콤함인데 낮이 아니라 밤에 개화한다는 사실을 소설을 읽다가 알게 되었다. 밤에 피어나는 관능을 꽃으로 상징화한 것이 인동덩굴이라고 느꼈다고도 말해야겠다. 이쯤 되니 대체 인동덩굴에서 어면 냄새가 나길래라는 의문을 품지 않기가 힘들지 않겠나? 의외의 순간에 나의 오랜 궁금증이 풀린 것이다. 나는 이제 이렇게 말할 수 있다. 인동덩굴 냄새가 궁금하세요? 콩드리외 드시면 됩니다.

더운 곳의 와인은 내 취향이 아니라고 생각했었다. 햇볕이 너무 잘 드는 곳의 와인에 담긴 햇살의 맛은 와인에서 느끼고 싶은 맛은 아니라고. 신대륙보다 구대륙 와인이 취향이라는 사람들의 말을 들으며 속으로 생각하곤 했다. 구대륙에서도 햇살이 강한 곳 말고 좀 서늘한 곳, 위도가 높은 곳에서 만들어지는 와인이 좋다고. 그 광물질의 맛, 미네랄리티는 그런 기후와 위도에서만 느낄 수 있다고. 그런데 콩드리외는 론의 북쪽 끝이기는 하지만 햇살이 강한 지방인 론의 와인이 아닌가. 와인에 대한 나의 오랜 추구점을 수정할 순간이었다. 이제 콩드리외와 비슷한 기후와 위도에서 만들어지는 와인도 마셔 보기로.

이래서 술이 좋다. 희미하게 알거나 기억 속에 있는지도 몰랐던 것들이 육체를 부여받고 부스스 일어나게 되는 순간을 마련해 줘서. 나를 바꿔 놓기도 하는 물질이라서. 몸으로 한번 익힌 감각은 시간이 지나도 사라지지 않는다고 들었다. 자전거 타기나 수영 같지 않을까 생각한다. 수영도 못하고 자전거도 타지 못하는 처지에 이런 말을 하는 게 당당하지는 않지만. 어쨌거나 술을 한 병 열었을 뿐인데 음악을 마셨고, 햇살을 들었다.

그리고 나는 지금 베토벤의 현악 4중주를 들으며 이 글을 쓰고 있다. 제1번의 2악장. 서정적으도 연주하던 연주자들이 돌연 표정을 바꾸고 격렬하게 현을 켜는 부분을 막 지났다. '돌연'은 부사로는 '예기치 못한 사이에 급히'라는 뜻. 명사의 뜻은 이러하다. '강렬한 빛과 열을 내며 급속히 타오름.'

한겨울에 굴 먹는 방법은

얼마 전에 들은 '미친' 이야기를 해야겠다. 한 문장으로 줄이면 '한겨울에 굴 먹는 방법.' 모름지기 굴이란 겨울의 차가운 공기를 콧구멍으로 흡입하면서, 또 콧김을 내뿜으면서 야외에서 먹어야 한다는 이야기였다. 그 말을 듣자마자 나는 얼굴을 일그러트렸다. 아직 그런 경험을 하지 못한 게 한스럽고 또 그렇게 찬바람을 폐로 들이켜면서 먹는 굴이 얼마나 맛있을지 알 것 같아서. 세상에는 그런 게 있는 것이다. '좋다'라는 말로는 턱없이 부족한 미치게 좋은 것들이.

그래서 이런 이야기를 들으면 두개골이 얼얼해진다. 나도 콧구멍의 존재에 감사를 표하며 굴을 먹고 싶은 마음이 강하게 일었다. 맵싸한 공기가 좋아서 얼굴이 땡땡 얼더라도 겨울의 거리를 돌아다니는 걸 좋아하는 사람에게, 굴을 좋아하는 사람에게, 굴과 먹는 화이트 와인을 좋아하는 사람에게 이런 이야기는 위험하다. 반성도 했다. 겨울이면 굴에 화이트 와인을 먹을 궁리만 했지 TPO에 대해서는 미처 생각하지 못한 나의 둔감함을. TPO란 옷을 입을 때만 염두에 두어야 하는 게 아니라 항시 중요하다는 단순한 진실을 깨달으며 나는 와인을 마시고 있다.

프티 샤블리다. 이전에는 샤블리라고 인정받지 못했던, 샤블리와 인접한 밭에서 나는 품종이 프티 샤블리다. 프랑스의 와인 체계란 복잡하고 제멋대로라서 보르도, 부르고뉴, 론, 루아르가 제각각이지만, 이렇게 '프티'가 붙는 건 '프티 샤블리'밖에 없다고 들었다. 한겨울에 굴 먹는 방법에 대해 이야기해 주신 그분으로부터였다. 그분은 B, 나의 와인 선생님이다. 부르고뉴에서 와인을 공부하고 돌아와 강의도 하고, 와인 수입사와 레스토랑도 운영하셨다. 나는 B에게 부르고뉴 와인에 대해 배웠다.

퓔리니 몽라셰, 샤사뉴 몽라셰, 뫼르소, 본 로마네, 뉘생 조르주 같은 매혹적인 고유 명사를 프랑스식 발음으로 소리 내어 따라 하는 것은 고등학교 제2외국어 시간 이후로 처음이었다. 이름만 따라 하는 게 아니라 샤사뉴 몽라셰와 포마르, 생토방, 에셰조, 주브레 샹베르탱을 마셨다. 샤블리도 마셨다. 샤블리를 테이스팅하면서 B님은 말씀하셨다. 굴과 샤블리는 하나의 공식이지만 요즘에는 프티 샤블리도 괜찮다고. 지구 온난화로 샤블리 지역의 온도가 올랐고, 그래서 이제는 변방이었던 프티 샤블리의 와인이 아주 먹을 만하다는 이야기였다. 예전에는 먹을 수 없을 정도로 산미가 강했는데 따뜻해지면서 프티 샤블리의 밸런스가 좋아졌다는 이야기를 듣고 나는 안도했다.

"이제 와인은 끝났어"라는 사람들의 이야기를 많이도 들었기 때문이다. 지구 온난화와 예측할 수 없게 되어 버린 이상 기후 현상으로 와인이 끝났다는 이야기를 하는 사람들이 나는 야속했던 것이다. "이제 문학은 끝났어"라고 말하는 사람들보다 더. 와인을 본격적으로 마시기 시작한 지 얼마 되지 않았으니 그러지 않겠나? 문학이 잘나가고 내가 잘나가서 문학을 하는 게 아니듯 부르고뉴 와인이 끝났다고 부르고뉴를 마시지 않을 건 아니지만 말이다.

프티 샤블리는 프티하지 않았다. 뭐랄까. 잘 익은 샤르도네이면서 솔티하고 미네랄리티가 충만했다. 샤블리 중에서도 흔치 않은 황금빛인 이 술은 꿀 냄새가 진동하고 산미와 소금기 때문에 냄새를 맡기만 해도 침이 고였다. 프티 샤블리를 한 모금 마신 후 레몬즙을 짠 굴을 호로록 마셨다.

아, 말씀 안 드렸던가요? 나는 프티 샤블리를 굴과 함께 먹고 있었다. '굴에는 샤블리'도 물론 좋지만 나는 루아르의 맑은 화이트 와인인 뮈스카데와 굴을 먹는 걸 좋아하는데 프티 샤블리는 처음이었다.

굴은 겨울에만 먹는다고 알려져 있지만 삼배체나 스텔라 마리스처럼 사시사철 먹는 굴도 있어서 겨울에만 굴을 먹으라는 법은 없다. 하지만 관성이란 무서워서 한국인인 나로서는 어쩐지 겨울에 먹는 굴이 더 그럴싸하게 느껴진다. 몇 년 전에 석화에 샤블리를 먹다가 『밤은 부드러워, 마셔』에서 좀 호들갑을 떤 적이 있다. 나는 내가 쓴 글을 다시 읽지 않는 유형이지만 잠시 인용해 보기로 한다. "굴의 가장 맛있는 부분은 굴을 먹고 나서 드러나는데, 껍데기에 고여 있는 굴의 즙이다. 바위와 파도와 지구의 즙이라고 하는 게 더 맞을까. 그걸 호로록 마시고 샤블리를 한 모금 마시면 그렇게 기분이 좋을 수 없었다." 이 글을 읽고 신안 군수님께서 신안에서 키운 굴을 보내 주셨었다. 잠시 통화를 했던 굴 연구원님은 한국에서도 사계절 내내 먹을 수 있는 유럽형 굴을 생산하기 위해 프랑스에 배우러 갔었다는 말씀을 하셨다. 몽생미셸이라고 했었나? 꽤 오래전의 일이라 기억이 가물가물하다(어쨌든 굴을 보내 주시는 일에 관여됐던 군수님, 연구원님, 담당자님께 이 기회를 빌려 감사드린다).

그리고 이제 '한겨울에 굴 먹는 방법'에 대해 마저 이야기해야 한다. 얼마 전에 들은 이야기라고 했지만 사실은 들은 지 반년은 되었다. 하지만 얼마나 복기를 했는지 바로 어제 들은 것 같다. B님이 말씀하신 야외란 어디인가? 부르고뉴다. 12월의 부르고뉴. 크리스마스 마켓이 펼쳐진 연말의 부르고뉴. 부르고뉴는 놀랄 정도로 시골이지만 놀랄 정도로 돈이 많은 동네라 크리스마스 마켓의 화려함(그러니까 조명과 트리 장식)이 세상에 없는 화려함이라고 했다. 로망이라고 할 만한 것이 딱히 없는 나지만 이 말을 듣는 순간 어딘가에 촛불이 켜졌다. 언제가 될지 모르지만 부르고뉴에 크리스마스 마켓이 열릴 때 와인 투어를 가고 싶다는. 내가 부르고뉴 마켓에 들어선 순간 전구가 하나씩 켜지는 동화 같은 일은 일어나지 않겠지만 현실에서 일어나지 않을 일들을 머릿속으로 재생하며 부르고뉴 마켓을 걸을 나를 떠올리고 있다.

　　부르고뉴의 이야기는 이게 다가 아니다. 크리스마스 마켓이 열리는 부르고뉴에는 포장마차가 빼곡히 펼쳐지는데 집집이 굴이 산더미처럼 쌓여 있다고⋯. 바로 이 굴을 샤블리나 프티 샤블리와 먹는 것이다. 물론! 겨울 공기를 함께 들이마시면서 말이다. '공기 반, 소리 반'의 느낌을 아는 나는 '공기 반, 굴 반'의 느낌으로 굴과 와인을 즐길 수 있을 것 같은데, 애석하게도 여기는 부르고뉴가 아니고, 야외도 아니다. 나는 내 집의 좁은 식탁에 앉아 굴에 프티 샤블리를 마시며 부르고뉴의 크리스마스 마켓을 떠올리고 있다.

마데이라 비행

봄이 되면 같이 마데이라를 마시자고 말한 사람이 있다. 그 말을 듣고 난 웃었는데, 봄의 술이 있다면 그건 마데이라라고 내가 쓴 적이 있기 때문이다. 내게 봄이 되면 마데이라를 마시자고 한 사람은 본인이 그 글을 봤다는 걸 말하고 싶었던 것 같다. '내가 그 글을 봤는데 달이야. 그러니까 우리…' 같은 장황한 사족은 생략하고. 말이 많은 사람이 별로라는 내 말을 기억하고 그랬을까? 알 수 없다. 나는 그런 걸 물어보는 사람이 아니니까. 순간적으로 이 모든 게 몰려와서 웃었다. 그 사람이 귀여워서 웃었다. 그리고 마데이라를 함께 마시려고 했다. 봄이 되면 정말.

그런데 언제부터 봄이지? 라디오를 듣다가 답을 얻었다. 밖에 새싹이 돋든 꽃이 피든 그런 게 중요한 게 아니라 마음이 봄이어야 봄이라고 했다. 개구리 우는 소리가 마음에서 들려야 봄이라고 했던가. 절묘하다고 생각했는데, 딴 생각을 하다가 이 말을 쓴 사람의 이름과 출처를 놓쳤다. 이런 걸 놓치면 미치는 편…. 실마리를 붙들고 여기저기 찾아보았지만 찾지 못했다. 전문을 읽고 싶었는데, 혹시 아시는 분이 있다면 알려주셨으면 좋겠다. 조선시대 사람의 글이었던 것 같은데 확실하지는 않다.

아, 왜 마데이라가 봄의 술이라고 주장했는지에 대해 잠시 말해 보겠다. 앙토니우 카를루스 조빙의 〈3월의 물Águas de Março〉이라는 보사노바를 듣다가 뜻이 궁금했던 적이 있었다. 공기가 잇몸에서 입술로 흘러 다니는 'ㄹ'과 'o' 같은 유음으로 가득한 노래를 듣고 있으려니 제목도, 가사도 궁금해졌다. 가사에 '마데이라madeira'라는 단어가 나오는데, '나무'라는 뜻이었다. 그리고 '마데이라'는 포르투갈의 섬이기도 하며, 술의 이름이기도 하다. 마데이라섬에서 가장 유명한 게 이 섬 출신인 축구선수 크리스티아누 호날두고, 두 번째로 유명한 게 이 마데이라라는 술이라는 게 역시 나의 주장이다. 마데이라는 마데이라섬의 특산물이었던 것이다. 부지깽이와 엉겅퀴가(둘 다 무척 좋아함) 울릉도의 특산물인 것처럼.

여기서 끝이 아니다. '3월의 물'이란 비다. 봄비가 아니라 가을비. 브라질은 남반구이므로 북반구에 살고 있는 우리와 계절이 반대라고 생각하면 된다. 이곳에서 3월의 비란 긴 여름이 끝나고(얼마나 타들어 가듯이 더웠겠는가?) 가을이 시작됨을 감각하는 신호인 것이다. 〈3월의 물〉은 이 계절감에 두둥실 실려 가는 노래다. 이 노래를 듣다 보면 긴 여름이 끝남을 축복하듯 브라질의 열대 우림을 촉촉하게 적시는 비에 나도 감사하게 된다. 그렇게 감사하며 〈3월의 물〉을 듣는데 봄비가 내렸던 날이 있었다. 3월이었다. 그래서 뛰쳐나갈 수밖에 없었다. 짐작하시겠지만 마데이라를 사기 위해서였다. 당시의 나는 마데이라가 '3월의 물'이라고 느꼈던 것이다.

얼마 전에 마데이라를 마셨다. 봄이라고 느껴서 그런 건 아니고 어느 술집에 '마데이라 플라이트'라는 메뉴가 있었기 때문이다. 세르시알, 보알, 말바시아, 이렇게 석 잔의 마데이라로 구성된 메뉴를 보고서 머지않은 미래의 어느 날 4시 정도에 마셔야겠다고 생각했었다. 왜 하필이면 4시인가? 4시의 기분에 맞는 술이라는 게 있다. 저녁 영업을 하기 전 잠시의 틈, 한가함과 나른함이 뒤섞인 시간이 4시다. 나는 이 시간에 주로 혼자 술 마시는 것을 좋아한다. 문제는 4시에 술을 파는 데가 그리 많지 않다는 것. 그래서 '4시에

여는 술집' '2시에 여는 술집' '10시 반에 여는 술집(실제로
있다)' 같은 내게 유용한 정보를 숙지하고 있다.

　게다가 마데이라 플라이트라니. 맥주 플라이트나 위스
키 플라이트에는 혹해 본 적이 없지만 마데이라 플라이트는
나를 제대로 저격했다. 2016년 베를린에 갔다가 라거, 바이
젠, IPA, 포터처럼 다른 종류의 맥주 4종 정도를 하나로 묶어
팔면서 플라이트flight라는 말을 쓴 걸 처음으로 봤다. 주로 샘
플러라고 하는 이런 메뉴를 플라이트라고 하니 좀 더 관심이
생겼지만 시키지 않았다. 비키니 베를린이라고 하는 상당히
관광지스러운 스폿에 있는 술집이었고 메뉴의 이름도 인테
리어도 모두 유희적이라(어른들을 위한 놀이공원을 표방한 느
낌) '플라이트'라는 말을 그 집에서만 쓰는지 일반적으로 쓰
는지 알 수 없었다.

　마데이라 플라이트를 마시러 간 날, 혼자는 아니었다.
봄이 되면 같이 마데이라를 마시자고 한 사람과 함께도 아니
었다. J와 점심을 함께하고, 또 차를 마셨지만 그대로 헤어
지긴 아쉬워서 여기로 가자고 했다. 그 느낌 아시는지? 저녁
을 함께할 수는 없지만 좀 더 시간을 보내고 싶어 어딘가로
가고 싶은데 더 이상 갈 곳이 없는 느낌이랄지. 4시였고, 마
침 그 술집이 문을 여는 시간도 4시였다. 마데이라 플라이트
말고도 셰리 플라이트, 포트 플라이트, 칼바도스 플라이트

가 있어서 잠시 고민했다. 하지만 마데이라 플라이트를 주문했다. 세르시알을 마셔 보고 싶었기 때문에. 다른 종류의 마데이라는 마셔 보았는데 세르시알은 마셔 본 적이 없었다. 세르시알을 취급하는 데가 그리 많지 않기 때문일 텐데, 최근에 세르시알을 파는 곳을 발견했다. 바로 집어 들려다가 이 술집의 마데이라 플라이트가 떠올랐고, 마셔 보고 사자고 생각했던 것이다.

세르시알은 과연, 내 스타일이었다. 가장 드라이한 마데이라가 세르시알임을 알았기에 드라이한 정도는 좋을 거라고 생각했지만 혹시 향이나 풍미가 그다지 풍부하지 않을까 싶어 주저했었다. 그런데 그렇지 않았다. 과거의 내가 빗속으로 뛰쳐나가서 사 왔던 마데이라가 베르델류였는데, 베르델류가 세르시알 다음으로 드라이한 마데이라였고, 나는 이 술을 좋아했다. 좋아했다는 정도로 부족하다. 무척 좋아했다. 진저리 처질 정도로 단 포트 와인의 단맛을 원할 때도 있지만 피노누아와 호박색이 섞인 듯한 이 술의 색을 보면서 오후에 책을 읽는 게 좋았다. 3월의 둘이 대지를 적시는 걸 느끼며 책 속으로 들어갈 수 있었으니까. 술 한 잔만으로 이렇게 브라질이나 마데이라로 순간 이동을 할 수 있다는 것에 조용히 감격하며 말이다.

그건 나만의 비행이기도 했다. 항공권도, 탑승 수속도

필요 없는 아주 간편한 비행. 브라질과 마데이라가 함께 보이는 상공 위에 있는 느낌이랄까. 내가 지금 이렇게 생각하는 건 '마데이라 플라이트'라는 말 때문인지도 모른다. 이 경우 '플라이트flight'는 '비행'이나 '층계'가 아니라 '비슷한 것들의 무리'라는 뜻이라지만 '비슷한 것들을 마시며 한 계단씩 상승하는 비행'이라고 우기고 싶은 것이다. '플라이트'에는 지금의 나 같은 행위를 가리키는 말인 '공상'이라는 뜻도 있다.

　　얼마 전에 브라질에 살았던 작가의 산문을 보는데 마침 봄 이야기가 나와서 마데이라를 마셨던 그날이 떠올랐다. 「봄을 쓰다」라는 소제목이 붙은 이 글의 처음은 이랬다. "새 계절에 처음 느끼는 온기, 첫 숨만큼이나 오래됐다. 미소가 새어 나오는 것을 참을 수 없다." 나는 '첫 숨'을 '첫 술'로 읽고는 이 작가(클라리시 리스펙토르)에게 처음으로 관심이 생겼다. 하지만 '첫 술'이 아닌 '첫 숨'으로 읽어도 미소가 새어 나오는 것은 마찬가지다. 세르시알을 마시며 읽어야겠기에 책을 덮었다. 참고로 책 제목은 『세상의 발견』(신유진 옮김, 봄날의책, 2024)이다. 세르시알을 사야 이 책을 읽을 수 있게 되었다. 그리고 봄에 대한 정의를 하나 추가하기로 했다. '마데이라가 마시고 싶어지는 계절이 바로 봄.'

어른을 위한 민트 셰이크

축사는 왜 뻔하고 또 뻔한가. 재미 보다 의미를 추구하고, 하고 싶은 말보다 그럴듯해 보이는 말을 해야 한다는 강박 때문이다. 축사에 대해서 딱히 생각해 본 적이 없었는데, 최근에 간 결혼식에서 깨달았다. 아주 상큼한 축사를 듣고서.

신부 친구의 축사였다. 이 축사가 상큼했던 것은 있어 보이는 말보다 하고 싶은 말을 해서라고 생각한다. 신부 친구가 흔히들 '하객룩'이라고 하는 안전한 차림이 아닌 검정 가죽 블레이저를 입고 나올 때부터 기대하긴 했었다. 그래도 이런 말이 나올 줄이야. "누구야, 누구랑 행복하고 우리는 지금까지 그래 왔던 것처럼 앞으로도 노래하고 춤추고 술 먹자."

　나라면 저렇게 말하기 어려웠을 것이다. 내가 노래하고 춤추고 술 먹는 사람이 아니라는 것은 차치하고라도 말이다. 노래하고 춤추고 술 먹는 친구가 있더라도(그랬다면 얼마나 좋았을까?) 그런 말은 하지 못했을 것이다. 바깥에서의 나에 대해 나의 부모 형제가 알 필요도 없을뿐더러 알리고 싶지도 않은 게 나라서 친구도 나와 마찬가지일 거라고 생각했을 것이다. 친구의 부모 형제는 그렇다 치고 친구가 결혼할 집안 사람들은 또 어쩔 것이며…. 그녀인들 이런 생각을 하지 않았을 리 없다. 그럼에도 불구하고 그냥 지른 것이다. 하고 싶은 말을 한 것이다.

　박수가 별로 없다고 느낀 것은 그냥 내 느낌일까? 신부 쪽은 모르겠지만 나의 친가인 신랑 쪽은 보수적이고 경직된 편. 남의 눈을 많이 의식하는 편이다. 그래서 저 축사가 당황스러웠을 것이다. 하지만 한씨 일족의 성격상 속으로 생각하고 말았을 것이다. 결혼식이 끝날 때까지 신랑과 신부가 어떤 일을 하는지 알 수 없었는데 이것도 한씨 일족의 특성 탓이다. 신랑의 가족은 자랑하는 게 없어 보인다고 생각하고, 친척들도 역시 없어 보이기 싫어 묻지 않기에 그렇게 되었다. 나는 그날 결혼한 육촌 남동생에 대해서 이름 말고는 아는 게 아무것도 없었다. 나이도 모르고, 사는 곳도 모르고, 전공도 모르고, 직업도 모른다. 그는 초등학교 때인가 영국으로 가서 대학까지 영국에서 다니고 성인이 되어 한국으로 돌아왔다고 한다. 내가 아는 육촌 동성이란 육 세 이하였던 시절의 얼굴뿐인데, 내 성격에 이 아이의 이름을 부르거나 애정을 표했을 것 같지도 않다. 나는 그래도 엄청나게 귀여운 남자아이를 흐뭇하게 보았던 기억이 있는데 매우 어렸던 이 아이에게 나란 존재는 아예 없을지도 모른다.

신부에 대해서는 약간의 단서를 얻을 수 있었다. "첫 직장이었던 이노션에서 만난 친구"라는 가죽 블레이저님의 말을 통해 신부가 광고 회사에 다녔다는 것을 알게 되었다. 내가 앉은 피로연 테이블이 가죽 블레이저님의 근처였더라면 물었을 것이다. 무슨 술을 마시는지, 무슨 술을 좋아하는지, 어떤 이유로 그 술을 좋아하는지, 좋아하는 술집은 어떤 곳인지 등등. 그랬더라면 가죽 블레이저님은 좀 피곤했을지도. 나 역시 한씨 일족의 피를 받았기에 남의 눈을 많이 의식하고 수줍은 편이나 다소 뻔뻔한 면도 있다. 궁금한 것이 있다면 꼭 알아야 하고, 그러면 물어야 하기에 뻔뻔해진다. 모르는 사람에게 먼저 말을 거는 일은 극도로 드물지만 이런 일이라면 자연스럽게 말을 거는 게 나다. 내게는 지극히 자연스러운 흐름이라 뻔뻔하다고 생각하지 못했는데 가까운 사람이 어쩌면 그렇게 뻔뻔하냐고 해서 '나, 뻔뻔하군'이라

고 자각하게 되었다. 뻔뻔하다는 이야기를 들었다고 해서 위축되지 않은 걸 보니 역시 뻔뻔한 게 맞는 것 같다.

술 생활에 대한 이야기를 하지 못한 아쉬움을 뒤로하고 돌아와 종종 그녀들 생각을 한다. 그들의 나이트 라이프를 궁금해한다. 그러다가 결국 그녀들에게 어울리는 칵테일을 떠올리고 말았다. 아니 왜? 대체 왜? 그녀들은 누군지도 모를 내가 그녀들 생각을 하며 어울리는 칵테일을 생각하고 있다니, 그녀들이 안다면 얼마나 당황스러울 일인가. 하지만 떠올리고 말았다. 푸릇푸릇한 그녀들이 노래하고 춤출 때 마시면 좋을 칵테일을 말이다. 친구들만을 위한 결혼식 피로연에서도 좋고. 이게 만약 영화의 한 신이라면, 이 칵테일은 이렇게 소개되어야 한다. "어른을 위한 민트 셰이크."

어, 그런데 민트 셰이크라는 게 있나? 바닐라 셰이크에 민트를 좀 넣으면 그게 민트 셰이크지 싶지만. 어른을 위한 민트 셰이크라며 그녀들을 위해 내가 떠올린 술은 메뚜기라는 뜻의 그래스호퍼Grasshopper다. 이 메뚜기를 메타포로 생각해 보자. 그러면 풀밭을 뛰어다니는 생생한 다리들도 떠오르지 않나? 푸릇푸릇한 이들이 활기를 발산하며 뛰어다니기 전에 그래스호퍼를 마시면 딱이겠다는 생각. 부스팅 음료랄까요. 물론 한바탕 뛰고 나서 마셔도 좋겠다는 생각.

몇 달 전의 나는 대학 신입생에게 바로 이 술, 그래스호퍼를 추천하기도 했다. 성인이 되면 칵테일을 마시겠다고 별러 왔다며 인생 처음으로 술을 마시려 하는데 칵테일 한 잔을 골라 달라고 했던 것이다.

스무 살을 맞이하며 마시는 첫 술이라! 뭐라도 좋을 듯하지만 전 푸릇푸릇함이 떠오르는 계열의 술을 추천합니다. 그래스호퍼, 메뚜기라는 뜻이고요. 바를 돌아다니며 술 마시는 일을 바 호핑이라고 하는데 이 술과 연관이 있지 않을까 싶어요. 메뚜기처럼 여기저기로 힘차게 뛰어다니며 세상 구경하시라는 뜻에서 이 술을 추천해 보아요.

뭐, 이와 비슷하게 나는 그래스호퍼를 추천하는 이유를 말했었다. 그녀들, 신부와 친구들도 그 마음 잃지 말고 뛰어다니길 바라는 마음에서 그래스호퍼를 떠올린 듯하다. 계속해서 춤추고 노래하고 술 마시기를 바라며 말이다. 힘차게 뛰어다니며 바 호핑 하기를 응원하면서. 결혼을 하든 아이들 낳든 그녀들의 나이트 라이프는 계속되어야 한다. 이것은 의식주만큼이나 인생의 필수 구성 요소이므로.

하지만 제 마음은 전하지 않는 걸로 하겠습니다.

'글이 된 술'을 함께 마셔 준 당신에게

혼술을 좋아한다. 하지만 함께 마시는 술도 좋아한다.
술과 함께 당신의 이야기가 풀려나오고 기분도 흘러들어서
술은 술이 아니라 그 이상이 되니까. 참으로 기묘하다. 어떻
게 몇 잔 마셨다고 기분이 이렇게 변하나?

기묘하므로 술에 대한 이야기가 많을 수밖에 없다. 나
는 술에 대한 기묘한 이야기를 많이 아는 축에 속할 것 같은
데 이렇게 여기서 이야기할 수 있어 좋았다. 그렇지 않았더
라면 그 이야기들은 어두운 구석에서 나올 길이 없었을 것
이다. 아, 쓸쓸해. 술자리에서의 나는 말하기보다 듣는 편이
고, 질문하기 위해서만 말한다. 그러니 술에 대한 내 이야기

는 끼어들 틈이 없었다.

오늘은 내가 좋아하는 술에 대한 기묘한 이야기 하나를 해 보고 싶다. 여기는 술자리가 아니니까. 박지원이 해 준 이야기다. 연암 박지원이라고 불리는 그 박지원. 소나기가 오는데 마부와 하인이 술을 사 온다. 재미있는 점은 둘 다 술을 마시지 못한다는 사실. 박지원이 마실 술을 사 온 것도 아니다. 그렇다면 왜? 곧 국경을 넘어야 하는데 돈을 가져갈 수가 없다. 그래서 있는 돈을 다 술로 바꾸어 온 것. 술을 즐긴다면 이해가 가지만 술을 안 마시는데, 또 비도 오는데, 왜? 어쨌거나 이 술을 박지원이 마신다. 박지원은 이 술을 거의 제주祭酒로 쓴다. 여기저기에 술을 부으며 무사 귀환을 빈다. 그들은 중국 황제의 생일을 축하하기 위해 북경으로 가는 길이다.

이 이야기에는 기묘한 점이 몇 개 있다. 마부와 하인이 대체 왜 그랬느냐는 거다. 술을 마시지 못하는데 술을 사는 사람의 심리가 궁금하다. 술을 마시지 못하면서 술자리를 즐긴다는 사람은 이해하겠지만 말이다. 게다가 소나기도 오는데! 국경 근처에서 돈을 쓸 데가 술집밖에 없었을까? 아니면 비 오는 날의 일탈 같은 걸까? 술은 마시지 못하지만 술을 사러 가는 기분은 느껴 보고 싶었던 걸까? 비 오는 날 술을 사러 가는 기분을 그들은 느꼈을 것이다. 돈을 호리병에

든 술로 바꾸고, 손에서 찰랑찰랑거리는 술의 물질감을 느끼며 돌아왔을 것이다.

이제는 이런 이야기를 하지 못할 것이다. 이것으로 나의 술 이야기는 끝이 났으니까. 연재를 그만한다고 했더니 그렇다면 이별주에 대해 쓰는 게 어떻겠냐는 이야기를 들었다. 이별주? 싱거운 말이다 싶었는데 시간이 지날수록 그 말이 맴돌았다. 하지만 나는 이별주를 마셔 본 적이 없다. 누군가와 이별해 본 적은 있으나 이별하는 마당에 술을 마시게 되지는 않았던 것 같다. 내게 술이란 기분이 좋을 때나 혹은 기분을 들뜨게 하고 싶을 때 마시는 물질이었으므로.

나는 이 술이란 물질을 사무치게 좋아한다. 물질이지만 비물질이며 액체지만 액체만은 아닌 이것. "피아노 현의 장력은 한 줄당 평균 73킬로그램이다. 다시 말해 모든 현을 합치면 피아노 한 대가 20톤의 중량을 견딘다는 뜻이다." 어젯밤 귀창성의 소설 『피아노 조율사』(문현선 옮김, 민음사, 2024)를 읽다가 피아노 조율사와 술의 연관 관계에 대해 생각했다. 현상적으로는 피아노의 음을 조율하지만 물리적으로는 사람의 무게를 감당할 수 있지 하는 피아노 조율사를 술에 비유할 수 있겠다고. 술은 사람의 기분을 조율하는 것 같지만 실은 사람의 무게를 지탱하고 있는 것이라고. 이 어마어마한 깨달음! 또 이 가벼운 액체는, 이 가벼운 술 한 병은 몇 사람의 무게를 감당할 수 있을까?

어떤 술은 글이 되고 또 어떤 술은 글이 되지 않는지 모르겠으나 글이 된 술이 여기 있었습니다. 함께 마셔 주셔서 감사했습니다. 오늘 밤도 안녕히.